哈伯瑪斯

JÜRGEN HABERMAS

當代新思潮的引領者

（修訂版）

陳勳武—著

他是蘇格拉底所講意義上的哲學家，也是現代啟蒙運動所講意義上的哲學家，一生熱愛哲學真理與智慧，以追求真理與智慧為己任……

但，你能想像嗎？**這個偉大的哲學家，也曾經是個納粹青年？！直到當年的紐倫堡審判，對哈伯瑪斯的思想產生了刻骨銘心的震撼……**

哈伯瑪斯
當代新思潮的引領者（修訂版）

目錄

引言 哈伯瑪斯與我們時代的精神
 一、理性理念與現代性理念 11
 二、全球正義理念與世界主義理念 13
 三、人權理念與反人類罪理念 19
 四、民主、寬容理念與文化多元主義理念 23

第一章
重建現代性與普遍理性理念的思想家
 一、序幕：千山獨行 36
 二、劃時代的巨著：《關於交往行為的理論》 55
 三、《道德意識與社會交往行為》與話語倫理的建立 63
 四、《關於現代性的哲學討論》與現代性理念的重建 72
 五、新的共同體認同概念與新的民主概念的嘗試 87
 六、德國、歐洲的出路 90
 七、與法國後現代主義哲學家的恩怨 99
 八、面對變化中的世界 107

哈伯瑪斯
當代新思潮的引領者（修訂版）

第二章
引導民主、正義與憲政思潮的大師

　　一、耳順的當代思想領導者　　　　　　　　　　　112
　　二、《事實與規範》與規範性的重建　　　　　　　117
　　三、《柏林共和國》與憲法愛國主義　　　　　　　132
　　四、與約翰‧羅爾斯關於政治自由主義及其正義問題的爭論　143
　　五、《對他者的包容》與世界主義理念　　　　　　152
　　六、公共知識分子　　　　　　　　　　　　　　　188

第三章
世界主義、全球正義與包容政治理念的旗手

　　一、《人性的未來》與未來的倫理道德　　　　　　194
　　二、中國與他者　　　　　　　　　　　　　　　　197
　　三、我們歐洲人和《分裂的西方》　　　　　　　　215
　　四、《在自然主義與宗教之間》，理性與宗教　　　238
　　五、多元的世界社會憲法化的理念　　　　　　　　246
　　六、歐洲秩序憲法化理念與世界秩序憲法化理念　　266
　　七、國際法律憲法化　　　　　　　　　　　　　　271

結束語
後形上學式思維粹語

英中文對照目錄

4

引言 哈伯瑪斯與我們時代的精神

　　《哈伯瑪斯：當代新思潮的引領者》旨在探討我們時代哲學的一座豐碑——尤爾根‧哈伯瑪斯。這是一座閃耀著我們時代思想光芒的豐碑。這是一座可以與中國的老子、孔子、莊子、孟子、朱子等同輝的豐碑。這是一座可以與西方的蘇格拉底、柏拉圖、亞里斯多德、阿奎那、笛卡兒、洛克、康德、黑格爾、馬克思、恩格斯、海德格等媲美的豐碑。這座豐碑有許多頭銜，其中包括：劍橋大學、哈佛大學等三十多所世界最著名學府名校的榮譽哲學博士與榮譽法學博士頭銜；除諾貝爾獎之外的所有歐洲最高級別的各種人文科學成就獎；亞洲最高級別的人文科學成就獎以及世界其他地區的各種人文科學成就獎；德國哲學家與後阿多諾、海德格時代德國哲學的主要代表；歐洲哲學家與歐洲哲學的主要代表；第二代批判理論哲學的旗手；世界著名哲學家等等。但是，正如先聖老子所說：道可道，非常道；名可名，非常名。以此類推，如果碑可碑，則碑非豐碑。的確，無論給予哈伯瑪斯這一座豐碑何名，這一豐碑永遠是實大於名。

　　毫不誇張地說，在我們的時代，天下哲學英雄，哈氏引領風騷。他的著作涉域遼闊，他的思想博奧精深，他的理論系統龐大而嚴謹。美國學者湯瑪斯‧麥卡錫（Thomas McCarthy）指出：在我們的時代，就思想的深度和廣度來說，（當今）沒人能比鄰哈伯瑪斯。的確，在我們的時代，就哲學思想的系統性來說，即使哈伯瑪斯不是我們時代唯一的有一個哲學系統的哲學家，其哲學思想系統的龐大與完整是康德哲學、黑格爾哲學之後所沒有的。更重要的是，哈伯瑪斯哲學思想不僅僅是系統與龐大，而且對時代精神具有重大貢獻。不僅如此，哈伯瑪斯遍布全球的哲學學術活動與各國學者的學術交流是前無古人，後難有來人。其數以百計的在歐洲各

哈伯瑪斯
當代新思潮的引領者（修訂版）

國的議會或中心政治場所的演講，試圖哲理化歐洲政治的努力也是前無古人，後難有來人的。當然，他招牌式的公共知識分子身分更使這位思想家像蘇格拉底一樣啟迪人文於大眾民間。

哈伯瑪斯哲學在我們時代引領風騷，這不是偶然的。在一個哲學學術瑣碎化的年代，哈伯瑪斯建立起一個當代西方哲學最龐大、最系統與最完整的哲學思想系統。無論是內容的深度與廣度，還是其革命性的影響，哈伯瑪斯的哲學思想系統都足以和康德哲學思想系統、黑格爾哲學思想系統或馬克思、恩格斯哲學思想系統相媲美。在一個後現代主義思潮洶湧澎湃，思維形式以後現代性為時尚的年代，哈伯瑪斯重新建立起一個當代西方哲學最深奧、最系統、最有說服力的人類理性理論，一個充滿真知灼見的現代性理論，充當這場決定我們時代精神走向的現代性、後現代性大辯論中現代性捍衛者的領袖。在分析哲學一家獨大，歷史哲學、實用主義哲學、解釋學、傳統批判哲學等艱難堅守的時候，他以逆水行舟的勇氣、鍥而不捨的精神、創新變革的態度，雄關漫道從頭越，重新建立起影響遠大的第二代批判哲學，並傑出地把哲學家與公共知識分子的雙重角色演繹得完美無缺。在一個哲學不斷地被自然科學，經驗社會科學諸如社會學、心理學、人類學等處處擠壓的時候，他引領一場新的哲學革命，讓這些學科的成果成為哲學的營養與源泉，再次告訴人們，柏拉圖、亞里斯多德、笛卡兒、康德、黑格爾等是如何成為偉大的。

在談到其人生軌跡時，孔子說：「吾十有五而志於學，三十而立。四十而不惑，五十而知天命，六十而耳順，七十而隨心所欲，不逾矩。」無獨有偶，哈伯瑪斯的人生軌跡與孔子的人生軌跡有驚人的相似之處。哈伯瑪斯十五、十六歲時立志於學。三十歲左右完成自己的哲學開山之作《公共領域結構的轉型》，在德國哲學界初露鋒芒。四十歲以《知識與人類興趣》揚名德國與國際哲學界。五十歲左右獲得人類理性的真諦，完成《關於交往行為的理論》這一經典，重建人類理性理念與現代性理念，成為一代哲學宗師。六十歲後能兼聽相容哲學百家。七十歲後能隨意發揮其哲學，不斷地為創造時代精神做出貢獻，讓真理、正義、理性、人權、民主、法治、寬容、世界司法秩序等等理念閃耀我們的時代。當然，哈伯瑪斯不是孔子，但是，

引言 哈伯瑪斯與我們時代的精神

哈伯瑪斯與孔子一樣,他的生活是大於生活的生活。而老子、孔子、莊子、孟子、朱子、蘇格拉底、柏拉圖、亞里斯多德、阿奎那、笛卡兒、洛克、康德、黑格爾、馬克思、恩格斯、海德格等哲人俱往矣,數風流人物,還看今朝哈氏們。

哈伯瑪斯是我們時代一位偉大的哲學家。何謂哲學家?古希臘哲學大師蘇格拉底指出,真正的哲學家具有兩個品質:

(1) 熱愛智慧;
(2) 反思生活。

而現代啟蒙運動把哲學家等同於思想家。哈伯瑪斯是蘇格拉底所講意義上的哲學家,也是現代啟蒙運動所講意義上的哲學家。哈伯瑪斯一生熱愛哲學真理與智慧,以追求真理與智慧為己任,反思時代與人類生活,為我們時代的精神做出了重大的貢獻。哈伯瑪斯一生博學審問,慎思明辨,篤行真義理以達道於世界,演義與顯彰君子風範於世人。

哈伯瑪斯於1929年6月18日出生於德國西部的杜塞爾多夫(Düsseldorf)的一個中產階級的家庭。其童年與青少年是在納粹時期一個叫古默斯巴赫的小城鎮度過的。杜塞爾多夫在萊茵河河畔。萊茵河河畔,像中國的長江中下游地區,是個地靈人傑的地方。在萊茵河河畔的這片土地上,留下了康德、黑格爾、尼采、海德格與伽達默爾等哲學巨匠光彩照人的身影。追溯起來,哈伯瑪斯的青少年時期,與當年所有德國的青少年一樣,深受德國納粹主義思想的影響。發生於1945年的一系列歷史事件,尤其是該年11月的紐倫堡審判這一歷史事件,對哈伯瑪斯的思想產生了刻骨銘心的震撼,改變了他的命運,把他引上了哲學之路。不僅如此,在歷史上,1945年是德國被從納粹的統治下解放出來的一年。就哈伯瑪斯個人來說,1945年不僅是他思想上從納粹的意識形態的枷鎖中解放出來的一年,也是他思想上從傳統德國思想、德國文化解放出來的一年。1945年的一系列思想陣痛不僅使他對文化、歷史、傳統、社會制度始終保持一種批判態度,而且使他始終強調普遍理性在現代社會中不可替代的作用。

自從1960年代初以《公共領域結構的轉型》一書揚名德國哲學界以來,在半個

哈伯瑪斯
當代新思潮的引領者（修訂版）

世紀裡，哈伯瑪斯致力於重建人類理性理念和現代性理念，發展一個為開放包容、基於普遍真理、普遍理性與普遍正義的民主世界提供理論基礎的哲學體系。哈伯瑪斯自認為他的哲學屬於黑格爾、馬克思傳統。但是，他的博士論文的課題是謝林哲學。他關於世界主義、全球正義、人權等屬於時代精神核心的理念卻主要來源於康德。整體而言，在其龐大的哲學體系中，哈伯瑪斯博采康德、謝林、黑格爾、馬克思、海德格、伽達默爾以及法蘭克福學派之霍克海默、阿多諾、馬庫斯等哲學之精華，廣集了魏伯、杜漢姆、米德等社會學，維根斯坦、奧斯丁、舍勒的語言哲學，皮爾斯、詹姆斯與杜威的實用主義哲學等真知灼見。他建立起對我們時代具有重大指導意義的公共空間、公共領域、交往理性、合理化、現代性、民主、人權、憲法愛國主義、合法性、後民族國家、後民族共同體、全球正義與世界主義等理念。與此同時，他的哲學不斷向我們提出了一系列與我們時代息息相關的深刻問題。例如，在多元化的今天，合理、能持久的社會整合是如何可能的？規範性如何可能？什麼樣的生活方式才能真正地建立起民主的、非壓迫性的人類共同體？

早年在法蘭克福研究所時，哈伯瑪斯把哲學定義為非純粹的「實踐、政治哲學」。後來，他又把哲學定義為「暫時的替代者」。這些不同的定義其實表達的是同一思想，即哲學是為實踐服務的一種批判性的理論。在哈伯瑪斯的定義中，哲學不是意識形態。意識形態的功能是功利性，直接為政治制度辯護。而哲學雖然與政治有直接聯繫，但是，哲學的著眼點是真理與理性。與此同時，在哈伯瑪斯的定義中，哲學也不是科學。它既不是一門具體或抽象的科學學科，也不是亞里斯多德所說的科學之皇后或馬克思、恩格斯所說的哲學是關於自然、社會與人類歷史的普遍規律的科學。科學真理是絕對的與確定的，而哲學真理是批判性的，即柏拉圖所講的解放性的。哈伯瑪斯的這一哲學概念與他的人類知識概念相符合。哈伯瑪斯把人類認識分為三大類，每一類都有它獨特的興趣與功能：

1. 第一類是自然科學知識和社會科學中以實驗與經驗材料為基礎的認識，與其相適應的人類對其生活環境的技術控制興趣。
2. 第二類是人文科學的各個領域，尤其是社會科學中側重於文化、歷史、語

言等的知識,與其相適應的人類對加強彼此之間的理解與合作的實踐興趣。
3. 第三類諸如心理學、哲學等學科側重於批判地理解的認識,與其相適應的人類自我解放性的認識興趣。

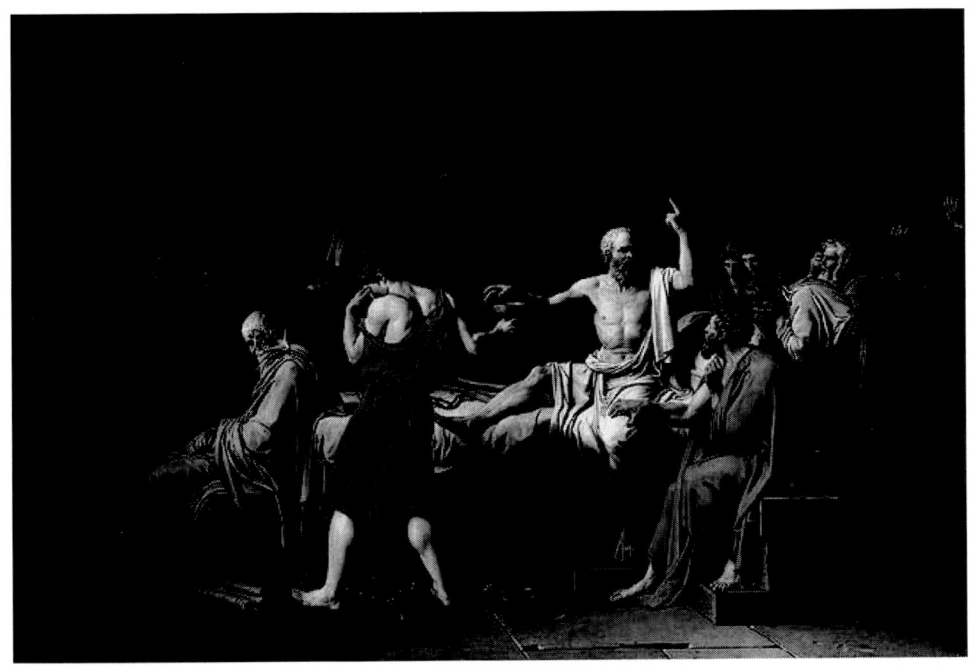

* 賈克・路易・大衛(David Jacques Louis):《蘇格拉底之死》。哈伯瑪斯不是蘇格拉底,也不是孔子。他是他們一類的哲學家。像蘇格拉底、柏拉圖一樣,哈伯瑪斯眼中的哲學家是一個解放者。哲學家的社會功能是使人們在思想上被真理與理性所解放。

　　哈伯瑪斯眼中的哲學與柏拉圖眼中的哲學的區別是:對哈伯瑪斯來說,哲學是仍在試驗著、檢驗著的普遍真理的理論綜合;哲學真理有其相對確定性;所以,哲學是一種「暫時的替代者」理論,即它是絕對真理理論的暫時的替代者。而對柏拉圖來說,哲學是絕對的,千真萬確的普遍真理與人類智慧的理論綜合。

　　像蘇格拉底、柏拉圖一樣,哈伯瑪斯眼中的哲學家是一個解放者。哲學家的社會功能是使人們在思想上被真理與理性所解放。哲學家要為全球性的社會、政治與

哈伯瑪斯
當代新思潮的引領者（修訂版）

倫理道德對話提供普遍的理性基礎與規範性基礎。哲學家要使人們在思想上從文化的偏見、歷史的局限與現實的朦朧中解放出來。不過，哈伯瑪斯眼中的哲學家不是柏拉圖式的，與文化傳統絕對對立的哲學家；也不是笛卡兒式的，完全與文化傳統分離的哲學家，而是一個具有兩面性特點的哲學家。與蘇格拉底、柏拉圖、笛卡兒、康德等不同，哈伯瑪斯不認為哲學家是絕對理性的化身。在這一點上，他與傅柯觀點相似。像康德、黑格爾一樣，哈伯瑪斯眼中的哲學家是時代精神的貢獻者。但是，與黑格爾不同，哈伯瑪斯不認為哲學家應自封為時代精神的代表與最高展現者。哲學家是理性、時代精神與真理的追求者、傳播者和實踐者。蘇格拉底、柏拉圖、笛卡兒、康德、黑格爾等眼中的哲學家是理性和智慧的聖人，而哈伯瑪斯眼中的哲學家是講理性、愛智慧的君子，是理性和智慧的「暫時替代講師」。

* 拉斐爾：雅典學派。圖中，柏拉圖的手向上指，亞里斯多德的手平指向前方地面上。在柏拉圖哲學中，世界的本體，真實與真理寓於超然在上的理念世界，為此，哲學探索是向上。而在亞里斯

引言 哈伯瑪斯與我們時代的精神
一、理性理念與現代性理念

多德哲學中,世界的本體,真實與真理寓於我們所生活的自然世界,為此,哲學探索是向前。哈伯瑪斯同意世界的真實與真理寓於我們所生活的世界,但真理有超然的一面。

總之,哈伯瑪斯是我們時代的一座哲學思想豐碑。與此相適應,介紹、探討哈伯瑪斯不是一件簡單或容易的任務。哈伯瑪斯龐大與完整的哲學系統,其數十年的思想歷程,其信步於庭的哲學活動與公共政治參與,其哲學思想的全球影響等等不是一本書就那麼容易介紹的。因此,本書選擇從一個特別的角度,即從哈伯瑪斯哲學思想對我們時代精神的貢獻與意義這一角度去介紹、探討哈伯瑪斯。更確切地說,本書設想理性理念、現代性理念、民主理念、人道理念、全球正義(Global Justice)理念、世界主義(Cosmopolitanism)理念、人權(Human rights)理念、反人類罪(Crimes against humanity)理念、寬容(Toleration)理念與文化多元主義(Multiculturalism)理念為我們時代精神的核心理念,並從這一設想出發,探討哈伯瑪斯哲學思想對構築我們時代精神的貢獻與意義,以達到綱舉目張、拋磚引玉的功效。

因此,本書的引言也許應從介紹我們時代精神的核心理念與哈伯瑪斯的基本立場開始。

一、理性理念與現代性理念

在我們的時代,後現代主義雖然氣焰囂張,不過是腐草之螢光。理性理念與現代性理念雖然溫和,實則是天心之皓月。理性理念是人類最永恆的理念與價值之一,也是當今時代精神的主旋律。在國內、國際事務中,在處理生存、發展、合作、衝突、利益等一系列問題上,在面對環境、歷史、文化、人與人、人群與人群時,強調規範性、合理合法性、公理、正義、和平、和諧、理解、法治等是我們時代理性精神的主旋律與主要色彩,也是人類文明發展在我們時代的主要特徵。的確,在我們的時代,世界上還有許多角落被非理性、暴力、非人道的黑暗籠罩著。世界上也有許多角落被後現代性利誘著。但是,理性理念與現代性理念是早晨之晨光,希望

哈伯瑪斯
當代新思潮的引領者（修訂版）

之所在。

　　哈伯瑪斯對我們時代的理性理念與現代性理念的貢獻是舉世公認的。1981年，他的《關於交往行為的理論》橫空出世，改變了西方哲學與思想。《關於交往行為的理論》發展出以交往理性為展現的人類理性理念。以交往理性為展現的人類理性強調主張，斷定與規範的間體性與普遍性，但不強調它們的絕對性。它把社會交往實踐作為人類理性的終極運載體，而不是把個人、社會團體或社會階級作為人類理性的終極運載體。以交往理性為展現的人類理性理念為法律與民主的關係提供了更堅實的基礎。1985年，他的《關於現代性的哲學討論》的出版捍衛了以理性為核心的現代性概念，並為集合理性、規範性與合法性於一身的現代性概念鋪平道路。他於1996年出版的《對他者的包容》又從全球的角度探討了理性理念與時代精神各理念的關係。

　　哈伯瑪斯對我們時代理性理念的貢獻主要展現在如下幾個方面：

1. 為我們時代的理性精神貢獻了一個新的人類理性概念，即交往理性概念。交往理性概念的建立，不僅從一個嶄新的角度詮釋理性精神的涵義，而且引領思維方式從主體性思維向間體性思維的變化。
2. 為我們時代的理性精神貢獻了一個新的現代性概念，即集合理性、規範性與合法性於一身的現代性概念。強調合理性、規範性與合法性三維一體的現代性概念的建立，不僅從一個嶄新的角度詮釋現代性的涵義，而且進一步引領思維方式從主體性思維向間體性思維的變化。
3. 給我們時代的理性精神貢獻了以正義與人權為核心，法治與民主為形式，包括與寬容為特點的時代政治思維。
4. 給我們時代的理性精神貢獻了一系列深刻的、影響巨大、革命性的概念理念，諸如司法性人權、後民族國家、憲法愛國主義、世界憲法等等。這些概念理念成為我們時代理性思維的有效分析與理解工具。
5. 給我們時代的理性精神提供了一個龐大完整的哲學體系作為總體理論指導。
6. 給我們時代的理性精神提供了間體性思維範例，後形上學式或後本體論式

思維範例。

7. 指出哲學家是理性和真理的「暫時替代講師」,而不是理性和真理的聖人。

理性與非理性的衝突,現代性與後現代性的較量是我們時代精神的突出特點之一。而且,理性與非理性的衝突,現代性與後現代性的較量是綜合性、全面性的。即它們是本體本質的、認識的、倫理道德的、社會政治等全面性的較量。在這場決定我們時代精神走向的現代性 – 後現代性大辯論中,哈伯瑪斯是理性,現代性捍衛者的領袖。他1981年出版的《關於交往行為的理論》吹響了理性、現代性收復哲學失地的號角。他1985年出版的《關於現代性的哲學討論》標誌著對哲學後現代性陣地的全面突破。

二、全球正義理念與世界主義理念

正義理念是人類最永恆的理念與價值之一,也是我們當今時代精神的主旋律。正義理念在當今時代有著新的內容與特點。第一,人權準則是我們時代正義的核心準則之一。與此相適應,強調平等,自由與公正是我們時代正義理念的主要色彩。第二,全球正義概念的普及。

哈伯瑪斯對全球正義理念的貢獻是多方面的,也與哈伯瑪斯對時代精神的其他核心理念的貢獻緊緊相連。就全球正義理念本身來說,哈伯瑪斯的貢獻既是概念內容方面的,也是原則規範方面的。其主要展現在三個方面:

1. 司法性的全球正義概念;
2. 全球正義與國際正義的區別;
3. 以人權原則為基石的全球正義概念。

第一,哈伯瑪斯使我們認識到,全球正義概念與傳統的普遍正義概念不同。普遍正義指具有普遍道德制約力的,放之於四海而皆適的道德正義。全球正義指在全球具有法律制約力的,放之於四海都有法律效力的法律正義。換句話說,普遍正義是道德性正義,全球正義是司法性正義。全球正義理念為時代貢獻的不僅僅是放之

哈伯瑪斯
當代新思潮的引領者（修訂版）

於四海都有理與正當合法性的正義，而且還有放之於全球都有法律效力與司法懲戒力的法律正義。全球正義不僅僅是道德制約力，而且是法律制約力與懲戒力。違背全球正義將受到的不僅僅是道德責備，而是法律追究。具體地說，全球正義理念與普遍正義理念的區別至少表現在兩個方面：
1. 全球正義由全球法律或全球司法性公約所界定；而普遍正義則由四海認同的普遍道德原則與理念所定義。當然，在公共領域，全球正義理念及其內容等將被討論與交流，而且對全球正義的民主討論是全球正義原則合法性的源泉之一。儘管如此，全球正義的正式界定是由全球法律或全球司法性公約來完成。例如，規定什麼是反人類罪的全球正義原則是由一系列國際法律與全球司法性公約所界定。與此相適應，全球正義由相應的世界性司法組織和機構、國際司法組織和機構以及各國的司法組織和機構來建立、解釋與實施，其司法義務性與威懾力是普遍正義所不具有的。
2. 全球正義的內涵與側重點也不同於普遍正義的內涵與側重點。全球正義規定一國政府和全球組織和機構應如何對待公民，公民彼此應如何對待對方。全球正義規定公民司法性權利與義務。普遍正義規定人與人彼此應如何對待對方，基本社會機構與制度如政府與法律應如何把人當人看待。普遍正義規定人對人的權利與義務，基本社會機構與制度如政府與法律對人的權力與責任。

第二，哈伯瑪斯使我們認識到，全球正義理念不僅僅區別於普遍正義理念，而且區別於國際正義理念。它們之間的區別至少也表現在兩個方面。

首先，全球正義的法律主體對象是公民個人，而國際正義的法律主體對象是民族國家。全球正義規定公民個人的法律主體地位、權利與義務。國際正義設立民族國家關係的規範。全球正義規定一國政府和全球組織和機構應如何對待公民，公民彼此應如何對待對方的規範。國際正義規範民族國家之間應如何處理彼此的關係與衝突等。在談到康德的世界法律與世界憲法概念的意義時，哈伯瑪斯指出：「世界法律概念的核心創新之處是使關於國家的國際法向關於公民個人的世界法律的轉變。

引言 哈伯瑪斯與我們時代的精神
二、全球正義理念與世界主義理念

而且,公民個人不僅僅是他(她)們所屬民族國家的公民,而且是在一個世界共同體的公民。」哈伯瑪斯所指出的世界法律與國際法區別也是全球正義與國際正義。在其《對他者的包容》一書中,哈伯瑪斯指出,「全球法律……透過給予他們在自由平等的世界公民所組成的共同體中的成員身分,直接給予每一個人法律地位。」

其次,在內容上,全球正義規定公民個人的基本人權與人格尊嚴的神聖不可侵犯性。國際正義規定民族國家之間的平等,各國人民之間的平等。

第三,哈伯瑪斯使我們認識到,人權原則是全球正義的核心原則與奠基石。當代全球正義概念不僅僅是司法性的,而且是以人權原則為核心的。就其起源來說,以人權原則為核心的全球正義概念可追溯到康德。在康德思想的基礎上,哈伯瑪斯發展出司法性的人權概念與以司法性人權概念為核心的司法性全球正義概念。

＊　克洛德・莫內(Claude Monet):「和平與和諧」。

哈伯瑪斯
當代新思潮的引領者（修訂版）

現在，讓我們轉到世界主義理念。世界主義理念並不是我們時代所特有的。哈伯瑪斯也不是世界主義理念的原創者。但是，我們時代的世界主義理念卻有其特有的內容、風格與強調，即它的核心思想是以人權準則為運行原則，以全球正義為規範，以建立一個世界司法秩序為目標。它是耶魯大學教授塞拉·本哈比（Seyla Benhabib）所稱的「另一版本的世界主義」理念。所謂「另一版本」，是指我們時代所講的世界主義理念不是古希臘版本的世界主義理念，也不是斯多葛派版本的世界主義理念，而是改造了的康德版本世界主義理念。而我們時代版本的世界主義理念的最傑出的代表正是哈伯瑪斯。正是哈伯瑪斯繼承發展了康德世界主義的理念，發展出以世界憲法為基礎，以人權準則與全球正義為核心，以世界法律為仲介與手段，以全球民主為道路，以規範性和合法性為特點的多層次世界秩序或全球秩序的理念。

眾所周知，康德在其「永恆和平」一文中提出其世界主義理念。康德的世界主義理念在本質上不同於古希臘版本與斯多葛派版本的世界主義理念。這表現在兩個方面：

1. 他所設想的世界新秩序以人權準則為核心，而古希臘版本與斯多葛派版本的世界主義的世界新秩序以普遍的善這一理念為核心；
2. 他所設想的世界新秩序是一個司法秩序，不僅僅是一個道德秩序，而古希臘版本與斯多葛派版本的世界主義的世界新秩序僅僅是一個道德秩序。

在他 1996 年出版的《對他者的包容》一書中，哈伯瑪斯討論了康德世界主義理念的現實意義。他指出，康德世界主義理念給予我們一個世界秩序的新思想，也給法律哲學增添一個新的司法概念：全球法律（cosmopolitan law）。這是一個有著遠大影響的創新，即康德使我們認識到，全球法律，一國的法律與國際法肩並肩地存在。哈伯瑪斯指出，儘管康德的全球法律有許多缺陷，但它擴大了我們的法律視野。第一，康德所設想的全球法律如同一個國家的法律一樣具有法律約束力。第二，與全球法律理念緊緊相連的是新的全球秩序的設想。康德所設想的世界新秩序是一個以人權準則為基礎的共和秩序：「所有形式的國家都以一個與人的自然權利相適

引言 哈伯瑪斯與我們時代的精神
二、全球正義理念與世界主義理念

應的憲法為基礎。這樣,所有服從法律的人同時又是法律的立法者。」雖然,人權在康德那裡主要是一個道德概念。但是,在康德哲學中,法律服從道德。所有法律的正當合理性源於其道德基礎。而在康德「永恆和平」一文的法律哲學中,全球法律,一國的法律與國際法都要展現人權原則,人權不僅僅是在一國的法律與國際法範圍內所享受的基本權利,還包括在全球範圍內的基本權利(cosmopolitan rights)。在康德所設想的世界新秩序中,「全球的所有人民(the peoples of the earth) 都在不同程度上進入一個普遍的共同體。與此相適應,在地球的某一角落對人權的侵犯將被在地球的所有的角落感覺到。」

哈伯瑪斯繼承發展了康德世界主義的理念,在康德版本的世界主義理念的基礎上發展出新版本的世界主義理念。換句話說,在康德世界主義理念的基礎上,哈伯瑪斯發展出其康德、哈伯瑪斯世界主義理念。哈伯瑪斯對世界主義理念的貢獻主要表現在如下方面:

第一,明確提出多元化世界的世界憲法理念。哈伯瑪斯繼承發展了康德世界主義理念中拒絕世界國家的想法,在概念上把國家與憲法分開,提出世界憲法的概念,並強調其為新世界秩序的基本法。

第二,繼承發展了康德世界主義理念,強調人權原則是當今世界主義理念的核心原則。「(當今)世界主義設想一個全球秩序,其中人權理念是正義的運行原則,全球性的政府管理機構為保護人權而建立」。

第三,哈伯瑪斯繼承發展了康德世界主義理念中當今世界主義所強調的全球秩序是一個具有全球正義的秩序;湯瑪斯·珀格因此把這一版本的世界主義理念稱為「社會正義版本世界主義理念」。

第四,哈伯瑪斯繼承發展了康德世界主義理念中當今世界主義所強調的全球秩序是一個司法秩序,不僅僅是一個道德秩序。違背這一司法秩序所規定的全球正義將受到的不僅僅是道德責備,而是法律追究。例如,正如哈伯瑪斯指出的,「全球秩序的建立意味著侵犯人權就不再是被從道德的角度判斷與立即鬥爭,而是根據制度化的法律秩序,像由一個國家的法律秩序所定義的罪行一樣,被起訴。」

哈伯瑪斯
當代新思潮的引領者（修訂版）

　　第五，在強調全球人權政治的同時，明確提出反對人權原教旨主義（human rights foundamentalism），並指出人權原教旨主義的本質與根源。在《對他者的包容》一書中，哈伯瑪斯指出，人權原教旨主義是不以法律為仲介的、道德性的人權政治墮落的產物。哈伯瑪斯指出，「當它在虛假的法律合法性的幌子下為一個實質上只是派別爭鬥的干預提供道德合法性時，一個世界組織的人權政治就淪為人權原教旨主義」；與此相適應，「人權原教旨主義可以避免，但不是透過放棄人權政治，而是透過全球性地把國與國之間的自然狀態轉變為一個司法秩序」。我們要防止人權原教旨主義，問題是如何防止。要回答這一問題，我們要知道人權原教旨主義是如何產生的。一個誤區是認為人權原教旨主義是全球人權政治的必然產物，兩者密不可分，因此，只有放棄人權政治，才能避免人權原教旨主義。哈伯瑪斯指出，人權原教旨主義是不在司法的基礎上道德性地濫用人權政治的結果，只有使人權政治基於合理正當的司法基礎即合理正當的世界法律基礎，以正當合法的法律為仲介，我們才能避免人權原教旨主義。

　　第六，在《對他者的包容》中，哈伯瑪斯進一步指出，「全球法律是法律的構造性規則的邏輯結果。它第一次在國界內的社會、政治關係的司法與國界外的社會、政治關係的司法之間建立一種對稱性」；即是說，我們可以從法律的構造性規則中演推出全球法律的必然存在。

　　第七，哈伯瑪斯繼承發展了康德世界主義理念中關於新世界秩序的設想，提出一個由超國家、跨國家與民族國家三層次組成的全球秩序體系。

　　第八，哈伯瑪斯繼承克服並超越了康德世界主義理念，提出全球民主是建立由超國家、跨國家與民族國家三層次組成的全球秩序體系的唯一正當合法管道。

　　康德、哈伯瑪斯世界主義理念成為當今世界主義理念的範本，是使西方現代版本的世界主義理念區別於西方古代版本的世界主義理念的主要源泉。

三、人權理念與反人類罪理念

講到時代精神，我們必須提到人權理念與反人類罪理念的人權原則是我們時代正義的運行原則。「人權是權利的社會形式。這一社會形式的權利是我們時代的產物，也是我們時代的成就。」人權原則是我們時代所特有的，其內容、風格與特性深深地印著我們時代所特有的烙印。哈伯瑪斯對我們時代的人權概念的貢獻集中在兩個革命性的突破：

1. 強調人權與道德權的區別，人權原則不是一個道德原則，而是一個司法規範，即人權是司法性的概念；
2. 對人權的新詮釋，即人權是公民們為在法治的基礎上共同生活而彼此必須相互賦予的權利；
3. 對基本人權做出新的劃分。

哈伯瑪斯指出，人權原則不僅僅是一個道德原則，而是一個司法規範。他指出，儘管權利的概念源遠流長，人權規範作為司法規範卻是我們時代的產物。如上所說，全球秩序的建立意味著侵犯人權就不再是被從道德的角度批判，而是按法律秩序被當做罪行起訴。哈伯瑪斯特別對人權和道德權進行區分。他指出，人的道德權是與生共有的，而人權是歷史地建立起來的。「人權的概念並不起源於道德，而是具有現代個人自由概念深深的烙印。因此，它是一個特別的司法概念。在本質上，人權是一個司法概念。它有道德權利的外表，但是它的內容與結構都不是道德性，而是司法性的。它之所以有道德權利的外表是因為它的有效性模式，它的有效性超越一個民族國家的法律秩序。」人權原則有效性模式的超越性是我們誤認人權為道德權的主要原因。哈伯瑪斯指出，關於人權，我們在認識上存在著三個重大誤區：

1. 我們誤讀歷史上人權理念的起源。即我們誤以為，歷史上，人權概念起源於道德，而沒有注意到，事實上，人權的概念伴隨具有現代的個人自由概念而生。誤讀人權理念的歷史起源，我們很容易誤認人權為道德權。
2. 由於它的有效性的模式超越一個民族國家的法律秩序，我們就斷定人權是

一個道德規範。也就是說，我們的通常邏輯是：凡是其有效性超越一個民族國家的法律秩序所規定範圍的規範只能是道德規範。但是，這一邏輯是錯誤的。比如，世界法律規範的有效性就超越一個民族國家的法律秩序所規定範圍，但它們是法律規範，而不是道德規範。

3. 「基本權利規範具有普遍有效性，它們可以從道德的角度進行獨有的證明……同時，對基本權利規範普遍有效性的道德證明並沒有抹去基本權利規範的司法性特性。即道德證明沒有把基本權利規範轉變為道德規範。法律規範保存它們的法律形式，不管證明它們合法性的理由是什麼。法律規範的這一特性源於它們的結構，而不是它們內容的證明。」

哈伯瑪斯指出，「基本權利是可以以其名義控訴的個人權利。至少個人權利的部分涵義是透過開闢一個法律行為領域，使法律主體從道德命令中解脫出來。」即是說，至少個人權利的部分涵義是他或她可以在法律的保護下，選擇不服從道德命令。而其對不服從道德命令的選擇具有正當合法性。這一點很關鍵。如果人權首先是個人的基本權利，如果個人的基本權利的部分涵義是他或她可以在法律的保護下，選擇不服從道德命令，人權規範就不是一個道德規範，而是一個司法規範。因為，如果人權規範是一個道德規範，它不能規定個人可以正當合法地選擇不服從道德命令，否則將自相矛盾。即如果人權規範是一個道德規範，規定個人可以正當地選擇不服從道德命令，那它同時規定個人可以正當地選擇不服從人權規範這一規範的道德命令。結果是，人權規範否定自己是一個規範，因為規範意味著不可以選擇不服從其命令。

與此相適應，哈伯瑪斯指出，在理念上，道德權利與法律權利存在著重大區別。「道德權利源於制約自主的人的自由意志的責任。而法律賦予一個人根據自己愛好行動的權利優先於法律責任，而法律責任是對個人自由的法律限制。」即是說，道德權利與法律權利存在重大區別之一是它們各自與責任的關係。道德責任是道德權利的源泉，而法律權利優先於法律責任。

在人權理念上，哈伯瑪斯的另一革命性的貢獻是對人權做出新詮釋。他把人權

理解為公民們為了在法治的基礎上共同生活而彼此必須相互賦予的權力。在《事實與規範》中,哈伯瑪斯指出,「法律以一個權利系統的行式出現。」「這一系統必須包括公民們為了希望透過去正當合法地調節他(她)們的行為與生活條件必須相互賦予的權利。」權利在《事實與規範》中,哈伯瑪斯又強調指出,「一個法律秩序必須保證,每個人的權利事實上被所有的其他人所尊重;不僅如此,社會成員彼此對每個人的權利的互認必須是建立在合理有效的法律的基礎上,而合理有效的法律必須給予每個人平等的自由,也限定每個人選擇的自有必須與所有人的同等同樣自由共容共存。」哈伯瑪斯對人權的新詮釋不僅適用於國內、國際法律所講的人權,也適用於全球法律所講的人權。

不僅如此,哈伯瑪斯對我們時代的人權概念還有其他重大貢獻。例如,他對基本人權做出新的定義與劃分。在《事實與規範》中,哈伯瑪斯指出人的五大類基本權利:

1. 基本自由權利,即盡可能是最大限度的、均等的個人自由和政治自主性詳盡表述的基本權利;
2. 基本成為成員權利,即在法律的保護下個人能與他人自由、自願地組成共同體,成為共同體成員,此身分政治自主性的詳盡表述的基本權利;
3. 基本享受法律保護權利,即直接基於權利可行性、個人基本自由以及政治自主性享受法律保護的基本權利;
4. 基本參與權利,即個人參與意見與意志形成過程和行使其政治自主和發展法律的基本權利;
5. 基本社會生態權利,即當享受技術、生態保護的生活資源是公民行使人類基本權利的必需條件時,個人享受那些技術、生態保護的生活資源的人類基本權利。

哈伯瑪斯所指出的以上人的五大類基本權利都是現代世界公認的人的基本權利。基本自由權利、基本成為成員權利、基本享受法律保護權利和基本參與權利是聯合國1948年的人權宣言中指出的人的基本權利。基本社會生態權利也展現在聯合國關

哈伯瑪斯
當代新思潮的引領者（修訂版）

於人權的一些最新規定。哈伯瑪斯的貢獻是使這些權利在概念上成為一個系統。

現在讓我們轉到反人類罪這一理念上。我們時代意識與價值觀的最顯著的特徵之一是反人類罪成為一種範疇的罪行，與反人類罪的鬥爭是人類最重要的任務之一，反人類罪十惡不赦。反人類罪理念概念的首次使用可以追溯到1860年林肯總統在美國共和黨全國代表大會上的發言。但是，林肯總統既沒有相應法律規定反人類罪範疇的涵義與反人類罪的類型，也沒有相應司法機構追究反人類罪的罪行與罪人。在這一意義上，反人類罪理念是我們時代的產物，也是我們時代的成就。更確切地說，它是第二次世界大戰後人類意識與價值發展的產物與成就。如果說，如法國文豪雨果所指出，文明化在本質上是人文精神的外在化，那麼，反人類罪理念的產生是人文精神的外在化的一個新的高度，即它是人道原則司法化的最集中的表現之一。

反人類罪是一種特殊範疇的罪行。它不是一種簡單的罪行，而是政策性的、系統的對基本人權與人格的侵犯。它有兩個特點：

1. 反人類罪發生是為了實施一種政府，或團體，或群體，或政黨的某種政策，它是政策性的。如種族屠殺、種族奴役等等；又如南京大屠殺、對猶太人的大屠殺都是政策性的；
2. 它是系統性的。反人類罪發生不是某個單獨的犯罪行為，如強姦個案或謀殺個案，而是系統性的、集體性的。如種族屠殺、種族奴役、南京大屠殺、對猶太人的大屠殺等等，不是簡單的強姦或謀殺，而是系統性的、集體性的強姦與謀殺。因此，反人類罪所侵犯的不僅僅是受害者個人，而是人類本身或人類本體本身。

反人類罪理念在概念上的革命首先是確立人類本身或人類本體本身可以是罪行的受害者。把人類本身或人類本體本身當做可能的罪行受害者，反人類罪理念人類本體本身成為一個司法範疇。反人類罪理念不僅強調了每個人都有基於正義的不可侵犯性，也強調了人類作為法主體對象基於正義的不可侵犯性。

哈伯瑪斯對我們時代的重要貢獻之一是他堅決捍衛了人類本身或人類本體本身可以是罪行的受害者，人類本身或人類本體本身是一個司法範疇的思想。在這一點

上,哈伯瑪斯對卡爾·施密特的批判是一個典型例子。「施密特認為,『當一個國家以人類的名義與它的政治敵人鬥爭時,它不是為人道而進行戰爭,而是一個國家與它的敵人鬥爭時,在濫用一個普遍的概念,正如一個人濫用和平、正義、進步、文明這些詞,以便把它們據為己有,否定他人能擁有它們。人道一詞是一個特別有用的意識形態工具。』」施密特的如上觀點包含著反人類罪理念的否定,直接否定人類本身或人類本體本身可以是罪行的受害者。對此,哈伯瑪斯指出,施密特的如上觀點不懂得全球人權政治執行的不是屬於普遍道德一部分的規範,而是屬於世界法律的規範。我們在這裡還應加上,施密特的如上觀點沒看到人類本身或人類本體本身可以是罪行的受害者。

四、民主、寬容理念與文化多元主義理念

　　我們的時代是一個民主的時代。民主理念是時代精神的核心理念。說民主理念是我們時代的一個重要標誌一點也不過分。柏拉圖、亞里斯多德等西方古代思想家都反對民主。在現代歐洲啟蒙運動中,包括康德在內的大多主要啟蒙運動思想家都不贊成民主。在東方,儒家、法家、道家都不講民主。所以,中國的五四運動與新文化運動要把科學先生與民主先生請到中國來。民主理念真正成為我們時代精神的核心理念是在第二次世界大戰結束之後。從此,民主與專制的鬥爭成為我們時代的標誌之一。哈伯瑪斯的民主哲學是他社會政治哲學的最重要組成部分。它對當代的民主理念做出重大貢獻。具體地說,它對時代精神中民主理念的貢獻至少包括如下概念:

1. 後民族國家的民主概念;
2. 憲法愛國主義概念;
3. 公共空間與公共領域概念;
4. 程序主義民主模型概念;
5. 話語民主過程概念;

哈伯瑪斯
當代新思潮的引領者（修訂版）

6. 話語哲學的法律與法治概念，包括話語哲學的的世界法律與世界司法秩序概念；
7. 話語哲學的公民身分概念；
8. 民主是當代法律的唯一合法性源泉的概念；
9. 三層次的全球民主概念，即國內民主、國際民主與全球民主的概念。

與此相聯繫，哈伯瑪斯對民主哲學與民主模式的剖析也對當代民主理論做出了重大貢獻。

與如上相適應，我們的時代是一個多元化、差異化的時代。與此相適應，寬容是我們時代意識的中心規範之一。與人權規範一樣，寬容是我們時代正義的運行原則之一。寬容使多元化、差異化的人類能作為一個共同體而存在，它使多元化、差異化的人類群體能共存。美國哲學家麥可・華爾滋指出：差異性使寬容成為必要；寬容使差異性能共存。在談到文化寬容作為我們時代的一個規範時，哈伯瑪斯也指出，「宗教寬容保證一個多元的社會作為一個政治共同體不會因為世界觀的衝突而分崩離析。」羅伯特・沃爾夫（Robert P. Wolff）列出如下不同時代的核心美德與價值觀：

1. 君主時代的核心美德與價值是忠誠；
2. 軍事專政時代的核心美德與價值是榮譽；
3. 傳統自由民主時代的核心美德與價值是平等；
4. 社會主義民主時代的核心美德與價值是博愛；
5. 民族民主時代的核心美德與價值是愛國主義；
6. 現代多元民主時代的核心美德與價值是寬容。

引言 哈伯瑪斯與我們時代的精神
四、民主、寬容理念與文化多元主義理念

＊ 艾德文・郝蘭得・巴拉斯皮爾特（Edwin Howland Blashfield）:「宗教寬容」。

我們毋須認同沃爾夫對時代的劃分。但是，我們應認識到：第一，我們處於現代多元民主的時代； 第二，寬容是我們時代的行為規範，不僅僅是價值與美德。就是說，寬容是我們時代的中心規範之一，不僅僅是我們時代的中心價值與美德。我們時代所強調的不僅僅是儒家「地勢坤，君子以厚德載物」的美德或佛祖「大肚能容，容天下之難容之物」的涵養與境界，而是明白這一道理：即寬容是每個人都必須遵守的司法規範；寬容是每個人都必須遵守的制約性的行為規範。

哈伯瑪斯對寬容理念的貢獻與他對民主和多元化理念的貢獻緊緊相連。就寬容理念本身來說，哈伯瑪斯的貢獻主要表現在兩個方面：
1. 對寬容理念合法性的哲學論證；
2. 寬容規範是司法性規範的概念。

哲學史上，哈伯瑪斯不是第一個對寬容理念的合法性的哲學論證的哲學家。即使是在今天，1689 年洛克「關於寬容的一封信」仍是哲學論證寬容理念的哲學經典，伏爾泰的「我不同意你的觀點，但是，我會為爭取你表達你觀點的權力誓死而戰」仍是寬容理念的哲學座右銘。哈伯瑪斯的貢獻是他對寬容理念合法性特殊的話語哲學論證。

哈伯瑪斯
當代新思潮的引領者（修訂版）

第一，哈伯瑪斯從話語哲學的角度上論證了寬容理念的合理合法性。從話語哲學的角度上講，寬容理念是民主地、話語式應對文化多元化這一現實的最具有可接受性的規範。以宗教寬容為例。什麼是宗教寬容？哈伯瑪斯指出，首先，「宗教寬容不是冷淡。對其他實踐與信仰的冷淡或對他者與其他性的尊敬將使宗教寬容失去目標。」宗教寬容既不是對他者與其他性的冷淡或簡單的拒絕，也不是對他者與其他性的尊重或接受。宗教寬容是對所拒絕的他者與其他性的忍受。宗教寬容的先決條件是宗教寬容的目標是宗教寬容者所拒絕的，即宗教寬容目標的被拒絕性是宗教寬容的先決條件。所以，「只有那些在主觀上有好的理由拒絕有其他信仰的人的信念的人能夠實踐宗教寬容。」沒有目標的被拒絕性，就沒有寬容的必要。另一方面，宗教寬容的必要條件是宗教寬容的目標是宗教寬容者所必須忍受的，必須與之共存的。寬容不是放棄原則去接受他者與其他性，也不放棄對寬容目標主觀上的拒絕，如寬容並不放棄對寬容目標主觀上的拒絕。其次，哈伯瑪斯進一步指出，「宗教寬容也不等同於文明性這一政治美德。」這裡，文明性指羅爾斯所說的願意與他人合作，願意與他人妥協。哈伯瑪斯指出，「對那些與我們思想不同的人的寬容不應該與願意合作或願意妥協混淆。只有當各方都具有好的理由既不對有爭議的信念尋求贊同，也不認為贊同是可能的時候，宗教寬容才是必須的。宗教寬容超越耐心地追求真理、公開性、相互信任與正義感。」再次，宗教寬容的第三個特性是它對民主國家權威的必然要求。「宗教自由檢驗國家權威的中立性。」宗教寬容是民主國家權威中立性的必然要求。民主國家權威對各宗教與世界觀保持中立，不對任何宗教有歧視，因此，民主國家對各宗教與世界觀實行宗教寬容。反過來說，「克服宗教歧視成為爭取一種新的文化權利的標兵。也就是說，宗教寬容是爭取一種新的文化權利的標兵。宗教寬容保證平等地對待各種文化，尤其是少數群體文化。宗教寬容強調對各種文化，尤其是少數群體文化的包括。

引言 哈伯瑪斯與我們時代的精神
四、民主、寬容理念與文化多元主義理念

＊ 尼可拉斯・普斯加爾夫（Nocolas Poussincalf）：「爭論宗教寬容」。

第二，哈伯瑪斯強調指出，寬容是一個司法規範，不僅僅是一種美德。哈伯瑪斯指出，1948年聯合國發表的《世界人權宣言》進一步明確地確立人權準則為全球司法準則；寬容是人權準則的必然要求。哈伯瑪斯指出，《世界人權宣言》是具有司法制約力的全球公約，至少對所有聯合國成員國來說，它們是具有司法制約力的國際或全球公約。哈伯瑪斯所指出的當然也適用於1981年的聯合國《消滅各種形式的宗教與信仰歧視與不寬容宣言》與1995年聯合國教育、科學與文化組織的《寬容原則宣言》。總之，聯合國的一系列公約表明寬容準則正不斷地實現全球性的司法化。

與如上相聯繫，文化多元性是我們所生活的世界的一個永恆現實，而不是某種過路浮雲。否則，文化寬容作為每個人都必須遵守的司法性，制約性行為規範也就

哈伯瑪斯
當代新思潮的引領者（修訂版）

失去其必要性與有效性。哲學家以賽亞·伯林（Isaiah Berlin）指出：「我們所見的世界是一個在其中不相容、不能共存的價值在我們面前相互衝突的世界。在另一個世界裡相互和諧的原則不是我們日常生活所懂得的原則。如果它們轉化，來到我們面前，我們在地球上的人將不認識它們。」與此相適應，文化多元主義是文化多元性的必然產物。美國哲學家約翰·羅爾斯強調指出，合理的多元主義是自由制度的產物，而合理的多元主義與多元化的合理世界觀的存在是寬容被要求的基礎。

在與哈伯瑪斯關於政治自由主義政治性正義概念問題的爭論時，羅爾斯強調，像哈伯瑪斯那樣強求一個政治性正義概念的真理性不可避免地將走向專制主義（totalitarianism）。這就是，在一個文化多元化的世界，為了達成對一個政治性正義概念真理性的統一理解，這必須要求認識各方都擁有一個共同的真理概念。這就意味著一些社會成員必須放棄自己的真理概念。這就意味著必須使用制度暴力去強迫一些社會成員去放棄自己的真理概念，因為在民主和多元化的今天，除非使用制度暴力去強迫一些社會成員去放棄自己的真理概念，社會成員之間不可能有一個共同的真理概念。例如具有不同宗教背景的人不可能有一個相同的真理概念。而使用制度暴力去強迫一些社會成員去放棄自己的真理概念本身與正義即公平原則是背道而馳的。羅爾斯因而強調認識，政治寬容。

其實，在認識文化多元化方面，哈伯瑪斯思想中政治自由主義的因素比羅爾斯認識到的要多。雖然哈伯瑪斯思想強調理性、規範性與普遍性，但他思想中理性、規範性與普遍性理念的核心是「非壓迫性的昇華」這一思想。他對當代文化多元主義理念的主要貢獻至少包括三個方面：

1. 憲法愛國主義的理念；
2. 思考性公共空間的概念；
3. 個人的人權優先於族的文化權概念。

第一，哈伯瑪斯創造性地提出憲法愛國主義的理念。他指出，一個文化多元化的時代，憲法愛國主義是唯一合情合理的國家認同基礎。在全球範圍，文化多元化、民族差異性化、人民多群化等是哈伯瑪斯所強調的世界憲政主義成為唯一合情合理

引言 哈伯瑪斯與我們時代的精神
四、民主、寬容理念與文化多元主義理念

的共同體認同基礎。憲法愛國主義的理念是：在憲政民主中，公民身分和資格的形式共同性和包容性使不同宗族、種族、信仰、歷史文化背景的人能在認同共同的民主憲法及其理念和價值的基礎上團結起來，組成共同的國家；在憲政民主中，公民身分和資格的形式普遍性和非具體實質性也使現代國家的公民適合於世界範圍內的民主化潮流。公民性的形式普遍性和非具體實質性使現代公民適合於具有共同政治空間的多文化聯繫的現代社會，使世界各國公民有共同的政治和價值語言與規範，也使他們具有民主，理性協商的政治意志和條件。如上所述，康德版世界憲政主義或世界憲政主義的理念是在世界共同體中，不同宗族、種族、信仰、歷史文化背景的人能在認同共同的，以人權理念為核心的世界憲法的基礎上團結起來，組成世界人類共同體。換言之，在文化多元化的歷史條件下，在一個國家內，民主地建立起來的國家憲法是國家認同的唯一合情合理的基礎；在全球範圍，民主地建立起來的世界憲法是世界共同體認同的唯一合情合理的基礎。

第二，哈伯瑪斯明確提出理性的、思考性的公共空間的概念，強調理性的、思考性的公共空間在多元民主中的重要性，提出建立理性的、思考性的公共空間。哈伯瑪斯既反對極端的文化多元主義，即非理性的、非反應性的文化多元主義，也反對好戰的世俗主義，即非理性、非反應地反對任何文化多元主義與任何形式的文化寬容的世俗主義。

第三，針對流行的關於對少數民族或其他少數群體集體的尊重優先於對個人權利的尊重的觀點，哈伯瑪斯明確提出相反的觀點。一些哲學家諸如查里斯‧泰勒提出，在特定的條件下，個人的基本權利與集體文化的權利會有衝突，並且提出，「在特定的條件下，為了保證能夠保存面臨絕種危險的生活文化方式，應允許對基本權利進行必要的限制。」也就是說，當個人的基本權利與集體文化的權利發生衝突，而所涉及的集體文化屬於面臨絕種危險的文化時，集體文化生存的權利應優於人的基本權利。哈伯瑪斯拒絕這一觀點，強調個人的基本權利對集體文化權利的優先性。

綜上所述，全球正義理念、世界主義理念、人權理念、反人類罪理念、寬容理念與文化多元主義理念這六大時代理念不僅僅是適應我們時代的理念，是我們時代

哈伯瑪斯
當代新思潮的引領者（修訂版）

的產物與成就，它們更是我們時代精神的核心理念。它們構成時代精神的本質本體，是我們時代精神與其他時代精神相區別的重要標誌，是我們時代信念與價值的最高展現。而哈伯瑪斯不僅僅是這些理念的積極捍衛者，而且是這些理念建設者中的重要代表人物。

2003 年，當哈伯瑪斯獲得馮·阿斯圖里恩王子社會科學獎（Prinz von Asturien Preis für Sozialwissenschaften）時，在頒獎儀式上，他在受獎發言中談到早年西班牙作家米蓋爾·德·烏納穆諾（Miguel de Unamuno）對他思想的影響，指出烏納穆諾身上展現出一種理論與現實、文學與生活之間關係的深奧的深淵。也許，這正是哈伯瑪斯本人的寫照。在他身上展現出一種理論與現實、哲學與時代、思想與生活之間關係的深奧的深淵。深淵裡是豐富的哲學寶藏。本書旨在為開發這一哲學寶藏拋磚引玉。

第一章　重建現代性與普遍理性理念的思想家
四、民主、寬容理念與文化多元主義理念

第一章
重建現代性與普遍理性理念的思想家

　　話又回到 1970 年代末 1980 年代初。在東方,解放思想、改革開放、實現現代化的吶喊在神州大地風雷激蕩,人文思想、民主法制的理念在古老的中國野火燒不盡,春風吹又生。在歐洲,對 1970 年代歐洲政治、經濟與社會發展的反思風起雲湧,對冷戰時代及其意識形態的檢討方興未艾,山雨欲來風滿樓。在北美,政治、經濟、思想與價值的爭論已演變為全面的文化戰爭,新自由主義與新保守主義刀劍相見。在地中海,在非洲,在大洋洲,啟蒙與復古針鋒相對,自由與枷鎖狹路相逢。正是在這一歷史的獨特時刻,一場巨大的哲學革命在悄悄地來臨。在這世界發展進步的滾滾春雷中,我們聽到了一位偉大思想家堅定的腳步聲。歷史造就領袖與英雄,領袖與英雄指點江山,引導歷史。1981 年,德國哲學家尤爾根·哈伯瑪斯發表了一部具有劃時代意義的哲學巨著——《關於交往行為的理論》,其交往理性的理論與新的現代性理念橫空出世,在西方哲學界投下一顆重磅原子彈,一場西方哲學的革命由此產生。

哈伯瑪斯
當代新思潮的引領者（修訂版）

　　法國哲學家米歇爾‧傅柯（Michel Foucault）曾說：「自 18 世紀以來，西方哲學與批判思維的中心問題一直都是，今後也將是，什麼是我們所使用的理性？它的歷史作用是什麼？它的局限在哪裡？它的危險是什麼？」的確，曾幾何時，普遍人類理性的理念是如此光芒萬丈，萬物臣服。哲學世界因此氣象一新，充滿希望與激動。曾幾何時，法國哲學家雷納‧笛卡兒的豪言——「我們將不允許我們自己在沒有理性的證據之前去接受任何真理」，是如此響徹雲霄。而德國哲學家康德的三大批判，即純粹理性批判、實踐理性批判與判斷的批判，則是現代哲學探討人類理性的一個高峰，也是理性理念風光時期的一個展現。然而，歲月輪回，正如德國哲學家黑格爾所說，18 世紀法國大革命的慘痛教訓宣判了啟蒙理性理念的貧困與破產。19 世紀三大批判大師尼采、馬克思與佛洛伊德對現代理性理念的無情批判，更使現代理性理念雪上加霜，終於從凌駕於世界之上的主人位置掉入煉獄。當然，黑格爾並沒有拋棄人類理性的理念，而是以客觀唯心主義的理性理念取代現代啟蒙理性理念。馬克思也以辯證唯物主義與歷史唯物主義的實踐理性理念取代啟蒙理性理念。但是，理性理念並沒有守得雲開日出，其命運並沒有開始好轉。到了 1960 年代，現代理性理念的命運不但沒有得到改善；相反，它更是成為眾矢之的。在談到現代理性理念在 1960、1970 年代的命運時，哈伯瑪斯的好友，美國後實用主義哲學家理查‧伯恩斯丁在《對理性的盛怒》一文中指出：「今天，理性的概念總使人聯想到統治、壓迫、等級權力、絕育、暴力、總體、專制主義和錯誤。」但是，「原本在傳統中，對理性的呼喚是與期望自主、自由、正義、平等、幸福、和平聯繫在一起的」。正是在這一獨特的歷史背景之下，哈伯瑪斯逆水行舟，提出新的人類理性理念，重建現代性的理念，引領風騷，帶著西方哲學走向新的革命。

　　進入 1980 年代，哈伯瑪斯已經是跨 50 歲的歐洲著名哲學領軍人物。孔子曾說，五十而得道。孔子講的是他自己思想發展的過程，即他 50 歲時，他得到道的真諦。孔子的道當然指的是關於世界與人類的真理。得道是每一學者與思想家思想探索與追求的最高目標和境界。孔子因此說：「朝聞道，夕死可矣。」哈伯瑪斯的思想軌跡與孔子的思想軌跡有一個美妙的巧合。就其思想探索與哲學人生來說，哈伯瑪斯

第一章　重建現代性與普遍理性理念的思想家
四、民主、寬容理念與文化多元主義理念

也可以說是五十而得道。正是到 50 歲時，他對人類理性的本質性質、特點和展現者的認識取得了突破性的飛躍，建立了他劃時代的人類交往理性的理論，填補了當代歐洲大陸哲學乃至整個西方哲學的一個理論空白，把當代西方哲學關於人類理性的討論帶上了一個新的高度。誠然，哈伯瑪斯早年建立了影響巨大的公共空間的理論，後又提出了被哲學同行津津稱道的人類知識與人類三種志趣理論。在 50 歲之前，他已經是歐美哲學界冉冉升起的新星。但是，一舉奠定他不可動搖的世界哲學大師地位的哲學理論建樹是他的關於人類理性的哲學與對現代性理念的重建。

　　以愛智慧為本質，哲學的精髓是理性。哲學的最高境界是理性境界。要達到哲學的最高境界，就要了解什麼是人類理性，如它的本質、特性是什麼。在這個意義上，對理性的本質的認識是哲學上最高的得道。在這一點上，古今中外，天下一理。19 世紀以來對理性理念的反抗心理與態度給人類對人類理性理念的本質的認識上了一堂反教育課。

　　哈伯瑪斯的哲學探索以對理性本質的認識作為目標。為了這一目標，哈伯瑪斯系統地、深入地研究了從康德到馬克思的德國古典哲學，以盧卡奇為代表的後馬克思主義哲學，從海德格開始的現代德國哲學，包括存在主義與後現代主義在內的法國哲學，古典和當代美國實用主義及後實用主義哲學，以霍克海默與阿多諾為代表的法蘭克福學派批判理論，邏輯實證主義，現代社會學，以佛洛伊德為代表的心理分析學與當代語言哲學。為了得到對人類理性本質的的真諦，他系統地、深入地研究了現代西方哲學各派關於現代性的爭論，後現代主義的挑戰，科學發展和全球化的趨向。為了得到對人類理性本質的真諦，他系統地、深入地研究了現代啟蒙哲學與運動的成果與災難，從黑格爾到霍克海默與阿多諾等對現代啟蒙哲學與運動的批判。可以說，在追求真理與道的過程中，哈伯瑪斯跨越了思想的萬水千山，在漫漫的長路上上下求索。天道酬勤。古人荀子說：鍥而不捨，金石可開。中國宋代哲學大師朱熹說過，融會而貫通。哈伯瑪斯正是在深入理解哲學、社會學和心理學的百家之後，融會貫通，得到了人類理性本質的的真諦。而他的關於人類理性的哲學理論的建立與對現代性理念的重建使他不僅僅是一位思想革命家，還是思想的發明家、

哈伯瑪斯
當代新思潮的引領者（修訂版）

＊ 法蘭西斯科・德・哥雅（Francisco de Goya）：「理性的夢生產怪物」還是「當理性沉睡時怪物產生」？這是我們該問的問題！

第一章　重建現代性與普遍理性理念的思想家
四、民主、寬容理念與文化多元主義理念

建築家，或用愛因斯坦的話來說，思想的科學家。

就哈伯瑪斯關於人類理性的哲學理論來說，無論從理論的角度還是從現實的角度講，其革命性是顯而易見的。它對理性的本質、特性與功能重新做出新的規定。人們常說哈伯瑪斯新的人類理性的理論沒有把我們帶到新的、深邃的形上學式思索。這一見解並不全面。在這一問題上，我們要有一分為二的思想。確實，哈伯瑪斯本人強調他的哲學理論是後形上學式或後本體論式的。但如果我們不把形上學式思索等同於傳統亞里斯多德式的形上學式思維，我們看到，在某種意義上，哈伯瑪斯關於人類理性的哲學理論建立了一種新的形上學式思維。他的哲學建立了人類理性形上學式的普遍原則，形上學式的正式結構。當然，哈伯瑪斯關於人類理性的思維本質上是一種後形上學式或後本體論式思維。它與形上學式思維同樣深邃、深奧。它帶來思維範例模型從主體性思維範例模型向間體性思維範例模型的轉變。從理念上講，哈伯瑪斯的以交往理性為核心的人類理性理論既克服了康德的主觀唯心主義的缺陷與局限，又繼承了康德關於理性的理論建造功能與倫理建造功能的真知。它既克服了黑格爾的客觀唯心主義的缺陷與局限，又繼承了黑格爾關於理性的內在以及超越批判功能與倫理批判功能的灼見。它既克服了馬克思主義的辯證唯物主義與歷史唯物主義理性理念的簡化論傾向的缺陷與局限，又繼承了馬克思主義關於理性的實踐批判功能與倫理功能的觀點以及實踐作為理性的運載體的思想。它既克服了啟蒙理性理念的專制主義的缺陷與局限，又繼承了啟蒙理性理念關於理性的普遍性、真理性的思想。

整體而言，在 1980 年代，經過漫漫的哲學探索，哈伯瑪斯終於得到了人類理性本質的真諦。他的交往理性理論與新現代性理論的橫空出世，宣告著一個全新的哲學時代的開始。他也以此為新起點，由得道而繼續建立起一個龐大的哲學體系，走向新的哲學思想高峰，笑傲世界哲壇。尤其在世界形勢發生急遽變化，歐洲大陸孕育著春雷的時候，作為德國最有影響力的公共知識分子，哈伯瑪斯也積極參加了一系列重大的社會政治生活大辯論，並提出憲法愛國主義的理念，強調現代人要把新的愛國主義精神與民主自由的理念和價值系統地結合起來，脫離傳統的民族主義。

哈伯瑪斯
當代新思潮的引領者（修訂版）

一、序幕：千山獨行

　　都說大師康德用十年心血寫出哲學巨著《純粹理性批判》。的確，康德書寫《純粹理性批判》成為哲學界的美麗故事。哈伯瑪斯寫作其巨著《關於交往行為的理論》也可以說是十年磨一劍，其故事同樣是哲學家追求真理的佳話。從 1570 年代初開始，哈伯瑪斯就已經正式探索其人類理性之旅，實施其人類理性研究與寫作的計畫。早在此時，哈伯瑪斯就對文化與理性，傳統與現代性的關係，社會權力與結構的正當性、合法性等後來他重建人類理性與現代性理念的中心問題進行深入研究，並與其他哲學家就這些問題展開討論。為了能更專心、更自由自在地思考研究人類理性的問題與民主，1971 年他甚至選擇離開法蘭克福大學，南下斯坦堡。而 1971 年他的普林斯頓大學系列講座的內容與觀點都包含著他在《關於交往行為的理論》中許多思想的萌芽。

　　這裡，我們不得不提及 1960 年代末 1970 年代初他與德國哲學大師漢斯・格奧爾格・伽達默爾之間的哲學爭論。這一哲學爭論的主題是文化與理性，傳統與現代性的關係。從重建人類理性與現代性理念的角度上講，這一爭論事實上提出了理性的普遍性與特殊性，超越性與文化性的關係問題。伽達默爾和哈伯瑪斯作為海德格、阿多諾之後的當代德國哲學的象徵，代表著兩種不同的哲學。更重要的是，哈伯瑪斯後來建立的交往理性的核心是旨在達到相互理解的社會交往實踐，而對相互理解的特性與條件的探討是伽達默爾哲學的主題。伽、哈在這一問題上的爭論對哈伯瑪斯後來的交往理性概念的影響是顯而易見的。與此同時，哈伯瑪斯後來建立的交往理性強調以間體性思維取代主體性思維。而伽達默爾所強調的相互理解注重的就是間體性共識。所以，哈伯瑪斯為何從不承認伽達默爾在他思想中的應有地位，這還真是一個謎團。當然，需要指出的是，伽－哈哲學爭論是真正的君子之間的思想交流和交鋒，彼此之間的私人關係並沒有受到影響，哈伯瑪斯始終對伽達默爾非常敬重。

　　伽達默爾師從海德格，沿著海德格開闢的（文化）哲學的道路，成為當代解釋

第一章　重建現代性與普遍理性理念的思想家
一、序幕：千山獨行

學的大師。哈伯瑪斯算是阿多諾的旁門弟子。沿著阿多諾開闢的（社會批判的）道路探索，哈伯瑪斯成為當代批判理論哲學最傑出的代表。伽達默爾年長哈伯瑪斯 30 多歲。伽達默爾的哲學思想形成於德國的輝煌時期，而哈伯瑪斯的哲學思想則形成於德國的反思時期。按照中國人的說法，伽達默爾是海德格（文化）哲學的嫡系正統傳人。而哈伯瑪斯是阿多諾哲學的非嫡系傳人。在其哲學巨著《真理與方法》中，伽達默爾發表了一些革命性的見解，內容包括如下：

1. 解析學為哲學方法；
2. 什麼是理解（understanding）？它與翻譯（interpretation）的關係？
3. 什麼是社會科學？
4. 什麼是真理？什麼是知識？什麼是社會科學所探討的真理？什麼是社會科學所探討的知識？
5. 什麼是真理的客觀性？客觀性為共識性理念；
6. 什麼是真理的普遍性？從真理的文化性走向真理的普遍性理念；
7. 對傳統、權威、偏見的新定義與對它們在探索真理與追求知識過程中的重要地位的重新肯定；
8. 對歐洲近代啟蒙運動對傳統、權威、偏見批判的批判。

伽達默爾在《真理與方法》中的如上觀點為 20 世紀西方哲學向文化性的繼續轉化注入新的強心劑，也是伽哈哲學爭論的導火線。

話回到伽哈哲學爭論本身。其實，它並非如人們想像中那樣正式。其大概情況如下：1970 年哈伯瑪斯出版《社會科學的邏輯》一書，書中有一章題目為「解釋學的綱領」，是對伽達默爾在《真理與方法》一書中如上一些哲學觀點的回應。從這個意義上說，《社會科學的邏輯》的「解釋學的綱領」這一章實質上是《真理與方法》一書的一個批判性的書評。《社會科學的邏輯》一出版，伽達默爾馬上發表一篇題為「修辭學、解釋學和對意識形態的批判：對《真理與方法》的本體批判性的評論」的文章作為對哈伯瑪斯的批評的回答。哈伯瑪斯也接著發表一篇題為「解釋學所宣稱的普遍性」的文章作為對伽達默爾的回答。此後，兩位哲學大師在報刊上一來一

哈伯瑪斯
當代新思潮的引領者（修訂版）

往，對知識的普遍性、傳統、知識權威（如著名專家在其領域的專業上的權威）、合理性等問題認真地辯論。

在《社會科學的邏輯》的「解釋學的綱領」這一章和「解釋學所宣稱的普遍性」一文中，哈伯瑪斯認為，伽達默爾的解釋學的反應概念有一個重大的缺陷，即它缺乏批判性、解放性的內容。

＊ 喬治・海特（George Hayter）：「1838年維多利亞女王的加冕儀式」。

哈伯瑪斯指出，伽達默爾的反應概念強調傳統和偏重於同意與相吻合的語言。伽達默爾的解釋學是建立在保存現存條件和過去的文化傳統這一強烈願望的基礎上的。哈伯瑪斯認為，伽達默爾的認識反應概念的必然結果是：在認識中，我們的理解和翻譯最後都要溶合於現存傳統和語言中去。對這一點，伽達默爾沒有意識到，也沒能做出解釋。因此，哈伯瑪斯認為，伽達默爾的解釋學使對文化傳統的理性批判變為不可能，也使認識反應成為缺乏批判性的浪漫實踐。所以，哈伯瑪斯認為，我們必須超越解釋學。哈伯瑪斯進一步認為，伽達默爾對權威和文化傳統的強調在政治上是危險的，它可以成為反民主、權威和專制主義的藉口，可以成為反對先進思想的利器。

在「修辭學、解釋學和對意識形態的批判：對《真理與方法》的本體批判性的評論」一文以及隨後的回答中，伽達默爾對哈伯瑪斯的批評進行反駁。伽達默爾認為，哈伯瑪斯之所以得出解釋學強調與傳統相吻合，因而使理性批判實踐不可能的結論，這是受近代歐洲啟蒙運動的偏見的影響的結果。近代歐洲啟蒙運動把理性與權威、理性與傳統作為兩個絕對對立、水火不相容的存在。根據近代歐洲啟蒙運動的這一偏見，人類的認識反應只是在與權威或傳統沒有任何聯繫的條件下才有可能是合理的。伽達默爾指出，哈伯瑪斯的批判性反應概念包含著這樣一個理性概念，

第一章　重建現代性與普遍理性理念的思想家
一、序幕：千山獨行

即理性就是從文化傳統與權威的教條主義力量中解放出來，而不是合情合理地、批判反應地承認權威和傳統。伽達默爾堅持認為，理性與權威、理性與傳統不是兩個絕對對立、水火不相容的存在，權威可以是也應該是包含理性、受理性指導的權威，而理性有它的權威，也是一個權威。與此相適應，理性寓於傳統，傳統也展現理性。因此，伽達默爾認為，哈伯瑪斯以解放性的批判反應的名義定性理性，這具有重大的局限性和片面性。

伽達默爾認為，我們可以向哈伯瑪斯提出如下一系列問題：哈伯瑪斯的批判理論哲學中對人類認識興趣的劃分是不是以承認這一事實為前提，即人的歷史地、有限地與世界的交往是人的主觀性的系統組成部分？哈伯瑪斯試圖把對意識形態的批判和心理學分析作為批判理論哲學的模型，這是否依賴於過度強調與現存關係一刀兩斷的批判反應概念？當哈伯瑪斯聲稱，伽達默爾重新樹立權威和傳統在認識過程中的地位，這必然導致解釋學的反應把自己局限於傳統的境界裡，他是否正確？另一方面，解放是否一定意味著與現存關係的一刀兩斷？當我們同意，笛卡兒式的、超然於社會和文化的、展現於個人理性的人類理性並不存在時，難道我們不是在同意，人類理性有它必然的歷史性、文化性？難道強調人類理性的歷史性、文化性必然意味著否定人類理性的普遍性？

事實上，伽達默爾的解釋學和哈伯瑪斯的批判理論哲學在幾個重要方面具有雙方都認同的共同點。哈伯瑪斯讚賞伽達默爾對人文科學的客觀主義傾向的「第一流的批判」。伽達默爾和哈伯瑪斯兩人都同意：實證主義以自然科學為模型，試圖把人文科學建立在自然科學般的客觀性這一概念的基礎上，這是錯誤的。更具體地說，兩人都同意語言實證主義和歷史客觀主義都是錯誤的。其中，哈伯瑪斯認為，伽達默爾的解釋學的自我反應概念要比解釋社會學的反應概念先進得多，解釋社會學仍有客觀主義的傾向，強調純粹理論，忽視認識者的社會與歷史屬性。不僅如此，與伽達默爾的哲學辯論，使哈伯瑪斯進一步認識了語言在人類認識和社會本身的再生產中的重要作用。伽達默爾使哈伯瑪斯認識到，語言不僅僅是我們再現客觀存在的仲介工具，而且是我們與人類歷史地發展起來的理解和傳統對話的仲介，語言的功

哈伯瑪斯
當代新思潮的引領者（修訂版）

能不僅僅是去再現客觀存在，而且是去再造客觀存在。如前面提到，儘管哈伯瑪斯沒有確認，伽哈哲學爭論對哈伯瑪斯後來強調旨在達到相互理解的社會交往實踐、強調間體性思維具有重大的影響。最後，伽達默爾和哈伯瑪斯兩人都認為，近代歐洲啟蒙運動的理性概念缺乏包容性。值得注意的是，哈伯瑪斯的以交往理性為展現的人類理性理念以間體性思維、後形上學式思維為招牌特性。而間體性思維、後形上學式思維所強調的理性對文化、時空的非絕對性的超越，與伽達默爾文化理性所強調的理性對文化、時空的非絕對性的超越有許多異曲同工之處。

在方法論上，在《社會科學的邏輯》一書與其他文章中，哈伯瑪斯比較了伽達默爾的解釋學的方法與路德維希·維根斯坦（Ludwig Wittgenstein）和彼德·維斯（Peter Winch）語言哲學的方法論。哈伯瑪斯認為，在方法論方面，伽達默爾的解釋學與維根斯坦和維斯的語言哲學有四個重大區別：

1. 解釋學的方法論注重自然語言之間的相互可翻譯性，語言哲學的方法論強調語言遊戲的壟斷性；
2. 解釋學的方法論分析解決問題的模型是兩種語言，語言哲學的方法論分析解決問題的模型是某一原始語言的社會化；
3. 解釋學的方法論強調歷史與傳統，語言哲學的方法論強調生活方式的超歷史的、連續性的再生產；
4. 解釋學的方法論有著分析的理論態度，語言哲學的方法論支援的是使用語言的實踐態度。

這裡，且不管哈伯瑪斯對解釋學的方法論和語言哲學的方法論的定性與比較是否正確，從上面的比較中，我們看到，哈伯瑪斯認真、系統地研究了解釋學的方法論和語言哲學的方法論。這為後來發展他的批判理論哲學方法論創造了新的條件。的確，哈伯瑪斯明確提到維根斯坦和維斯的語言哲學對他思想的直接影響，而很少明確提到伽達默爾的解釋學對他思想的直接影響。這多少有些令人費解。但是，無論他如何因為伽達默爾解釋學對文化與傳統的辯護感到不舒服，但伽達默爾的解釋學事實上對他的思想產生了很直接的影響。

第一章　重建現代性與普遍理性理念的思想家
一、序幕：千山獨行

無論如何，對於哈伯瑪斯哲學與他的重建人類理性與現代性工程來說，伽哈哲學爭論是一個重要的里程碑。伽哈哲學爭論至少使哈伯瑪斯更加深入地思考如下問題：

1. 理性與人類理解的關係；
2. 理性與間體性共識的關係；
3. 理性與語言的關係問題；
4. 理性與文化的關係問題；
5. 理性與歷史的關係問題；
6. 現代性與傳統的關係問題；
7. 超越與內在的關係問題；
8. 規範、實踐模式的合法性問題；
9. 現代啟蒙理性為什麼是專制的，如何變成專制的？

這些問題是哈伯瑪斯重建人類理性與現代性理念的過程中重點思考的問題。值得注意的是，哈伯瑪斯的交往理性理念的基本思想是理性旨在達到間體性共識與理解。

伽哈哲學爭論是戰後德國兩大最重要的哲學派別第一次認真深入的、實質性的關於文化與理性的關係的交流與交鋒。交鋒雙方彼此熟悉，又相互尊重，真刀真槍而不失規範，深入尖銳但不流於瑣碎。表面上，它似乎是海德格、阿多諾辯論的繼續。但是，實質上，無論是討論的深度和廣度，還是討論的課題，伽哈哲學爭論都不是海德格、阿多諾爭論的繼續，更不用說是簡單的繼續了。

需要指出的是，在這一對歐洲大陸哲學影響深遠的哲學辯論中，戰後德國兩個最重要的哲學家不同的哲學立場反應著他們對德國文化傳統的不同態度。因為納粹暴行，哈伯瑪斯始終對德國文化傳統持懷疑批評態度，他認為德國文化傳統為納粹主義的產生提供了土壤，始終感到強調與文化傳統吻合的危險。與此相反，伽達默爾認為，德國文化傳統是德國一次次在重大挫折後能站立起來的源泉，而且德國文化傳統也是一個強調理性的傳統。哈伯瑪斯和伽達默爾對黑格爾的揚棄概念的理解

哈伯瑪斯
當代新思潮的引領者（修訂版）

也不同。哈伯瑪斯認為，黑格爾的揚棄是連續性的中斷。與此相反，伽達默爾認為，黑格爾的揚棄是連續性的更新。儘管如此，值得注意的是，真理、相互理解、間體性共識、合法性、合理性等哈伯瑪斯交往理性理念的重要觀念在伽哈哲學爭論中得到討論。

在伽哈哲學爭論的同時，為了他雄心勃勃的重建人類理性與現代性的工程與研究計畫，1971 年哈伯瑪斯做出職業選擇的一個重大冒險決定：出人意料地選擇離開法蘭克福大學，南下斯坦堡，成為馬克思·普朗克科學技術世界的生活條件研究所（Das Max Planck Instituts zur Erforschung der Lebensbe dingungen der wissenschaftlich technischen Welt）的兩位共同所長之一。馬克思·普朗克科學技術世界的生活條件研究所的另一位所長是卡爾·弗里德里斯·馮·魏薩克（Carl Friedrich von Weisäcker）。

對於選擇離開法蘭克福大學這一決定，1971 年 4 月 17 日在他給遠在美國聖地牙哥大學的赫博特·馬庫色（Herbert Marcuse）的信中，哈伯瑪斯這樣寫道：

（做出這樣的選擇）我的動機純粹是想離開法蘭克福，想到慕尼黑去。我覺得，在法蘭克福（大學），我的未來基本上就是把主要的精力花在教課上，而且主要花在教有關社會學原理的課程上……另外，我在這裡缺乏我在法蘭克福研究所所能夠有的有品質的合作。現在，我有這麼一個機會，帶上 15 名搞社會科學研究的同事到斯坦堡去。我們在那裡將有豐富的研究資源，也會擺脫那些與研究無關的雜七雜八的瑣碎事務，將有一個像法蘭克福研究所那樣的研究所……有時，我也在想，我不需要這樣一個研究所……其實，這些都是我離開（法蘭克福大學）的瑣碎原因。真實的原因是，阿多諾去世後，法蘭克福已沒有許多好留戀的東西，至少不是一個使我成為很高產的作者的地方。

馬庫色是哈伯瑪斯的良師好友。哈伯瑪斯與他的法蘭克福學派的三位導師的關係可以簡括如下：他與阿多諾私人關係最密切，在各方面最投緣；與霍克海默最合不來，格格不入；與馬庫色的關係最特殊，受馬庫色的思想影響也最大。哈伯瑪斯在加入法蘭克福學派之前所走過的道路與馬庫色在加入法蘭克福學派之前所走過的

第一章　重建現代性與普遍理性理念的思想家
一、序幕：千山獨行

道路有驚人的相似之處。兩人都積極參與對當代社會的批判，兩人都認真研究了康德以來的德國古典哲學和以盧卡斯為代表的後馬克思主義思潮。早年，馬庫色關於理性的「非壓迫性的昇華」功能的思想使哈伯瑪斯頓悟，茅塞大開。哈伯瑪斯回到法蘭克福大學後，他與馬庫色的合作最多，雖然馬庫色經常遠在美國。

因此，哈伯瑪斯對馬庫色講的是真心話。儘管如此，客觀地說，哈伯瑪斯把他離開法蘭克福大學，南下斯坦堡的主要原因歸結為阿多諾去世後，法蘭克福已沒有許多好留戀的東西，這有些誇大其詞，但反過來說，哈伯瑪斯的信表明，阿多諾的去世確實使他感覺到感情的真空。這一感情的真空對他正在開始的人類理性研究與寫作的正式計畫很不利。

就對人類理性研究來說，在他成為阿多諾的助手之前，即 1956 年之前，哈伯瑪斯就已閱讀與研究了霍克海默與阿多諾共同寫的《啟蒙的辯證法》一書。回憶起該書對他的哲學思想的影響時，哈伯瑪斯這樣寫道：

這（即閱讀《啟蒙的辯證法》一書）給我系統地，而不是簡單歷史地閱讀馬克思的著作的勇氣。那時，批判理論、法蘭克福學派都還沒有存在。閱讀阿多諾的著作使我有勇氣去系統地研究與理解盧卡奇（Lukacs）與科斯西（Korsch）從歷史的角度所揭示的東西：馬克斯·韋伯（Max Weber）的合理化理論實際上是一種具體化理論。早在那時，發展一個關於現代性的理論成了我的研究課題。這一理論的任務之一是揭示人類理性的歷史地現實化──一種畸形的現實化──的過程。

讀了《啟蒙的辯證法》後，哈伯瑪斯對馬克思主義的理論與實踐價值更加深信不疑。早在上大學之前，他就接觸了馬克思主義的理論，認為它對批判當代社會、建立真正的民主都有許多真知。讀了《啟蒙的辯證法》後，哈伯瑪斯認識到自己對馬克思主義理論的理解仍然是不系統、不完整的，需要進一步地學習。而他對馬克思主義理論系統的學習為他的新的批判哲學奠定了基礎，特別是對他後來的社會交往實踐概念與間體性思維概念具有重大影響。而馬克思主義的批判性正是哈伯瑪斯後來所堅持的。所以，哈伯瑪斯時常自認為他的哲學師從黑格爾·馬克思傳統。

從哈伯瑪斯的上面自述中，我們可以看到，在 1956 之前，《啟蒙的辯證法》一

哈伯瑪斯
當代新思潮的引領者（修訂版）

書對哈伯瑪斯的影響還包括兩個方面。一方面，讀《啟蒙的辯證法》使他對馬克斯·韋伯的合理化理論的理解達到了一個新的高度。確切地說，他理解了韋伯的合理化理論本質上是一種具體化理論。換句話說，韋伯的合理化理論表明，一種解釋什麼是合理化與合理性的理論的任務不僅僅是要揭示合理化與合理性的理論模型，更重要的任務是去揭示合理化與合理性是如何具體地展現在具體的歷史文化中。另一方面，他進一步認識到發展一個關於現代性的理論的重要性。其實，還有一個關鍵點哈伯瑪斯在談到《啟蒙的辯證法》一書對他的影響時沒有提到。這就是，《啟蒙的辯證法》對現代啟蒙理性理念的專制本質的無情批判。《啟蒙的辯證法》對現代啟蒙理性理念的專制本質的無情批判使哈伯瑪斯後來被馬庫色的「非壓迫的昇華」這一理念所吸引與啟發。

講到1970年初哈伯瑪斯南下斯坦堡，為發展他的批判哲學與重建人類理性理念磨劍，我們應該看到，此時，《知識與興趣》和《社會科學的邏輯》剛出版，他的批判理論哲學系統正在逐漸形成，但還沒有完全形成。他回答了當代哲學和社會文化批判的一些問題，但是還有許多緊迫的問題還沒回答卻需要回答。而且在他建立其批判理論哲學體系的過程中，一些新的問題也隨之產生。他確實需要專心研究和寫作。其次，在哈伯瑪斯看來，就當代社會和文化批判來說，其核心應該是對當代科學技術的發展和使用的批判以及對當代民主的批判，即他後來對工具理性的批判。而就對當代科學技術的發展和使用的批判或對工具理性的批判來說，馬克思·普朗克科學技術世界的生活條件研究所應該是一個更好的平台，更寬闊的舞台。即使是對當代民主的批判，馬克思·普朗克科學技術世界的生活條件研究所也應該是一個不比法蘭克福大學差的平台。最後，無論如何，他當時已被許諾在馬克思·普朗克科學技術世界的生活條件研究所工作，他將有比在法蘭克福大學更多的研究資源可供支配，這包括出席國際學術會議和參加國際學術的活動經費。哈伯瑪斯當時與南斯拉夫和美國的哲學家有一些直接的合作項目，而且他當時也已在國際哲壇，尤其是在歐美哲壇出名，需要經常參加國際哲學會議。更多的研究資源可供支配正是他所尋求的。因此，選擇南下斯坦堡雖然不是一件容易的事，但從哈伯瑪斯的不怕挑

第一章　重建現代性與普遍理性理念的思想家
一、序幕：千山獨行

戰自己的個性來說，似乎又是順理成章的事。

所以，整體而言，更好的說法也許是，離開法蘭克福大學，南下斯坦堡，哈伯瑪斯將能更專心、更自由自在地思考研究兩個主要課題：

1. 關於人類理性的問題；
2. 民主問題。

他的確在斯坦堡基本完成了第一個課題。第二個課題卻是在他重回法蘭克福大學後，並於 1994 年在法蘭克福大學退休後才真正完成。在這一意義上，從 1971 年到 1981 年在斯坦堡的十年是他重建人類理性與現代性的工程真正的磨劍、修練時期。

就第一個課題來說，哈伯瑪斯想回答的問題包括：人類理性的本質是什麼？它的運載者是什麼？與這些問題相關，哈伯瑪斯想回答一個一直困擾他的問題：「誰能解釋，一個造就了擁有康德、馬克思為代表的，以批判理性為指導的，以具體實現個人與人類自由為宗旨的傳統的德國文化卻給希特勒和納粹的產生提供了肥沃的土壤？」為什麼產生了康德、黑格爾、尼采、馬克思的德國卻也成為希特勒和納粹分子的故鄉？為什麼啟蒙理性理念背叛了自己的初衷，變為專制？哈伯瑪斯想找一個相對平靜的地方系統地思考這些問題，尋找出答案。所以，哈伯瑪斯是帶著自己的理論研究計畫南下斯坦堡的。這是一個雄心勃勃的計畫，其長遠目標是建立一個關於人類理性概念的新理論，其直接的目標有三：

(1) 正如他同年的普林斯頓大學基督教客座講座的標題所顯示的，研究社會學的語言理論基礎；

(2) 關於哲學的語言與社會交往基礎的研究；

(3) 關於當代社會和民主的批判，對「一個有政治決心，把社會發展作為首要任務的文化是如何可能的？」這一問題的回答。

第二個課題，即民主問題，一直占據哈伯瑪斯政治思考的中心。從早年對堅定不移地要求與納粹的過去做政治與道德上的決斷，到對德國戰後的民主化過程的政治失望，再到其關於民主社會的公共領域的理論，民主問題始終是他的批判理論哲

哈伯瑪斯
當代新思潮的引領者（修訂版）

學的中心課題之一。在哈伯瑪斯去馬克思‧普朗克科學技術世界的生活條件研究所一事已基本敲定，但是還沒最後確定的那一星期，他受當時的聯邦德國外交部長，德國社會民主黨領導人威廉‧博蘭特（Willy Brandt）的邀請，參加了一個博蘭特外長定期舉行的國家、民主發展的圓桌討論會。會後，哈伯瑪斯給博蘭特寫了一封感謝信。在這一封信的結尾，他向博蘭特提出了一個他一直思考的問題：「一個有政治決心，把社會發展作為首要任務的文化是如何可能的？」哈伯瑪斯這裡所說的文化指的當然是他心目中的真正民主文化。

按原先計畫，哈伯瑪斯本應於1971年3月抵達斯坦堡，到馬克思‧普朗克科學技術世界的生活條件研究所就任。但在這一年的2月和3月兩個月，他收到美國普林斯頓大學的邀請，去講當年的普林斯頓大學基督教客座講座系列。於是，他的普林斯頓大學之行，意外地成為他南下研究工程的彩排。哈伯瑪斯的普林斯頓大學講座系列的總題目是「關於社會學語言理論基礎的研究」。對於他雄心勃勃的重建人類理性與現代性的工程與研究計畫來說，哈伯瑪斯的普林斯頓大學講座系列所涉及的最重要的課題是社會交往生活世界的規範性問題，尤其是這一規範性對文化與思想的「非壓迫性的昇華」的巨大作用。而規範性與非壓迫性的昇華功能是哈伯瑪斯後來建立的展現於交往理性的人類理性的兩大特點。在他後來建立的人類理性理論中，哈伯瑪斯也把理性的「非壓迫性的昇華功能」稱為理性的「非暴力強制性的力量」。

普林斯頓大學系列講座顯示出路德維斯‧維根斯坦的語言哲學對哈伯瑪斯當時的哲學思維的影響。在他的普林斯頓大學系列講座中，他不僅公開強調社會交往的生活世界的規範性存在於語言深層次的結構中，而且首次明確地使用和討論普遍的語言符號學（法）（Universal Pragmatics）這一概念，普遍的語言符號學這一概念後來成為他的批判理論哲學的中心概念之一。普遍的語言符號學，又稱正式語言符號學，是關於人們之間旨在達到相互理解的交往活動的語言規範，結構和必需條件的理論。哈伯瑪斯認為：

第一章　重建現代性與普遍理性理念的思想家
一、序幕：千山獨行

＊　尼可拉斯·普斯欣（Nicolas Poussin）：「在時間的音樂中起舞」。

　　社會交往的生活形式本身由語言遊戲的語法所決定……一旦當我們對那些可能的語言遊戲的理論提出問題時，情況馬上變為明朗。我們對語言遊戲的規範所提出的問題實質上是對所有的規範的問題，搞清楚這些問題，可以幫助我們證明我們對客觀事物和事實關係的認識。所以，我們從現象學的角度對我們的生活世界的基本結構的解釋與我們對語言遊戲的理論的調查融為一體，社會交往的生活方式的基本結構因此可以在普遍的語言符號學（法）中尋找和建構。

　　如果不知道內情，我們會錯以為講如上話的人是維根斯坦或約翰·奧斯丁或約翰·舍勒等語言哲學大師，而不是哈伯瑪斯這位批判理論哲學大師。在這裡，哈伯瑪斯不僅明確地提出語言遊戲的規則是社會生活的各種規範的基本模型，而且明確地指

哈伯瑪斯
當代新思潮的引領者（修訂版）

出語言符號學（法）的基本結構是社會交往的生活方式基本結構的基本模型，普遍的語言符號學（法）的規範是社會交往規範的基本模型。這裡，重要的不是哈伯瑪斯得出的結論本身，而是哈伯瑪斯對社會交往規範性的強調。更重要的是，哈伯瑪斯如上的話顯著地展現出後來成為他招牌廣告的後形上學式或後本體論式思維的特徵：注重規範而不注重本體；從本體結構之外尋找合理、合法與有效的規範的源泉。

在他的普林斯頓大學系列講座中，他還提出了「理想的對話情形」（Ideal Speech Situation）概念。這一概念，後來也成為他的批判理論哲學的另一個中心概念，更是他關於人類理性哲學的中心概念。他指出，「當我們能設想出一種理想的對話情形，我們就能夠保證某一事實上的同意是否是真正合情合理的同意。同時，理想對話情形的概念也是批判的尺度。從這一尺度出發，我們可以檢查每一事實上的同意，看它是否建立在真正理解的基礎上」。為了更好地理解哈伯瑪斯的「理想的對話情形」作為批判的尺度，我們不妨在這裡引出柏拉圖的理想的三角形。柏拉圖認為，理想的三角形這一概念至少可以作為批判的尺度，即以理想的三角形為尺度，我們可以看到三角的物體作為三角形的不足，我們檢查一個貌似三角形的物體是否是真正的三角形。其實，哈伯瑪斯的「理想的對話情形」並不完全像柏拉圖的理想的三角形這樣一個批判的尺度。「理想的對話情形」是這樣的一種場合或機制，其中人們之間的交往對話可以自由自在地進行，不受任何內外在的、扭曲真正交往的條件的影響。

在他的普林斯頓大學系列講座中，不僅哈伯瑪斯的哲學理念發生了新變化，他的哲學思維方式也發生了重大變化。在理念上，哈伯瑪斯吸取了當代語言哲學的一些真知灼見，認識到語言遊戲規範與社會生活規範相互之間的重要聯繫，進一步認識了語言在生活世界的再生產過程中的重要作用。在思維上，哈伯瑪斯從一個後「馬克思、黑格爾主義者」的思維向一個半語言、半批判理論哲學的思維過渡，從強調對社會經濟基礎的分析的思維向強調對語言遊戲規範的分析的思維過渡。雖然此時，他還沒有得出交往理性為人類理性的展現者的結論，但是他已意識到，馬庫色早期所提出的文化和生活世界的「非壓迫性的昇華」的可能性是存在的，就在於合理的

第一章　重建現代性與普遍理性理念的思想家
一、序幕：千山獨行

社會交往的社會合理化之中。

整體而言，哈伯瑪斯的普林斯頓大學系列講座顯示出他的思想正發生如下重大變化：

1. 強調理性與語言的辯證關係；
2. 注意到規範性是理性的主要特性；
3. 注意到理性規範合法性的社會生活源泉；
4. 再次注意到理性與理解的內在關係；
5. 注意到超越性與內在性的關係；
6. 開始從本體論式思維向後本體論式思維的轉變；即開始從形上學式思維向後形上學式思維的轉變。

話又說回來，1971 年 4 月，哈伯瑪斯舉家南下斯坦堡。他也雄心勃勃，準備集中精力，開始他的人類理性研究與寫作的系統工程。對於他的重建理性理念與現代性理念的工程來說，哈伯瑪斯在馬克思・普朗克科學技術世界的生活條件研究所對後資本主義的合法化問題的研究很重要。正當合法性是哈伯瑪斯新的重建的理性理念與現代性理念的核心觀念之一。因此，對哈伯瑪斯來說，這一課題有雙重意義。一方面，透過解剖後資本主義的合法性危機，找出回答「一個有政治決心，把社會發展作為首要任務的文化是如何可能的？」這一問題的答案。另一方面，透過解剖後資本主義的社會，文化的非規範性的原因，找出社會合理化、規範化的模型。著名社會學家韋伯把後資本主義的合法性危機這一問題擺到桌面上來，並指出在後資本主義時期它被資本主義的再生產問題所掩蓋。韋伯指出，在後資本主義社會中，文化結構被商業化和物化，因此，後資本主義社會的再生產也就失去其規範化。哈伯瑪斯同意韋伯的這一真知灼見。對他來說，現在的問題是，後資本主義社會和文化再生產的規範化如何可能？後資本主義社會和文化的再生產的規範化應該是什麼樣的規範化？哈伯瑪斯和他的研究小組試圖從社會學和哲學兩方面對這些問題做出回答。1973 年，哈伯瑪斯以他在馬普所的研究小組的研究為基礎寫成的《後資本主義的合法化問題》一書由 Suhrkamp 出版社出版。同一年，哈伯瑪斯因此書獲得德

哈伯瑪斯
當代新思潮的引領者（修訂版）

國斯圖加特市的文化和批判基金會的黑格爾獎。

在哈伯瑪斯的所有著作中，《後資本主義的合法化問題》在思想上也許是最馬克思主義的。也就是說，其觀點和分析問題、解決問題的方法是最接近馬克思主義的傳統觀點和分析問題、解決問題的方法。哈伯瑪斯指出，在後資本主義階段，資本主義生產方式的根本矛盾所造成的衝突並沒有消除，也沒有減弱，而是反過來轉移到政治和文化生活上。結果，市民參與民主和管理社會的動機退弱並逐漸消亡。這就導致當代資本主義社會民主政府合法性問題的產生。在發達資本主義國家，經濟制度的一些功能轉到國家手裡，政治捲入經濟制度的再生產，這就導致生產關係的政治合法化問題，正式民主試圖透過選舉來提供生產關係的政治合法性。大公司制度使資本主義國家倖免於階級衝突，因為它無形中削弱了階級，但是同時帶來薪資不平等、通貨膨脹、財政危機以及社會公共服務的削弱。結果，人們從社會福利的削減、環境汙染、社會對立、政治上的不穩定感覺到資本主義制度的根本矛盾。國家支撐著資本主義生產方式，資本主義生產方式卻把國家帶到危機的境況，這些危機被移到資本主義政治制度方面來，進而到整個社會文化上來。由於資本主義社會的傾向是削弱一個統一的、合法的社會秩序的傳統基礎，因此，合法性危機以及動機危機問題將在後資本主義加深。簡單地說，根據哈伯瑪斯的思想，一個社會秩序只有被市民大眾真正地同意和接受，才具有合法性。但是，資本主義生產方式的根本矛盾不僅削弱市民參與民主的動機，也削弱了真正的民主的同意基礎和條件，如在後資本主義社會，真正的公共領域正在消失。

《後資本主義的合法化問題》一書並不表明哈伯瑪斯變為一個傳統的馬克思主義者或後馬克思主義者。它只是表明，哈伯瑪斯在建立其現代民主的批判理論的過程中，確實繼續繼承和揚棄馬克思主義理論。在哲學上，《後資本主義的合法化問題》在為哈伯瑪斯的重建人類理性理念與現代性理念鳴鑼開道。這主要表現在兩個方面：

1. 合法性概念的中心化；
2. 「普遍的語言符號法」概念。

合法性概念後來成為哈伯瑪斯人類理性理念與現代性理念的中心概念。而「普

第一章　重建現代性與普遍理性理念的思想家

一、序幕：千山獨行

遍的語言符號法」是哈伯瑪斯重建人類理性理念與現代性理念過程中不斷提到的。

《後資本主義的合法化問題》的最有原創性的方面是它對「普遍的語言符號學（法）」的討論。普遍的語言符號學（法）的提出是哈伯瑪斯能夠克服霍克海默與馬庫色對文化的特性的認識的片面性和局限性，霍克海默與馬庫色都認為，文化的特性是對社會經濟和政治制度的認同和批准，但是，哈伯瑪斯指出，正如普遍的語言符號學（法）的語法與符號來源於文化，但其功能不是認同和肯定某一文化，而是為文化之內、文化間的社會交往行為提供超越那些具體文化的正式規範。就哈伯瑪斯哲學思想的發展來說，承上，它不但繼續發揚他（哈伯瑪斯）關於社會生活領域不能完全歸結於經濟生產領域和語言遊戲的規則是社會生活的各種規範的基本模型的思想；啟下，它是他後來的交往理性概念的前奏。

都說，好馬不吃回頭草。但是，吃回頭草的馬不見得不是好馬。有時，敢於吃回頭草的馬才是好馬。生活中，我們的一些決定，包括重大決定，難免有錯，如果知錯不改，還硬要強詞奪理，死撐著好馬不吃回頭草的空話，那就只會錯上加錯，決非明智之舉。所以，包括老子和莊子在內的道家宗師教誨我們生活中要做到「無我」。聖人孔子勸戒其弟子克服避免四大缺點：我、必、固和意。據說佛祖成佛始於修正自己的一些重大決定與對問題的理解。原先，佛祖成佛前決定以極端的苦行僧生活去體驗人間疾苦，尋求普度眾生脫離苦海之道。不得道，佛祖乃決定修正自己的決定與理解，換以「中徑（the middle way）」之法尋佛，終得佛。哈伯瑪斯在1980年代的得道也從修正開始。首先，職業選擇的修正。其次，思想方法的修正。再次，理念的修正。

1980年，當哈伯瑪斯正處於寫作《關於交往行為的理論》的關鍵時刻，一個意外使他在斯坦堡的事業突然終止。這一年，馮魏薩克已到退休年齡，於是按規定退休。但是，馬克思·普朗克科學技術世界的生活條件研究所一時又找不到馮魏薩克的替代者。如果沒人替代馮魏薩克，馬普所的另一半必須關閉，馬普所本身也必然解體，因為它本身是由以馮魏薩克為中心的研究組織和以哈伯瑪斯為中心的研究組織所組成。哈伯瑪斯最不願意看到的事情發生了，馬普所因解體而關閉。雖然，馬

哈伯瑪斯
當代新思潮的引領者（修訂版）

普所的繼續生存發展問題一直都是一個現實的問題，但是，哈伯瑪斯和馮魏薩克都是第一流的學者，第三流的管理者，哈伯瑪斯與他的同事不得不吞下自己的缺乏策略眼光而釀成的苦果，而且這一意外來的不是時候。回顧當年的處境，哈伯瑪斯如是說：「對我來說，這是一個低潮時期，處境非常壞。我此時才知道，選擇來這裡（馬克思‧普朗克科學技術世界的生活條件研究所）的的確確是個錯誤，我只不過是不知道現在該如何改正這一錯誤而已。」從這話裡可以看出，哈伯瑪斯當時的心境壞到極點。這並不是因為他由於馬普所的解體而陷入某種絕境。

事實上，哈伯瑪斯當時也有一些不錯的選擇。別的不說，他可以帶領他的一半人馬另組馬克思‧普朗克社會科學研究所。與此同時，他受到來自美國加州柏克萊大學（California University at Berkeley）的邀請，到柏克萊大學任教。當時的柏克萊大學校長賀歌伯納（Holger Börner）極力邀請他去，柏克萊大學又是美國名校。最後，他可以選擇重回法蘭克福大學。他當時之所以火急攻心，這是因為當時正是他寫作《關於交往行為的理論》的關鍵時刻。在這個時候，他需要百分之百地集中精力與時間。偏偏馬克思‧普朗克科學技術世界的生活條件研究所在此時不得不關閉。因此，不管他願意不願意，他必須在這個時候分心去考慮他的未來去向。考慮再三，哈伯瑪斯決定還是在新組的慕尼黑馬克思‧普朗克社會科學研究所繼續工作，先完成《關於交往行為的理論》再說。於是，他到了在慕尼黑的馬克思‧普朗社會科學研究所，自然而然地成為該所所長。

無論如何，命運再次以它獨有的方式把哈伯瑪斯引導到一個大轉折的十字路口。而他選擇先留在慕尼黑馬克思‧普朗克社會科學研究所，然後再回法蘭克福大學。其實，早在這幾年前，哈伯瑪斯就發現，自己的根據地其實還是在法蘭克福，特別是法蘭克福大學。自1975年起，他開始擔任法蘭克福大學哲學專業的榮譽教授。當他1980年從法蘭克福市市長瓦爾特‧瓦爾曼手中接過阿多諾獎時，回歸法蘭克福的念頭也油然而生。由於他與法蘭克福大學仍然存在著那種剪不斷、理還亂的千絲萬縷的關係，對他來說，回歸法蘭克福大學是一個自然而然的想法與選擇。儘管如此，哈伯瑪斯並沒有在1980年就回歸法蘭克福，因為他南下計畫的核心工程，即寫作《關

第一章　重建現代性與普遍理性理念的思想家
一、序幕：千山獨行

於交往行為的理論》的工程已接近尾聲。寫作《關於交往行為的理論》是哈伯瑪斯重建人類理性理念與現代性工程的核心部分。這一年，即 1980 年，馬普所的關閉使他的寫作《關於交往行為的理論》的工程受到干擾。於是，哈伯瑪斯接受好友理查・伯恩斯丁的邀請，訪問美國紐約的新學校（New School）。美國紐約的新學校是當年霍克海默與阿多諾流亡美國時工作的地方，可以說是法蘭克福學派的發源地。哈伯瑪斯此行的目的並不是要認祖歸宗。他的紐約新學校之行的目的有二：（1）接受新學校授予他的榮譽博士學位；（2）在新學校完成其大作《關於交往行為的理論》的一些收尾工作。馬普所關閉後，哈伯瑪斯需要新學校作為暫時的基地。

伯恩斯丁成為哈伯瑪斯在這個時候需要的重要對話夥伴。也許是歷史的偶然，伯恩斯丁是在紐約的新學校的哲學系主任，而在紐約的新學校是法蘭克福學派的誕生地。伯恩斯丁也是一位著名的美國後實用主義哲學家，而哈伯瑪斯對語言哲學、美國後實用主義哲學等西方哲學的吸收是他能走出傳統的批判哲學的死胡同的關鍵。哈伯瑪斯與伯恩斯丁有十幾年的友誼，兩人在發展南斯拉夫實踐派的學術專案中緊密合作。哲學上，彼此對對方的哲學思想又很了解，兩人都宣稱其哲學開始於黑格爾、馬克思傳統，儘管後來各自走上不同的哲學道路，伯恩斯丁成為美國實用主義哲學的大師，哈伯瑪斯成為批判理論哲學的大師。因此，對在最後完成寫作《關於交往行為的理論》的哈伯瑪斯來說，伯恩斯丁都是一位理想的對話者。哈伯瑪斯在紐約新學校期間，他把全部精力都放在他的研究上。幾個月後，他從紐約回到德國慕尼黑，就任新成立的馬克思・普朗克社會科學研究所的所長，繼續完成其《關於交往行為的理論》的出版的收尾工作。

1981 年，《關於交往行為的理論》（Theorie des kommunikativen Handelns）一書由 Suhrkamp 出版社出版，哈伯瑪斯重建人類理性理念與現代性工程的核心工程大功告成。哈伯瑪斯把這一樣洋 1200 頁的兩卷哲學巨著獻給自己親愛的妻子——尤特・魏塞爾赫夫特・哈伯瑪斯。哈伯瑪斯有理由衷心地感謝自己的妻子。兩人 1952 年在波昂大學相遇，並立即擦出愛情的火花，共浴愛河，並於 1955 年結婚。到 1981 年，哈伯瑪斯與魏塞爾赫夫特已濡沫與共 29 年，結婚 25 年，

哈伯瑪斯
當代新思潮的引領者（修訂版）

一起生養了三個孩子。此時，最小的裘蒂斯·哈伯瑪斯（Judith Habermas）已14歲。早在波昂大學時，他們就是志同道合的情侶。當時，他們都熱愛討論政治問題。而且，政治上，他們的思想都很自由開放，屬於激進的自由主義者。但是他們之間的愛是建立在兩人更深層次的相互理解、欣賞與尊重基礎之上，是建立在他們廣泛的共同興趣以及性格上的相輔相成基礎之上，也是建立在兩人在文學、藝術、歷史與哲學方面有說不盡的話題與能夠進行深層次的討論基礎之上。有這樣一個說法。據說，在他們的波昂大學年代，兩人經常在一起時，哈伯瑪斯的一句話還沒說完，魏塞爾赫夫特就已理解他的意思。在與朋友的聚會或在一個討論會上，魏塞爾赫夫特總是哈伯瑪斯的解說員與同盟者。魏塞爾赫夫特還從另一方面影響著哈伯瑪斯。對魏塞爾赫夫特的愛使哈伯瑪斯尊重她，始終把她當做平等的對話者。與魏塞爾赫夫特的平等對話與討論又使哈伯瑪斯受益匪淺。反過來又進一步使他認識到，只要討論雙方都忠於真理，相互尊重，即使是男女之間也能進行合理的對話。這就是說，討論雙方都忠於真理、相互尊重是合理的交往與對話的必不可少的條件。這也是哈伯瑪斯第一次把自己的著作獻給妻子或家人。這一對他自己來說很不尋常的動作一方面顯示出《關於交往行為的理論》在他心中的分量，他們共同完成了一次哲學的長征。另一方面哈伯瑪斯的舉動也是他在終於完成一部偉大著作後所感到的衷心的解放與喜悅的自然表達。這是一個登山者終於到達山頂時所感到的喜悅。這是一個長途旅行者終於到達目的地時所感到的喜悅。當然，《關於交往行為的理論》的橫空出世宣告的不僅僅是一部哲學經典的出世，而是一場哲學革命的來臨。

＊ 亞當·丹特（Adam Dant）：「啟蒙年代的百科全書」。

第一章　重建現代性與普遍理性理念的思想家
二、劃時代的巨著：《關於交往行為的理論》

二、劃時代的巨著：《關於交往行為的理論》

也許它的題目並不響亮，也許它的語言很難懂，但它卻是真正的金鑲玉。也許它的名字很平凡，也許它的色調很平淡，但是它的思想卻是跨時空地永恆。這就是哈伯瑪斯的《關於交往行為的理論》，一部劃時代的哲學經典著作。事實證明，《關於交往行為的理論》的出版是當代歐洲哲學乃至整個當代西方哲學的一個劃時代的哲學盛事。它帶來一場新的哲學革命。

《關於交往行為的理論》旨在完成的是一項重大而複雜的理論建設工程。正如哈伯瑪斯自己告訴我們的，《關於交往行為的理論》有三個緊密聯繫的主題：

1. 發展出一個新的理性概念和一個新的合理化概念，這一新的理性概念和新的合理化概念與近代哲學的理性概念和社會批判理論的合理化概念，即近代啟蒙運動的理性概念和合理化概念，有本質的區別；
2. 發展一個有兩個層次的社會概念，這一概念將包含生活世界和傳統意義上的社會兩層涵義；
3. 勾畫出一個現代性的理論。

顯而易見，《關於交往行為的理論》的這三個主題都是當代哲學和社會批判理論急需探討解決的緊迫課題。也許，哈伯瑪斯在《關於交往行為的理論》中一箭三雕的計畫過於野心勃勃，但其成就與貢獻都是巨大的。

在內容上，從對現代社會結構的分析，到對當代文化的批判，再到對交往理性概念的闡述以及人類理性基於和展現於人類社會交往理性的觀點的建立；從對話韋伯等著名的社會學家和流派，到對話馬克思、維根斯坦、米德、阿多諾等著名哲學家和流派，以及對話以佛洛伊德為代表的心理分析學家；從吸收韋伯等真知，到繼承與揚棄康德、維根斯坦、皮爾斯、阿多諾、海德格等人的思想，《關於交往行為的理論》可以說是對話百家，吸收百家，融會貫通百家的產物，它的內容可以說是精瀚浩大。從風格上，它是哈伯瑪斯的哲學、社會學、心理分析學的新跨學界的研究風格的一次完美的展現。它集社會學研究（經驗研究、客觀事實研究）、哲學分

哈伯瑪斯
當代新思潮的引領者（修訂版）

析與建築以及心理學分析於一身。《關於交往行為的理論》一書出版的意義可以從幾個方面來理解。

《關於交往行為的理論》不是哈伯瑪斯第一部，也不是哈伯瑪斯最後一部跨學科研究的著作，但它是跨哲學、社會學學科研究的一部優秀的典範，對當代哲學、社會學的發展都有深刻的影響。它是哲學、社會學研究相結合的一個良好的示範。早在《關於交往行為的理論》一書中，哈伯瑪斯就把哲學、社會學的研究系統地結合起來。但是，無論在深度和廣度方面，《關於交往行為的理論》都比《公共領域結構的轉型》一書更進一步。在《關於交往行為的理論》一書中，哈伯瑪斯創造性把哲學理論的高度上的反應與對包括馬克思、韋伯、杜克海姆、米德、盧卡奇、霍克海默、阿多諾和帕森斯（Parsons）在內的社會理論的一些真知灼見歷史性地重版結合起來。它給當代哲學與古典社會理論和社會學的對話提供了一個良好的示範。寫作《關於交往行為的理論》時，哈伯瑪斯的初衷是從社會學的角度去探討合理性問題這一哲學的永恆課題。他在《關於交往行為的理論》的「介紹」中開門見山地指出：「理念與行動的合理性問題，通常是個哲學問題。人們甚至可以說，哲學起源於探討認識，講話與行動中的理性，理性問題是哲學的基本主題。」然後，他問道：「社會學如何能宣稱它有能力探討合理性問題這一哲學課題？」

早在他 1970 年出版的《社會科學的邏輯》一書中，哈伯瑪斯就試圖改良其哲學方法論，其中一個重要的方面是既吸收佛洛伊德心理分析學中對社會批判有用的東西，同時又拋棄批判理論傳統中試圖用佛洛伊德心理分析學的「本能的能動性」的概念去解釋社會發展的客觀主義傾向。這樣，由《公共領域結構的轉型》所建立的哲學－社會學跨學科的研究方法正逐步過渡到現在的哲學、社會學、心理分析學跨學科的研究方法。在《關於交往行為的理論》中，哲學、社會學、心理分析學跨學科的研究方法變得更加完善。在西方哲學，哈伯瑪斯的綜合性的批判哲學的出現，使西方哲學增加了新的優良形態。

《關於交往行為的理論》一書的最重要的貢獻是以人類交往理性為核心，以人類社會交往為運載體的人類理性理念的建立。以人類交往理性為核心，以人類社會

第一章　重建現代性與普遍理性理念的思想家
二、劃時代的巨著：《關於交往行為的理論》

交往為運載體的人類理性理念是一個劃時代的理念。它不僅賦予人類理性新的基礎與運載體，而且賦予人類理性新的本質、特點、功能與內含。它的建立使哈伯瑪斯能夠在引導時代精神的建設中獨領風騷。

在《關於交往行為的理論》一書中，哈伯瑪斯系統地闡述了人類交往理性的特性、規範和它作為人類理性最基礎的展現者的角色。交往理性概念的建立，填補了當時當代歐洲哲學乃至西方哲學發展的一個空白。1983 年，在其《超越客觀主義和相對主義：科學、解釋學和實踐》一書中，伯恩斯丁寫道，「許多當代的哲學辯論事實上都圍繞著一個中心和目的：為人類理性的性質定性和界定人類理性的應用範圍。」在否定笛卡兒式的理性概念和合理的主體概念（即合理的個人意識作為理性的主體）這一問題上，大多數當代西方哲學家的意見基本上是一致的。但是，哲學家們在否定笛卡兒式的理性概念和合理的主體概念對近代啟蒙運動的自我意識、自決和自我實現的理念意味著什麼這一問題上產生嚴重分歧，分歧的焦點是普遍的人類理性是否存在這一問題。普遍的人類理性是否存在這一問題包含有兩個方面：

1. 真正的理性是否只能是具體文化的、歷史的、以傳統為運載體的理性，超越文化、歷史的普遍人類理性並不存在？
2. 如果普遍的人類理性依然存在，在否定笛卡兒式合理的個人意識作為理性的主體運載體之後，什麼是普遍的人類理性的運載體、展現者？

《關於交往行為的理論》回答了這一雙重方面問題，普遍的人類理性依然存在，它的最基本的展現者是交往理性或交往規範性中的主體間性（Intersubjecti-vity）。整體而言，《關於交往行為的理論》所建立的展現於交往理性的人類理性有如下特點：

1. 以交往理性為人類理性最基礎的展現者與運載者；
2. 捍衛人類理性的普遍性與超越性；
3. 強調規範性是理性的主要特性；以交往理性的規範作為人類理性最基礎的規範；
4. 強調人類理性規範合法性的社會生活源泉；
5. 強調人類理性與人類理解的內在關係；強調人類理性中的間體性共識；

6. 強調人類理性的非壓迫性昇華功能；
7. 強調人類理性中超越性與內在性的關係，即強調理性的兩面性特點；
8. 本體論式思維向後本體論式思維的轉變，即從形上學式思維向後形上學式思維的轉變；
9. 從主體式思維範例模型向間體式思維範例模型的轉變；
10. 強調人類理性的策略性，去掉傳統中強調的人類理性的工具性。

以交往理性為人類理性最基礎的展現者與運載者，以交往理性的規範作為人類理性最基礎的規範，這是最革命性的建樹。哈伯瑪斯指出：凡是合理的，必定是對兩人或兩人以上是合理的；凡是對兩人或兩人以上是合理的，必是兩人或兩人以上可合理地交流和同意的。也就是說，是能夠在合理的社會交往交流中被認同的。這就是說，人類合理性是以社會交往的合理性為基礎的。因此，交往理性是人類理性最基礎的展現者。從另一個角度來說，凡是合理的，必定是在社會實踐中是合理的。社會實踐是以社會交往實踐為基礎的，凡是在社會實踐中是合理的，必定是在社會交往實踐中合理的。因此，交往合理性是人類合理性的最基礎的展現者。關於合理交往行為必遵從的四大規範，下面討論現代性時才詳敘。這裡只需要指出，理性的規範性寓於交往的規範性，交往理性的四大規範是作為先決條件包含在合理的社會交往實踐中，是在社會交往實踐中必不可少的規範，因此它們具有普遍性，它們所展現的交往理性也具有普遍性，而以交往理性為基礎與核心的人類理性也具有普遍性。

以交往理性為核心的人類理性的理念既克服了啟蒙理性理念的專制主義的缺陷與局限，又繼承了啟蒙理性理念關於理性的普遍性、真理性的思想，回答了「人類理性本質上到底是與自主、自由、正義、平等、幸福與和平同族，還是與統治、壓迫、家長制、無結果、暴力、總體和專制主義聯姻？」這一困擾當代哲學家的核心問題。

早在 1956 年，哈伯瑪斯很被馬庫色的理性批判應具有引導社會與文化發生「非壓迫性的昇華」的觀點與理念所吸引與啟發。那麼，什麼是指導馬庫色的理性批判所說的理性呢？首先，這一理性必須是民主的，而不是專制的。啟蒙理性理念的專

第一章　重建現代性與普遍理性理念的思想家
二、劃時代的巨著：《關於交往行為的理論》

＊　雅克‧路易‧大衛（Jacques Louis David）：「維納斯與三美麗歡樂女神拯救馬斯」。哈伯瑪斯以交往理性的四大規範拯救人類理性理念。

哈伯瑪斯
當代新思潮的引領者（修訂版）

制及其帶來的災難就是一個歷史與理論教訓。其次，理性的主張、斷定與規範必須具有普遍性與超越性，這是理性的主張、斷定與規範不同於文化的主張與斷定的重要方面（幾年後，哈伯瑪斯發展理念的主張與斷定兩面性的觀點）。再次，人類理性必須是「在這一世界中」的理性，而不是如黑格爾的客觀精神。由此看來，以交往理性為核心的人類理性的理念既符合上列的所有條件，還解答了人類理性的終極運載體是什麼的問題。

以交往理性為展現的人類理性的理念強調理性主張、斷定與規範本身的間體性與普遍性，但不強調它們的絕對性。這也是它對啟蒙理性理念的最大的進步之一，也使它能夠克服啟蒙理性理念的專制性。它把社會交往實踐作為人類理性的終極運載體，而不是把個人、社會團體或社會階級作為人類理性的終極運載體。因此它既繼承了馬克思主義把社會實踐作為理性的運載體的思想，又克服了馬克思主義把某一社會階級作為人類理性的化身的錯誤。它也能繼續強調人類理性的斷定與規範的間體性與普遍性，不強調它們的絕對性。值得注意的是，以交往理性為展現的人類理性的理念為法律與民主的關係提供了更堅實的基礎。

《關於交往行為的理論》對工具理性的批判，對理性的多樣性的探討，對道德與哲學理性的綜合性，或用哈伯瑪斯的話「策略性」的闡述，豐富了當代哲學對理性的認識。確實，強調人類理性不等同於工具理性，使哈伯瑪斯把交往理性，而不是科學理性，作為人類理性的基礎與核心。工具理性在哈伯瑪斯眼裡有兩方面的致命短板。一方面，工具理性的著眼點不是運用人類自由，而是追求現實性的某種目的，因而是目的性的（purposive）、算計性的。但是，人類理性的著眼點應當是運用人類自由。另一方面，以科學理性為代表，理性的問題永遠是，「什麼是達到某一目的的最有效、最可行的工具？」在這一意義上，理性只是達到某一目的的工具之一，是個計算工具。因此，對哈伯瑪斯來說，工具理性的局限性是顯而易見的。例如，工具理性不能真正地解釋道德生活的規範性問題，也不能解釋社會文化生活的規範性問題，更不能解釋理性的批判功能。

事實上，康德的三大批判也暗示給我們工具理性的局限性。所以康德硬是把給

第一章　重建現代性與普遍理性理念的思想家
二、劃時代的巨著：《關於交往行為的理論》

我們知識理解的理論理性與給我們倫理的實踐理性分開，把實踐理性等同於自由意志。哈伯瑪斯不走康德的路。但他同樣得出人類理性不等同於工具理性的結論。《啟蒙的辯證法》與《否定的辯證法》從黑格爾、馬克思主義傳統的角度批判工具理性。哈伯瑪斯不走這一條路，儘管他一再宣稱屬於黑格爾、馬克思主義。他融會分析哲學、黑格爾、馬克思主義哲學、當代社會學各派的真知灼見，走出話語理論的新路。

《關於交往行為的理論》開闢了當代西方哲學關於現代性討論的一條中間通道，為現代性的討論指出了新的出路。當代西方哲學關於現代性的討論有一個致命的弱點，討論者要嘛肯定現代性而拼死捍衛歐洲近代資產階級啟蒙運動的理性和合理化概念，要嘛因為否定歐洲近代的資產階級啟蒙運動的理性和合理化概念而否定現代性理念，宣揚後現代性。在《關於交往行為的理論》一書中，哈伯瑪斯試圖走出一條既揚棄近代資產階級啟蒙運動的理性和合理化概念，又捍衛理性理念與現代性理念的中間道路。很多在他之前的哲學家包括黑格爾、馬克思都想走，但沒有走上這條路。

在這一問題上，哈伯瑪斯的觀點倒是與傅柯的觀點有一致的地方。傅柯斷然否定那種要求人們要嘛接受近代資產階級啟蒙運動的理性和合理化概念，因而被認為相信理性和合理化，是個現代性主義；要嘛不相信近代資產階級啟蒙運動的理性和合理化概念，因而被認為是不相信理性和合理化，是個後現代性主義。傅柯把這一要求稱為「啟蒙運動的敲詐勒索」（The blackmail of the Enlightenment）。傅柯本人不相信近代啟蒙運動的理性和合理化概念，但是，他也斷然否定人們把他稱為後現代性主義者或者說他不相信理性和合理化。不過，傅柯沒有對理性和合理化的一般或普遍性質做出解釋或界定，因此，他沒有真正走出一條中間道路來。

《關於交往行為的理論》的問世是批判理論哲學發展的一個重要里程碑。批判理論哲學的宗旨是為社會批判、社會實踐和人類認識提供合理的，經得住檢驗的理性、合理性、正當性、有效性等概念。在《理論與實踐》中，哈伯瑪斯著重討論了方法問題。《知識與興趣》解決了認識分類問題。《關於交往行為的理論》發展出清晰、明確和系統的的理性、合理性、社會和現代性的概念，雖然這些概念都有需

哈伯瑪斯
當代新思潮的引領者（修訂版）

要完善、發展的地方。所以，《關於交往行為的理論》的出版，帶來了繼《知識與興趣》出版後哈伯瑪斯的批判理論哲學在理念方面的又一突破性的新建樹。而且這一新建樹無論是對哈伯瑪斯的批判理論哲學本身，還是對當代西方哲學和社會批判理論都是巨大的貢獻。

以交往理性為展現的人類理性的理念強調公共空間的建設在文化批判、哲學批判中的重要作用。早在1962年，哈伯瑪斯即在他的哲學開山之作《公共領域結構的轉型》一書中探討公共空間的建設問題。如果說，1956年之前，他已確定他的哲學使命之一是發展一個關於現代性的理論，從揭示合理化與合理性是如何具體地展現在具體的歷史文化中，那麼，在寫作《公共領域結構的轉型》一書的過程中，他找到了建立和試驗他的關於現代性的理論的方法。更確切地說，他試用了他心中已考慮了很久的「內在批判」方法。與此相適應，他試驗了他的批判理論哲學的概念以及他的新的民主理論。在《公共領域結構的轉型》一書中，哈伯瑪斯不但找到了批判現代社會的一個突破點，而且找到了合理化與合理性具體地展現在具體的歷史文化中的承載者：公共領域。在《公共領域結構的轉型》一書中，哈伯瑪斯不僅明確地提出公共領域這一概念，而且認為改造公共領域是社會合理化與合理性的關鍵。這樣，哈伯瑪斯發展了霍克海默和阿多諾在《啟蒙的辯證法》一書中的一些思想。公共領域概念的提出也是哈伯瑪斯發展馬庫色哲學的真知灼見的一個成果。

哈伯瑪斯早期的公共領域結構的合理轉型的思想是他在《關於交往行為的理論》中更加成熟的關於人類交往理性的概念與思想的前奏。從一定的意義上說，哈伯瑪斯的公共領域結構的合理轉型的思想的建立和他的關於社會交往的理論與交往理性為人類理性的承載者的思想的建立是他的重建人類理性概念的一部完整的二重曲，也是他的新的批判哲學的優美二重曲。公共領域結構的合理轉型的思想的建立揭示了理解人類普遍理性的具體地展現在具體歷史文化中的任務以及合理思維的間體性要求。社會交往的理論與交往理性為人類理性承載者的思想解答了人類理性是什麼以及它的具體的承載者是什麼。尤其重要的是，在《公共領域結構的轉型》一書中，哈伯瑪斯提出了透過公共討論使政治權力和權威理性化的思想，這是對柏拉圖政治

第一章 重建現代性與普遍理性理念的思想家
三、《道德意識與社會交往行為》與話語倫理的建立

思想的民主發展。柏拉圖提出，要透過使國王成為哲學家或哲學家成為國王而使政治權力理性化。

《關於交往行為的理論》是一部融會貫通哲學、社會學百家集大成的著作，為促進哲學流派間的對話樹立了一個良好的典範。在《關於交往行為的理論》一書中，哈伯瑪斯創造性地吸取分析哲學、語言哲學、解釋學、馬克思主義哲學、美國實用主義哲學的一些主要哲學家的真知灼見去發展自己的理性、合理性、社會和現代性概念和理論。不僅如此，他還大量吸收了當代社會學發展的新成就。這不僅使自己的理論和理念吸百家之長，集百家之見，也創造了與百家對話、跨學科對話的良好範例。

總之，《關於交往行為的理論》的出版不僅是當代德國哲學發展的一個重要的里程碑，而且是當代歐洲哲學乃至整個當代西方哲學發展的一個重要的里程碑。它不僅深刻地改變了當代西方哲學的哲學討論，而且深刻地影響了當代社會學和其他人文科學領域的學術討論。哈伯瑪斯的以交往理性為運載體的人類理性理念是一個劃時代的理念。1984年，也就是《關於交往行為的理論》出版三年後，哈伯瑪斯又整理出《社會交往的理論的初步思考和補充》（Vorstudien und Ergänzungen）一書，該書也由 Suhrkamp 出版社在這一年出版，此是後話。

三、《道德意識與社會交往行為》與話語倫理的建立

在《關於交往行為的理論》一書由 Suhrkamp 出版社出版的同一年，也就是1981年，哈伯瑪斯的《政治小品集》1 至 4 卷 [Kleine Politische Schriften (I–IV)] 也由 Suhrkamp 出版社出版。《政治小品集》事實上是由哈伯瑪斯近年發表的政治短文和公開談話錄彙編而成。也許從哲學學術的角度上講，它沒有許多新的理論建樹，而且在《關於交往行為的理論》這一巨著出版的大背景下，《政治小品集》1 至 4 卷的出版成了一個小小的插曲，它似乎只起著增添氣氛的作用。其實不然，它從另一個側面映射出哈伯瑪斯此時在哲學學術上的活躍，是哈伯瑪斯以公共知識分子的

哈伯瑪斯
當代新思潮的引領者（修訂版）

身分思考社會政治問題的理論成果。

就哈伯瑪斯的政治哲學思想的發展來說，《政治小品集》1 至 4 卷流露出哈伯瑪斯的政治思維正在發生悄悄但是深刻的變化，正從一個激進的左派自由主義者向一個後保守主義自由主義者過渡。在 1950 年代，即他的大學年代，哈伯瑪斯的政治思維的著眼點是與納粹的過去在政治上、道德上的一刀兩斷。在法蘭克福社會研究所與馬堡大學時期，他積極參加了各種各樣的反對核武，和平與民主的社會運動，是一個激進的左派自由主義者。在海德堡大學時期，他常常是德國社會民主黨的一些領導人的座上賓。1960 年代法蘭克福大學時期，他積極參加德國高校的改革運動，與激進的學生運動發生嚴重衝突。隨後的一段時間裡，也是德國政治生活發生急遽變化的時期，哈伯瑪斯相對低調了許多。1977 年後，他在言論自由、人權、恐怖主義等問題上陷入了憲政主義的困惑中。1978 年的《政治、藝術和宗教》一書是他對自己的一些政治理念進行理論的探討，《政治小品集》是哈伯瑪斯又一次的反身自省。此時，哈伯瑪斯血管裡流的仍然是左派自由主義者的血，骨子裡仍然是左派自由主義者的骨髓。但經過 1960、1970 年代的風風雨雨，哈伯瑪斯已經是成熟、理性的思想家。早在 1968 年哈伯瑪斯就與當時的學生運動分道揚鑣。一方面這是由於他堅持理性的民主運動，反對暴力，因而與中國「文化大革命」式的德國學生運動和意識形態格格不入。另一方面是由於他堅持有序的社會改革的理念，反對純破壞性的社會運動，因而與學生運動激進的、打倒一切的思維格格不入。1969 年，哈伯瑪斯的《抗議運動與高等院校改革》由 Suhrkamp 出版社出版。《抗議運動與高等院校改革》的哲學學術價值不大。它主要是對當時德國高校的學生抗議運動做一個社會學的研究。在《政治小品集》以及《關於交往行為的理論》出版的大背景下，《政治小品集》是哈伯瑪斯對政治的理論反思的產物。

《政治小品集》真正的理論和哲學價值在於它事實上提出了哈伯瑪斯從 1980 年代起就一直試圖回答的一系列問題：理性的、非強制性的政治是什麼樣的，如何可能的？理性的、真正的民主是什麼樣的，如何可能的？理性的民主政治、社會和文化的結合是什麼樣的，如何可能的？ 使社會與文化達到「非壓迫的昇華」的民主政治

第一章　重建現代性與普遍理性理念的思想家
三、《道德意識與社會交往行為》與話語倫理的建立

是什麼樣的，如何可能的？《政治小品集》出版的時候，哈伯瑪斯正積極參加當時聯邦德國全國範圍內的反對北約部隊在德國本土部署巡航導彈（cruise missiles）和潘興二號導彈（Pershing II）發射基地。哈伯瑪斯始終是統一歐洲的堅定的支持者，堅信歐洲大陸應有統一的外交政策。他認為，北約部隊在德國本土部署巡航導彈（cruise missiles）和潘興二號導彈（PershingII）發射基地的舉動，一方面顯示歐洲大陸的外交政策依然只是英美外交政策的附庸，另一方面，是從冷戰走向熱戰的一步。自1945年後，哈伯瑪斯一直是一個堅定的和平主義者。在《政治小品集》中，哈伯瑪斯對早期的一些激進觀點的修正，展現出《關於交往行為的理論》研究與寫作對他的政治思想的影響。

　　與此同時，哈伯瑪斯開始把他在《關於交往行為的理論》中建立的基本觀點應用到社會政治、道德生活上來。這一點，哈伯瑪斯與康德相似。康德在《純粹理性的批判》中揭示理論理性的性質與運作之後，立即寫作《實踐理性的批判》揭示實踐理性，即倫理道德理性的性質與運作。哈伯瑪斯依樣畫葫蘆，走同樣的路。在《關於交往行為的理論》建立以交往理性為核心的人類理性的理念後，他要揭示倫理道德理性是如何基於交往理性，展現以交往理性為核心的人類理性的。因而，他整理完成了《道德意識與社會交往行為》。康德的《實踐理性的批判》旨在重建倫理道德理性的普遍性，回答具有普遍性的倫理道德法則是如何可能的這一問題。哈伯瑪斯的《道德意識與社會交往行為》也旨在重建倫理道德理性的普遍性，也回答具有普遍性的倫理道德法則是如何可能的這一問題。當然，哈伯瑪斯的倫理道德哲學區別於康德的倫理道德哲學。

　　1983年，哈伯瑪斯把他1981年以來發表的有關道德哲學的文章整理成《道德意識與社會交往行為》（Moral Bewusstsein und kommunikativen Handelns）一書。這些文章包括：「哲學作為臨時替補與翻譯者（『臨時替補』即為終極理論的臨時替補——筆者注）」，「社會科學的重建與翻譯」，「話語倫理：關於哲學正當性證明綱領的筆記」，「道德意識與社會交往行為」，「道德與倫理哲學：黑格爾對康德的批判是否適用於話語倫理」。

哈伯瑪斯
當代新思潮的引領者（修訂版）

　　同一年，即 1983 年，《道德意識與社會交往行為》由 Suhrkamp 出版社出版。正如其題目所示，在《道德意識與社會交往行為》一書中，哈伯瑪斯把《關於交往行為的理論》的一些基本觀點應用到道德哲學和道德生活上來，其中最主要的是把社會道德建立在由交往理性所建立的道德規範的基礎上。從重建人類理性與對現代性理念的角度上說，《道德意識與社會交往行為》的問世有幾方面的意義。

　　《道德意識與社會交往行為》是哈伯瑪斯第一次從交往理性的角度去系統地討論倫理道德問題。從這一意義上講，《道德意識與社會交往行為》是他對人類交往理性的第一個應用試驗，也是在發展出交往理性這一概念後，他在發展其批判理論哲學的道路上又邁出的新一步。比起《政治小品集》來說，在《道德意識與社會交往行為》中，「重建」的分量增加了許多，這表明哈伯瑪斯的批判理論哲學正在完全轉移到交往理性的基礎上。而且，《道德意識與社會交往行為》又為哈伯瑪斯後來解決《政治小品集》中提出的一些問題，尤其是關於理性的民主政治，社會和文化的結合是什麼樣的，如何可能的這些問題，提供了理論基礎。

＊　湯瑪斯・庫圖里（Thomas Couture）：「羅馬的墮落」。

第一章　重建現代性與普遍理性理念的思想家
三、《道德意識與社會交往行為》與話語倫理的建立

《道德意識與社會交往行為》最重要的貢獻是在交往理性概念的基礎上，哈伯瑪斯提出了推論主義或話語倫理（Diskursethik）。推論主義或話語倫理的中心思想是，社會道德是建立在由交往理性透過社會對話所建立的道德規範的基礎上的。這一思想最集中地展現在哈伯瑪斯提出話語倫理的基本準則上。哈伯瑪斯的話語倫理的基本準則有兩個特性：一個是它的有效性，一個是它的普遍性。

話語倫理基本準則的有效性原則與標準是：「只有當它得到在實踐對話與討論的所有有關參與者的同意與接受時，一個倫理的基本準則才是正當有效的。」

話語倫理基本準則的普遍性原則與標準是：「只有遵從它的正負實踐效果對每個人的特殊利益來說是可以接受的，一個倫理的基本準則才是正當有效的。」

哈伯瑪斯的話語倫理是對康德倫理的替代或揚棄。正如哈伯瑪斯自己所說，「話語倫理以道德辯論的過程取代康德倫理的絕對命令。」話語倫理和康德倫理都強調社會道德的規範性和社會道德規範的普遍性。但是，在康德倫理中，普遍的社會道德的規範由人類內在的、與生具有的普遍道德理性所規定；而在推論主義或話語倫理中，普遍的社會道德的規範由人的道德共同體在交往理性的指導下，透過有意識與自由的對話和討論，在真理、誠實、可知性和可理喻的基礎上建立的。哈伯瑪斯認為，他的話語倫理與康德倫理的區別有三：

1. 話語倫理堅持包含責任意識與自由意志的可知世界與包含傾向、主觀動機等的現象世界的統一，放棄了康德倫理中包含責任意識與自由意志的可知世界與包含傾向、主觀動機等的現象世界的二分法；
2. 話語倫理強調關於道德規範普遍性的檢試的客觀性與外向性，拒絕康德倫理關於社會道德規範的普遍性的檢試是主觀、內向的觀點；
3. 話語倫理發展了自己獨特的道德規範正當性證明方式，克服了康德倫理中令人難以滿意的道德規範正當性證明問題。

在《道德意識與社會交往行為》中，哈伯瑪斯對康德倫理的理解值得注意。也許這是理解他的話語倫理和康德倫理的區別的關鍵。他優秀而忠誠的弟子與朋友湯瑪斯・麥卡錫，都認為他的話語倫理與康德倫理很相近。哈伯瑪斯認為康德倫理有

哈伯瑪斯
當代新思潮的引領者（修訂版）

四大特性：
1. 強調義務；
2. 強調知性；
3. 強調正規性；
4. 強調普遍性。

　　事實上，康德倫理強調義務、強調正規性與強調普遍性，但不強調知性。康德倫理的真義之一是道德倫理是基於自由意志，而不是理性理解。正因為康德倫理認為道德倫理是基於自由意志，而不是理性理解，它才強調倫理的基本準則是基於絕對命令。而正因為推論主義或話語倫理強調倫理的基礎，它才認為人們可以在真理、誠實、可知性和可理喻的基礎上，透過有意識與自由的對話和討論，建立其具有普遍有效性的倫理的基本準則。

　　表面上看，哈伯瑪斯的話語倫理是社會契約主義倫理的翻版。的確，話語倫理與社會契約主義倫理都強調社會道德的規範是在社會協商的過程中建立的。但是，話語倫理與社會契約主義倫理有本質的不同。它們之間的根本區別在於：在話語倫理中，社會道德的規範的基礎是道德真理，社會契約的基礎是認識，承認和忠於道德真理，因而社會道德的規範具有普遍性；而在社會契約主義倫理中，社會道德的規範的基礎是人們在特定歷史條件下的選擇和社會同意，社會選擇和社會同意可以是基於認識，承認和忠於道德真理，也可以是基於其他原由，例如，對共同利益的認同。

　　整體而言，話語倫理道德哲學與傳統社會契約主義倫理哲學的區別包括如下：
1. 話語倫理強調倫理道德規範的認識有效性，即倫理道德規範的認識基礎；而社會契約主義倫理不強調倫理道德規範的認識有效性，即倫理道德規範的認識基礎。
2. 話語倫理強調道德規範的可被接受性與事實上的被接受之間的區別，因而強調道德規範的合理性；而社會契約主義倫理不強調道德規範的可被接受性與事實上的被接受之間的區別，而把兩者等同。

第一章　重建現代性與普遍理性理念的思想家
三、《道德意識與社會交往行為》與話語倫理的建立

3. 話語倫理強調倫理道德規範的普遍性；而社會契約主義倫理不強調倫理道德規範的普遍性。

當然，話語倫理也與其他派別的倫理有重大區別。話語倫理對倫理道德做了新的定義，即：

因為道德要適應人類在社會化中個體化的脆弱性，它要同時解決兩個任務。一方面，它必須透過強調對每個人的人格尊嚴的平等尊重來強調每個個人的不可侵犯性。同時，它要保護人們作為共同體成員相互間互認的間體關係的網路。正義原則與團結的原則與這兩個任務相適應而產生。前一原則，即正義原則，規定人人平等的人權與對每個人的平等的尊重。後一原則，即團結原則，規定每個人對鄰居福祉的同情與關懷……道德不可能只保護其一而不保護其他。道德不可能只保護個人的人權而不保護個人所屬的共同體的福祉。

話語倫理所展現的正是這一道德的直覺與概念。而如上所述的道德直覺與概念使話語倫理所強調的倫理的基本準則的普遍性與有效性可以在真理、誠實、可知性和可理喻的基礎上，透過有意識與自由的對話和討論建立。如果每個人沒有對倫理的基本準則說「是」或「不」的不可剝奪的權力，所謂對倫理的基本準則的普遍同意只是表面的，不是真實的；而沒有每個人對他人的福祉的同情與關懷的道德理性，人們也就沒有給予普遍同意的動力。

從德國哲學發展或歐洲哲學發展的角度上來說，客觀地說，《道德意識與社會交往行為》中的道德哲學思想包含著對康德以來，經過謝林和黑格爾，到馬克思的德國古典道德哲學的繼承和發展。在《道德意識與社會交往行為》中，哈伯瑪斯不僅深入討論了德國古典道德哲學各派的真知灼見與不足，而且明確指出話語倫理試圖改造康德倫理，揚棄黑格爾的歷史主義倫理思想，同時吸收謝林、馬克思思想中的一些精華。在一定的意義上，話語倫理是康德的倫理思想與謝林、黑格爾、馬克思的倫理思想相結合的產物。所以，湯瑪斯·麥卡錫認為，「在他對道德的理解方面，哈伯瑪斯與康德最接近。」同時，話語倫理認識到我們所屬的時代是一個多元的時代。這意味著哲學能先驗地指出一種值得過的好生活，先驗地建立起一個普遍的社

哈伯瑪斯
當代新思潮的引領者（修訂版）

會道德規範與倫理價值系統。《道德意識與社會交往行為》不僅貢獻推論主義或話語倫理以適應我們的時代需要，而且把哲學從其傳統的、自命不凡的絕對真理的化身角色中解脫出來，讓哲學擁有一個新的角色：在實踐對話中，臨時充當真理理論的化身。

* 愛德華・伯恩・瓊斯：「制約之手（Edward Burnes Jones：The hand Refrains）」。在哈伯瑪斯思想中，道德是制約行為與思想之手。

《道德意識與社會交往行為》顯示了哈伯瑪斯從 1972 年至 1983 年道德哲學思想的發展，它的一些基本思想可以追溯到哈伯瑪斯 1972 年發表的「真理的理論」一

第一章　重建現代性與普遍理性理念的思想家

三、《道德意識與社會交往行為》與話語倫理的建立

文。它的出版表明此時哈伯瑪斯已使自己的道德哲學思想系統化，又使自己的道德哲學思想與自己的整個哲學體系完整地結合起來。另一方面，《道德意識與社會交往行為》又為哈伯瑪斯 1983 年至 1991 年期間的道德思想的發展，以 1992 年《事實和規範》的出版為最高峰，埋下了伏筆。在這個意義上，它是一部承上啟下的著作。具體地說，《道德意識與社會交往行為》顯示出哈伯瑪斯此時研究的重點是發展出一個總體道德理論，《事實和規範》的重點是發展出一個總體的法律、人權理論和民主的理論。而在哈伯瑪斯看來，總體的法律、人權和民主的理論與總體的道德理論是相互平行的。

如上所述，《道德意識與社會交往行為》的重要部分包括了哈伯瑪斯在 1982 年和 1983 年兩年間發表的力作諸如「道德意識與交往行為」等文章。而 1982 年和 1983 年兩年正是哈伯瑪斯構思他的《關於現代性的對話》的重要時期。所以，一方面，它是《關於交往行為的理論》基本立場在倫理道德哲學的展現；另一方面，它是從《關於交往行為的理論》到《關於現代性的對話》的中點站，又是《關於交往行為的理論》分向《事實和規範》的對稱中間點。

《道德意識與社會交往行為》不僅明確地提出道德規範的有效、公平和公正與道德原則普遍性的不可分割的關係，而且把這一關係建立在交往理性與其指導下的合理道德交往實踐的基礎上。這是哈伯瑪斯在道德哲學領域裡的一個新建樹。康德提出，我們在道德行為中所遵守的道德規範必須是根據我們的道德理性，能成為普遍道德法則的規範。但是，我們的道德理性如何解讀一個道德規範的普遍性呢？康德的回答是，普遍性的一個標誌是所有有理性的人，根據道德責任的概念，接受這一規範為道德規範。在康德道德哲學中，道德理性不是在認知一個道德規範所展現的道德真理區決定這一規範的普遍性，也就是說，道德規範的普遍性是不依賴於道德規範的真理性。

哈伯瑪斯的話語倫理道德哲學包含有對康德的倫理道德哲學的三個重要修改：

1. 話語倫理道德哲學以公平、公正和有效的規範性概念代替康德的倫理道德哲學的道德責任概念。毫無疑問，責任是一種規範。但是，並非所有的規

範在內容上是道德責任規範。
2. 話語倫理道德哲學明確地強調道德規範的普遍性依賴道德規範的真理性。而強調道德規範的普遍性依賴道德規範的真理性是哈伯瑪斯把他的交往理性應用於倫理道德生活的必然結論。而在康德的倫理道德哲學中，道德規範的普遍性依賴道德意志的普遍性。
3. 話語倫理道德哲學以間體性思維取代康德倫理道德哲學的主體性思維。

整體而言，雖然在出版《關於交往行為的理論》的大背景下，《道德意識與社會交往行為》的出版似乎最多也只是一個插曲。但是，《道德意識與社會交往行為》的出版不僅僅宣告哈伯瑪斯的倫理道德哲學，即話語倫理道德哲學的誕生，而且宣告哈伯瑪斯的哲學系統正在新的基礎上形成。特別是《道德意識與社會交往行為》建立的話語倫理道德哲學將是《事實和規範》所建立的話語法律哲學的陰陽對稱部分。不僅如此，《道德意識與社會交往行為》建立的話語倫理道德哲學又將是哈伯瑪斯的民主理論的基礎之一。

無論如何，《道德意識與社會交往行為》的出版不是哈伯瑪斯思想發展的一個小插曲，而是重要的一章。從《關於交往行為的理論》到《道德意識與社會交往行為》，哈伯瑪斯正在走向完成建立一個龐大的哲學體系系統。這一體系的龐大與複雜，也許是自黑格爾哲學體系之後，德國哲學就再也沒有第二個。與此相關，它的完成和出版表明，哈伯瑪斯正雄心勃勃地走向全面重建歐洲近代啟蒙運動的專案，全面重建現代性的理念。

四、《關於現代性的哲學討論》與現代性理念的重建

在《關於交往行為的理論》和《道德意識與社會交往行為》問世後，哈伯瑪斯沒有陶醉於已取得的成就，樂不思蜀，而是向心中下一個目標前進。新的理性理念已建立，新的現代性理念的重建必須完成。為了完成這一任務，哈伯瑪斯覺得，該是與各大哲學家就現代性理念的問題華山論劍的時候了。什麼是現代性？經過現代

第一章　重建現代性與普遍理性理念的思想家
四、《關於現代性的哲學討論》與現代性理念的重建

啟蒙運動的教訓，現代性理念是否已經過時，成為食之無味，棄之可惜的理念？現代思想家對現代性理念的理解的誤區在哪？重建現代性理念的出路在哪？這些都是需要回答的問題。

哈伯瑪斯向心中下一個目標前進的第一步是進行職業生涯的又一次大轉換：從慕尼黑回到法蘭克福，離開馬克思·普朗克社會科學研究所，回歸法蘭克福大學。此時，哈伯瑪斯甚至連他將來在法蘭克福大學具體要做的研究課題與項目都已心中有數。1981年5月22日在柏林和7月10日在斯坦堡，他與《美學與交往》雜誌（Äthetik und Kommunikation）的阿克塞爾·霍耐特（Axel Honneth）、艾伯哈德·克諾德勒·邦特（Eberhard Knödler·Bunte）和阿諾·魏德曼（Arno Widmann）進行長談。同年10月這一期的《美學與交往》雜誌有這樣一段記錄。克諾德勒·邦特問哈伯瑪斯：「你將攀登的下一座大山是什麼？」哈伯瑪斯答道：

不是大山，將是幾個小山頭或山坡。我也許將回到法蘭克福大學，我不知道在那裡我會有多少屬於自己的時間。我準備研究一下關於現代性的（各派哲學）理論，計劃辦一個關於現代性的各派哲學理論的講座系列。這將很有趣。我將與其他學科的同事一起從事我一直尋找的哲學和其他科學的合作……另外，從我現在的想法來說，就是寫一些諸如公共領域結構的轉型之類的東西。現在我們頭頂上有許多烏雲。我相信，我們會有日出雲散的一天。如我能對此有貢獻，那就太好了。

在這一談話中，哈伯瑪斯列舉了兩個他回法蘭克福大學後將做的研究課題。當然，我們下面將看到，他所說的幾個小山頭實質上是真正的高山峻嶺。從這一談話中，我們也看到哈伯瑪斯那種強烈的關懷世界的情懷。對哈伯瑪斯的這種情懷，他的良師益友馬庫色很欣賞。所以，一天，馬庫色把自己的一本《片面的人》（One Dimensional Man）送給哈伯瑪斯時，在書的封面上引用本傑明的一句話：「為了給那些沒有希望的人希望。」

在談話中，他（哈伯瑪斯）所說的「也許」並不只是一種客套話。在此談話之前，直到1982年初，位於德國中部的比勒費爾德（Biefield）大學極力邀請他到那裡任教。對於這一盛情邀請，哈伯瑪斯並非一點也沒有心動。雖然此時的他，回歸法蘭

哈伯瑪斯
當代新思潮的引領者（修訂版）

克福大學的決心已定，但是，對他來說，比勒費爾德大學也是一個機會和挑戰。如果說去美國加州柏克萊大學有一個背井離鄉，遠走他國的問題，那麼，去比勒費爾德大學不存在這一問題。況且，為了得到他，比勒費爾德大學給他提供了優越的教學研究條件。這些條件一點都不比法蘭克福大學差。當然，心動歸心動。南下斯坦堡也使他學到了生活的許多真諦。做這樣一個策略性的選擇要從策略的角度看問題。這一次變動應該是也將是他職業工作職位的最後一次大變動。他需要一個多少是他的家鄉的地方。到了 1982 年春，這「也許」也就不再存在。哈伯瑪斯和法蘭克福大學，雙方你情我願，達成了哈伯瑪斯 1983 年夏回歸法蘭克福大學任教的協議。

1983 年夏天，在離開法蘭克福大學 12 年後，哈伯瑪斯又回到這裡。法蘭克福大學的一切都是如此熟悉與親切，青草花木依舊在，學術顏色更未改。在外闖蕩 12 年後，他哈伯瑪斯仍然是烈士壯年，虎膽雄心，更多了對世界與人類的理解。回到那一刻，哈伯瑪斯以教暑假課宣告他的正式歸來。

他回歸的第一節哲學課的題目是「關於現代性的理論」。如前所說，對當代各派哲學關於現代性的理論的研究是他在回歸之前為自己量身定做的題目，所以，他的哲學課的題目並沒有使很多人感到意外。倒是他的第一節課的開場白使很多人大吃一驚，但是卻確切表達了他的思想和研究態度。在開場白中，哈伯瑪斯開門見山地宣稱：「我不打算弘揚某一傳統。」當然，這裡哈伯瑪斯所說的傳統，指的是研究現代性的哲學傳統或流派。但是，哈伯瑪斯的這一宣言也特指，在討論現代性這一問題時，他既不是弘揚以霍克海默與阿多諾為代表的法蘭克福學派對現代性的理解，也不打算把以霍克海默與阿多諾為代表的法蘭克福學派區別看待。也就是說，他對現代性的理解不是對傳統的法蘭克福學派對現代性理解的繼承，雖然從理論上說，他是法蘭克福學派第二代的掌門人。而且，他不會袒護法蘭克福學派的不足，也不會漠視法蘭克福學派的真知灼見，正如他對其他哲學流派一樣。

現代性問題是困擾當代西方哲學的一個重大問題。黑格爾在《精神現象學》中宣布近代歐洲啟蒙運動在精神和理論方面的破產，霍克海默與阿多諾在《啟蒙的辯證法》一書中描述了近代歐洲啟蒙運動的災難般的勝利，後現代主義哲學家諸如賴

第一章　重建現代性與普遍理性理念的思想家
四、《關於現代性的哲學討論》與現代性理念的重建

爾達、德希達對現代性的挑戰,不僅提出一個如何看待現代性的問題,而且提出了一個如何看待關於現代性的各家各派的理論的問題。在《關於交往行為的理論》中,哈伯瑪斯把對現代性問題的討論作為三大主題之一。《關於交往行為的理論》也對現代社會做了深入的研究與解剖。但是,《關於交往行為的理論》沒有系統地研究歐洲各個主要哲學流派關於現代性的理論。現代性問題又是一個錯綜複雜的問題。現代性的理念要不要捍衛,如何捍衛?歐洲近代啟蒙運動的現代性的理念的癥結在哪裡?在否定了歐洲近代啟蒙運動的現代性的一些理念後,我們將何去何從?這些都是哈伯瑪斯準備攀登現代性這座高山時所面臨的複雜問題。從問題的分類來說,有關現代性理念的重大而又緊迫的問題又可歸為兩類:概念問題與正當性的證明問題,即什麼是現代性與為什麼要強調現代性兩類問題。

早在 1980 年 9 月,哈伯瑪斯在阿多諾獎的受獎儀式上的發言題目就是「現代性,一個未完成的項目」。在這一發言中,他指出左翼知識分子與右翼知識分子在攻擊近代資產階級啟蒙運動所宣導的理性理念上的新同盟,以及後現代主義的倡狂。他說:我擔心,反現代性的觀點,以及前現代性的觀點,在主張文化替換的知識分子圈子裡正越來越流行。當我們觀察德國的各個政治黨派的意識轉型時,新的意識形態轉變這一點變得一目了然。這是後現代主義者與前現代主義者聯盟的標誌。」此後,正如他自己所說,「(現代性)這一被熱烈爭論、多面孔的哲學主題就一直縈繞於他的心中」。從 1982 年起,哈伯瑪斯就開始系統地整理自己多年來對歐洲各個主要哲學流派關於現代性的理論研究。1983 年 3 月,在巴黎,他在歐洲學術界最權威、最受尊敬的學院之一法國學院(Collège de France in Paris) 舉辦了四場演講。這四場演講的題目分別是:「現代性的時代意識以及它自我證明的需要」,「黑格爾的現代性概念」,「三個視角:左傾黑格爾主義者、右傾黑格爾主義者和尼采」和「進入後現代性:尼采作為轉捩點」。

1983 年夏天,回到法蘭克福大學後,他的夏天暑假學期的哲學講座的主題就是關於現代性的不同的哲學理論。同年冬季學期,即 1983-1984 年冬季學期,他又以關於現代性的不同哲學理論這一主題開設了一門哲學講座課,一方面繼續對這一課

哈伯瑪斯
當代新思潮的引領者（修訂版）

題進行研究，另一方面透過公開討論來檢驗自己對哲學各派現代性的理論的一些觀點和立場。1984 年 9 月，他受邀去美國康乃爾大學（Cornell University）每年一次的馬辛者哲學講座系列（the Messenger Lectures）。他的馬辛者哲學講座系列的主題就是關於現代性的不同哲學理論。

1985 年，哈伯瑪斯把自己 12 篇關於現代性理論的哲學講座講稿（其中包括他在法國學院的四場演講的講稿）彙整為《關於現代性的哲學討論》（Der Philosophische Diskurs der Moderne）一書，並由 Suhrkamp 出版社出版。《關於現代性的哲學討論》悉數地探討了黑格爾、年輕黑格爾和後黑格爾主義者、尼采、霍克海默、阿多諾、海德格、雅克·德希達（Jacques Derrida）、喬治·巴代伊（Georges Bataille）和傅柯等人關於現代性的哲學理論。在書中，哈伯瑪斯吸取他們的真知灼見，進一步發展他自己的現代性和人類理性概念。湯瑪斯·麥卡錫（Thomas MaCarthy）指出：

在這裡（在《關於現代性的哲學討論》一書中），哈伯瑪斯回應當代法國哲學對理性理念的根本的批判，他於是重新調查近現代哲學關於現代性的哲學討論，因為正是在這一討論中，關於理性理念的問題被提出來。他的策略是回到那些歷史的交叉路口，在這些交叉路口，黑格爾、年輕黑格爾和後黑格爾主義者、尼采和海德格做出了他們致命的決定，導致現在這個（懷疑理性理念的）結果。他的目標是找到、然後清楚地標明那條這些哲學家已指出但他們自己沒有走的路：以展現在社會交往實踐中的（交往）理性對以主體（自我）為中心的理性的堅決的楊棄。

正如麥卡錫所指出，在《關於現代性的哲學討論》一書中，哈伯瑪斯回應當代法國哲學在現代性的問題上所提出的一系列挑戰，並回答關於現代性的一系列問題，尤其是關於人類理性的一系列問題。

與《關於交往行為的理論》一書不同，《關於現代性的哲學討論》只有一個中心主題：系統地回顧近現代歐洲哲學諸家關於現代性的研究和爭論，建立批判理論哲學的以交往理性為中心的現代性概念。《關於現代性的哲學討論》也不討論社會學、文學、藝術、建築學等領域關於現代性的爭論。它的研究是純哲學的，而不是

第一章　重建現代性與普遍理性理念的思想家
四、《關於現代性的哲學討論》與現代性理念的重建

跨學科的。雖然哈伯瑪斯先前表示，在研究關於現代性的各派理論時，他要和其他學科的同事合作。《關於交往行為的理論》是哈伯瑪斯純哲學的工程。在方法方面，《關於現代性的哲學討論》與《道德意識與社會交往行為》既相通，又不同。在方法部分，《道德意識與社會交往行為》是把《關於交往行為的理論》的思想應用到具體領域的成果。《關於現代性的哲學討論》也把《關於交往行為的理論》的思想應用到現代性這一獨特課題與思想領域，但它的方法方面中的要素是與哲學百家大師論劍交鋒，其結論又是這些哲學交鋒的結果。

與《關於交往行為的理論》和《道德意識與社會交往行為》一樣，《關於現代性的哲學討論》有許多重大的理論建樹。它是哈伯瑪斯1980年代最重要的著作之一，更確切地說，它是哈伯瑪斯1980年代三部最重要的著作之一。從《關於交往行為的理論》，經過《道德意識與社會交往行為》，到《關於現代性的哲學討論》，哈伯瑪斯完成了對現代啟蒙思想的重建，更多的重建，繼續的重建。《關於現代性的哲學討論》對當代哲學的理論貢獻至少包括如下方面。

《關於現代性的哲學討論》為當代哲學貢獻了哲學理性思維範例模型轉變（Paradigm shift）的理念：用哈伯瑪斯自己的話來說，從以主體（自我）為中心的意識範例模型（paradigm of consciousness）到社會交往實踐為中心的交往行為範例模型（paradigm of communication）的轉變。換句話來說，哲學理性思維不是以認識的主體（自我）為理性的中心和作為理性的頭腦，也不是以認識的主體（自我）的規範作為理性的規範，而是以社會交往實踐作為仲介，以社會交往實踐的規範作為理性的規範。這又不僅僅是從康德思維範例模型到黑格爾、馬克思思維範例模型的轉變，從笛卡兒、康德思維範例模型向黑格爾、馬克思思維範例模型的革命變革中產生的以社會交往實踐為中心的交往行為範例模型的轉變。

這一範例模型的轉變是一個根本的轉變，是從主體性中心模型向間體性非中心模型的轉變。在這一範例模型的轉變中，理性的特性由主體性變為間體性，理性的運載體由個體的個人理性變為社會交往實踐。理性由排他性轉為包容性，由自閉性轉為開放性，由專制性轉為民主性，壓迫性轉為非壓迫性。在以主體（自我）為中

哈伯瑪斯
當代新思潮的引領者（修訂版）

心的意識範例模型中，作為合理性，理性是主體認識和控制客體的合理性，作為人類的能力，是主體認識客體和在對客體的知識的基礎上控制客體的能力。而在以社會交往實踐為中心的範例模型中，作為合理性，理性是實踐主體之間建立相互理解的合理性，作為人類的能力，它是共同實踐參與者合格勝任地使用知識，參與社會交往的能力。哲學理性思維的範例模型的轉變本身又包含了對傳統西方哲學理性思維中的邏輯中心主義（Logocentrism）的揚棄。一方面，它的規範性與合理性的理念繼承了邏輯中心主義強調理性的思想。另一方面，它的規範性與合理性的理念沒有把合理性等同於符合某種先驗的邏輯。

＊ 克洛德·莫內（Claude Monet）：「阿根媞爾的鐵路大橋」。現代化的列車在傳統的土地上飛馳。

《關於現代性的哲學討論》對哲學理性思維範例模型轉變（Paradigm shift）

第一章　重建現代性與普遍理性理念的思想家
四、《關於現代性的哲學討論》與現代性理念的重建

的強調從書的開始就表現出來。思維範例模型轉變是時代精神的需要。新時代的現代性必須是自我反省的、自我創造的；它需要創造自己的規範性標準，不能借用別人的標準。《關於現代性的哲學討論》的第一章強調這一點。它的題目是：「現代性的時代意識以及它自我證明的需要。」（如上所述，這正是他1983年3月在巴黎的法國學院演講的課題）它指出：「現代性不可能，也不會，借用（別的時代的）規範性標準；否則，它只能從別的時代所提供的模型中得到啟發。現代性必須從自己本身中創造出它自己的規範性標準。所以，現代性發現自己未能擺脫自己被投回自己的命運。」在這一問題上，哈伯瑪斯指出，黑格爾看到一些問題的焦點。黑格爾認為，「隨著現代性被覺醒到自我意識，它對自我證明的需要應運而生。」哈伯瑪斯指出，「黑格爾把現代性對自我證明的需要等同於現代性對哲學的需要。」在哈伯瑪斯看來，黑格爾也看到了現代性自我證明的理性是他稱為主觀性的一種自我關聯式結構。所以，黑格爾宣稱，「現代世界的原則是主觀性的自由。」不僅如此，黑格爾意識到，「理性的鎮壓性特性是普遍地根基於自我關係的結構中。」黑格爾的誤區在於：「他設想，對主觀性的克服是在關於主觀體的哲學範圍內進行的。結果，他陷入困境：黑格爾最終不得不剝奪現代性自我理解自身對現代性批判的可能性。」即是說，黑格爾沒看到，啟蒙運動的現代性理念的問題正是它的理性理念是以主（觀）體為中心的。黑格爾想以主觀體為中心的哲學（理性）克服現代性的主觀性弊病，因而陷入不可擺脫的困境。

那麼，以主觀體為中心的理性的問題在哪呢？它們至少包括如下方面：

理性本應是能夠被批評批判，因而能自省的。可是，能對理性進行真正的批評批判只有理性的他者。而以主觀體為中心的理性卻把能對理性自身進行真正的批評批判的理性的他者排斥掉。就是說，以主觀體為中心的理性本質上是排他的。

與此相適應，以主觀體為中心的理性不僅不是自省的，反而是自我崇拜的。

現代性必須從自己本身中創造出它自己的規範性標準。但是，一個排他、自封、自閉、自我崇拜的理性與現代性是不可能從自己本身中創造出有效的規範性標準的。所以，哈伯瑪斯認為，以主觀體為中心的理性應被間體性的理性所替代，以自我意

哈伯瑪斯
當代新思潮的引領者（修訂版）

識為中心的思維範例模型應被以相互理解為目標的思維範例模型所代替。

總之，簡單地說，從主體中心模型向間體非中心模型的轉變實現了如下的轉變：

第一，理性概念的轉變。理性不僅從主體性能力轉變為間體性能力，理性還從主觀控制客觀的能力轉變為主觀之間交往、互證與理解的能力。理性不僅從主體以自封的標準去排斥他者的能力轉變成間體性以共認的規範容納他者的能力，理性還從主觀的自歸能力轉變成主觀的間體化規範能力。

第二，合理性概念的轉變。合理性從管理主體對客體的認識與行動的規範結構轉變為主觀之間交往、互證與理解的規範結構。合理性不僅從主體性以自封的、排他的規範結構轉變成間體性共認的、容他的規範結構，它還從主觀的自歸規範結構轉變成主觀的間體化規範結構。

第三，現代性概念的轉變。現代性從衡量主體對客體的認識與行動的規範性標準性轉變為主觀之間交往、互證與理解的規範性標準性。現代性從衡量人類主觀的自歸規範性標準性轉變成衡量人類的間體化的規範性標準性。

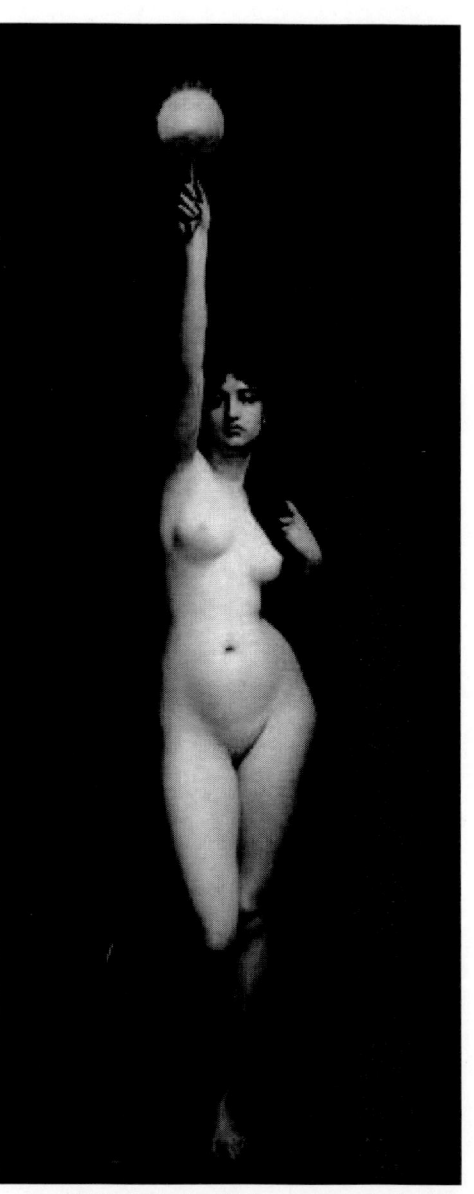

* 樂菲波伏里·朱利斯（Lefebvre Jules）：「真理女神」。

第一章　重建現代性與普遍理性理念的思想家
四、《關於現代性的哲學討論》與現代性理念的重建

第四，規範性觀念的轉變。有效的合理性規範不能僅僅是主體認同的，而必須是間體性共認的。

第五，合法性概念的變化。理性標準與規範的合法性源泉不在於主觀意志或客觀自然，而在於間體性的訂立標準與規範的民主過程。

《關於現代性的哲學討論》進一步明確地確定交往理性的四個規範：可理解性、真誠、真理和規範地正確。在這裡，《關於交往行為的理論》講的美學上的和諧這一規範由可理解性所取代，其他三個規範，即真誠、真理和規範地正確照舊。

哈伯瑪斯再次強調，在任何合理的社會交往中，可理解性、真誠、真理和規範地正確這四個規範的有效性將不可避免地顯示出來，也就是說，在合理的社會交往中，參與者都自動自覺地遵守這四個規範。為了合理地交往，談話雙方都自覺地把話講得讓對方能夠理解。否則，如果談話雙方彼此不理解對方的話，真正的交流也就不存在，合理的交往也就無從談起。因此，為了合理地交往，談話雙方都自覺地遵守可理解性這一規範。不僅如此，為了合理地交往，談話雙方都自覺地真誠地表達自己的意思，而不是有意地誤導對方。否則，如果談話雙方彼此有意地誤導對方，真正的交流也就不存在，合理的交往也就無從談起。因此，為了合理地交往，談話雙方都自覺地遵守真誠這一規範。還有，為了合理地交往，談話雙方都自覺地盡自己所知所能使自己所說的話具有真理的成份，如果發覺自己所說的話不具有真理的成份，是錯誤的，就會馬上修改自己的話。否則，如果談話雙方彼此交流的不是真理，真正的交流也就不存在，合理的交往也就無從談起。因此，為了合理地交往，談話雙方都自覺地遵守真理性這一規範。最後，為了合理地交往，談話雙方都自覺地在相互討論和批判性的交流中證明如果發覺自己所說的話的規範性的正確性，無論哪一個觀點在相互討論和批判性的辯論中有最好的論據和論證，它應該是相互討論和批判性的交流中的勝者。否則，如果談話雙方彼此在交往中依靠的不是好的論點、論據和論證，而是權力或其他制度方面的力量，真正的交流也就不存在，合理的交往也就無從談起。

交往理性是間體性的，而不是主體性的。它與以主觀體為中心的理性有本質的

哈伯瑪斯
當代新思潮的引領者（修訂版）

不同。哈伯瑪斯指出：

以主體為中心的理性以真理與成功作為合理性與規範性的標準。而其所認同的真理與成功指的是管理知識的、有目的地行動的主體與由可能的客體與事物組成的世界之間的關係的真理與成功。與此相反，當我們明白知識是以交往為仲介的，我們認識到合理性指的是負責任的交往參與者的能力。而負責任的交往參與者指的是那些在交往中致力於獲得間體間相互認同的有效要求。交往理性以提議的真理性、規範的正確性、主觀的真誠性與美學式的和諧性為合理性與規範性的標準。而其所指的提議的真理性、規範的正確性、主觀的真誠性與美學式的和諧性指的是在交往辯論過程中直接或間接地認同承認的。

在另一地方，哈伯瑪斯進一步指出：「在相互理解的思維範例模型中，最根本、最關鍵的是社會交往參與者的行為表現態度，即社會交往參與者要透過對世界事物的了解（去達到相互理解）而協調其行動計畫。」他又說，「交往理性使自己在促成間體的理解與相互的認同的制約力量中感覺到。」因此，交往理性能克服以主觀體為中心的理性的排他、自封、自閉、自我崇拜的缺陷，能夠從自己本身中創造出它自己的規範性標準來。以它為指導的現代性也能夠從自己本身中創造出它自己的規範性標準來。不僅如此，交往理性不但以其包容性、開放性、自我反省性見長，而且不像以主觀體為中心的理性自以為自己是絕對理性，是絕對真理的化身。它認識到自己的有效論斷和主張的「兩面性」。

所以，在《關於現代性的哲學討論》中，哈伯瑪斯提出人類理性的兩面性特徵，回答了在現代性的爭論中提出的人類理性，如果存在，到底是普遍的、超越的，還是歷史的、文化的這一問題。哈伯瑪斯同意傅柯關於「人類理性是這個世界（我們生活的世界）的存在」的觀點。但是，哈伯瑪斯強調，真假之間、是非之間、善惡之間、美醜之間、正斜之間存在著根本的區別，我們也不能把任何在特定的時間、地點和條件下被事實地接受的東西都作為合理的。毫無疑問，我們所運用的區別真假、是非、善惡、美醜、正斜等的標準和尺度牢牢嵌在具體的語言、文化和實踐中。因此，人類理性具有內在性，即它是內在地與具體的語言、文化和實踐相結合的。

第一章　重建現代性與普遍理性理念的思想家
四、《關於現代性的哲學討論》與現代性理念的重建

但是，這不應該使我們看不見人類理性又具有超越性的一面。真正的人類理性對真假、是非、善惡、美醜、正斜的論斷和聲稱是經得起不同時間、地點、條件下，超越某一具體文化與實踐的檢驗，它的理念不局限於某一具體語言、文化與實踐。哈伯瑪斯指出：「人類理性的有效論斷和主張因此有一幅『兩面神』（Janus）面孔。作為論斷和聲稱，它們的有效性不局限於而是超越任何當地的條件；同時，它們又是在這裡和現在被發現和認識。……理性的普遍性的內涵使它超越任何當地的條件；它的具體展現又迫使它與當地的條件相適應。」當然，客觀地說，雖然，哈伯瑪斯這裡試圖解決理性的普遍性與特殊性的關係問題，但是，他並沒有完成任務。他沒有解決理性的文化展現與文化超越的辯證關係問題。

在《關於現代性的哲學討論》中，哈伯瑪斯回答了在現代性的爭論中提出的關於人類理性，如果存在，到底是必然的，還是偶然的，真正的人類理性對真假、是非、善惡、美醜、正斜等的論斷和聲稱是同一的，還是差異的等問題。從一定的意義上說，當代現代性的捍衛者們在本質上都是康德主義者，他們否定理性的標準、規範、論斷和聲稱有任何偶然性或差異性。為了堅持理性的普遍性，他們否定生活世界和生活方式的多樣性和不可比性，否定真理與有效性的差異性。與此相反，當代現代性的批評家和反對者強調生活世界和生活方式的多樣性和不可比性，強調真理與有效性的差異性，因而否定理性的普遍性與同一性。對立雙方都認為理性不可能既是必然的、普遍的和同一的，又是偶然的、特殊的和差異的。在《關於現代性的哲學討論》中，哈伯瑪斯指出，理性的特點正是它的「兩面神」面孔，既是必然的、普遍的和同一的，又是偶然的、特殊的和差異的。在這個問題上，哈伯瑪斯引用了黑格爾關於必然與偶然的真知灼見。

在《關於現代性的哲學討論》中，哈伯瑪斯回答了在現代性的爭論中提出的關於人類理性是否在本質上具有專制性的問題。在《啟蒙的辯證法》中，霍克海默與阿多諾聲稱：「（歐洲）啟蒙運動本質上是專制性的。」霍克海默與阿多諾公開批判了啟蒙理性的專制性。霍克海默與阿多諾也因此陷入一個困境：一方面他們不知道如何繼續捍衛理性與現代性的信念，另一方面他們又不想否定理性的信念。他們

哈伯瑪斯
當代新思潮的引領者（修訂版）

的困境也是當代大多數現代性的捍衛者們所面臨的困境：如何繼續捍衛理性的信念，同時又要繼續捍衛民主、自由和人權的理念。而當代現代性的批評者和反對者的最強有力的武器就是強調理性在本質上是專制的。如前面提到，伯恩斯丁把當代這種將理性與專制主義等同的情緒叫做「對理性理念的盛怒」：「今天，理性的概念總使人聯想到統治、壓迫、等級權力、絕育、暴力、總體、專制主義和錯誤。」如上所述，交往理性在本質上是民主的、包容的。用交往理性替代以主體（自我）為中心的理性（subject-centered reason）作為人類理性的展現者，哈伯瑪斯重申了人類理性的民主、開放和包容的本性，指出啟蒙理性的錯誤及其錯誤的惡果，強調以交往理性為基體的人類理性與自主、自由、正義和平等的理念的一致性。在這方面，哈伯瑪斯取得了霍克海默與阿多諾沒有取得的成就。在《啟蒙的辯證法》中，霍克海默與阿多諾對現代啟蒙理性理念與現代性理念的專制本質進行了無情批判，但不知如何捍衛理性理念與現代性。哈伯瑪斯指出了霍克海默與阿多諾沒有看到的路。

* 克洛德·莫內（Claude Monet）：「現代巴黎聖拉查火車站」。

第一章　重建現代性與普遍理性理念的思想家
四、《關於現代性的哲學討論》與現代性理念的重建

　　總之，在《關於現代性的哲學討論》中，在捍衛現代性理念中，哈伯瑪斯捍衛、宣揚如下理念：

1. 理性理念；
2. 規範性理念；
3. 規範的合法性與有效性理念；
4. 自由、自主理念；
5. 民主、包容理念；
6. 從主體性思維範例向間體性思維範例轉變。

　　如上理念也是哈伯瑪斯思想中現代性的核心標準。而他對現代性理念的重建主要集中在改造如上理念上。

　　值得注意的是，《關於交往行為的理論》的原本計畫是對人類理性的社會規範與運載體做出社會學的回答。與此相比，《關於現代性的哲學討論》一開始就著眼於對人類理性的本質、特性以及現代性的本質、特性的哲學回答。《關於交往行為的理論》對人類理性的探討是非形上學的。與此相比，《關於現代性的哲學討論》對人類理性的探討一開始就有形上學的討論，儘管它的表達方式是一種歷史對話的形式。

　　《關於現代性的哲學討論》是與哲學諸家精彩對話的優秀範例，它也嘗試了一種新的哲學研究方式。這一方式即不同於傳統的歷史研究，因為它不是以時間為中心和線索，而是以某一主題為中心和線索。它也不同於一般的理論研究，因為它是歷史地系統探討某一哲學課題，而不是理論地系統探討某一哲學課題。它集歷史研究、解釋學與批判哲學於一身。《關於現代性的哲學討論》不僅進一步完成了哈伯瑪斯對人類理性概念和現代性概念的重建，而且完成了一場哈伯瑪斯的人類理性和現代性理論與近現代哲學各派的現代性理論之間的深入與精彩的對話。其中既包括與黑格爾、年輕黑格爾、尼采、馬克思、海德格、德希達、傅柯和巴代伊（Bataille）的對話，也包括與以霍克海默與阿多諾為代表的批判理論的對話。以和哲學各派全面對話的方式探討哲學問題，哈伯瑪斯開創了近現代哲學研究的一個先例。不僅如

哈伯瑪斯
當代新思潮的引領者（修訂版）

此，由於哈伯瑪斯自己的許多理念都是在與哲學各派的對話中發展起來的，《關於現代性的哲學討論》本身給我們對他與哲學各派比較分析提供了關鍵的鑰匙。

儘管如此，《關於現代性的哲學討論》也有不足之處。這就是，在它所發展的現代性的概念裡，我們看到理性的風姿，卻沒有看到民主與法制的身影。雖然哈伯瑪斯一再強調交往理性，卻沒有看到民主性。在《關於現代性的哲學討論》中，普遍真理、普遍理性、普遍價值觀仍然是人類共同存在和發展的基礎，現代性的標誌。在普遍真理、普遍理性、普遍價值基礎上建立的人類社會政治、道德行為規範才是有效的。與此同時，在《關於現代性的哲學討論》中，民主與法制這兩個哈伯瑪斯後來一再強調為現代性的核心要素卻引人注目地消失了。

另一個值得注意的是，在《關於現代性的哲學討論》中，在哈伯瑪斯對話的眾多哲學家中，一代德國哲學泰斗、當代最偉大的哲學家之一伽達默爾的身影卻不在其中。伽達默爾是哈伯瑪斯早年的兩位伯樂之一。伽達默爾與哈伯瑪斯一直存有良好、真正的友誼。1970 年代，伽達默爾與哈伯瑪斯關於理性與文化傳統的公開的哲學討論是君子論劍的楷模。但是，從哲學的角度上說，伽達默爾對文化傳統的強調與哈伯瑪斯對理性批判性、解放性的強調是一對系統矛盾。伽達默爾強調的傳統性與哈伯瑪斯所強調的現代性是一對系統矛盾。而伽達默爾強調的理性與理解的關係、理解的間體性與共識性，與哈伯瑪斯所強調的理性與理解的關係、理解的間體性與共識性有許多共同點。所以，無論從哪一個角度講，伽達默爾都不應落場。這是一個有趣的謎。

無論如何，當《關於現代性的哲學討論》出版時，哈伯瑪斯是當代西方哲學界第一個系統地捍衛、重建現代性理念的西方哲學家，而且從一定的意義上說，他的確是當代西方哲學界唯一的一個系統地捍衛、重建現代性理念的西方哲學家。其他一些哲學家也捍衛、重建現代性的理念，但是沒人像哈伯瑪斯那樣系統。因此，《關於現代性的哲學討論》展現了哈伯瑪斯在哲學探討中有一種敢於逆水行舟的理論勇氣，而這種理論勇氣反過來又折射出哈伯瑪斯對現代性理念的堅信。總之，從《關於交往行為的理論》，經過《道德意識與社會交往行為》，到《關於現代性的哲學

第一章　重建現代性與普遍理性理念的思想家
五、新的共同體認同概念與新的民主概念的嘗試

討論》，哈伯瑪斯在重建新的人類理性理念與現代性理念的道路上，呼風喚雨，引領風騷，帶領西方哲學走向新的革命。

五、新的共同體認同概念與新的民主概念的嘗試

在《關於現代性的哲學討論》出版的同一年，即 1985 年，哈伯瑪斯的另一著作《新的不確定性》（Die Nue Unübersichtlichkeit）也由 Suhrkamp 出版社出版。新的國家認同概念是一部政治哲學著作。在內容含量及影響方面，《新的不確定性》當然無法與《關於交往行為的理論》、《道德意識與社會交往行為》和《關於現代性的哲學討論》相比。但是，《新的不確定性》是哈伯瑪斯在 1980 年代探討民主問題的小試牛刀。哈伯瑪斯關於現代民主的更加系統、成熟的理論是在 1990 年代建立的，但它的建設起步於 1980 年代。《新的不確定性》是其起步的一個小宣言。從 1990 年代起，哈伯瑪斯把民主與法制作為現代國家的兩個基本標誌與社會政治生活的現代性的兩個基本標誌。《新的不確定性》孕育著哈伯瑪斯這一思想的雛形。在 1990 年代，哈伯瑪斯明確提出他的關於民主的著名的「後民族民主」概念，這一概念在《新的不確定性》中已經萌芽。

在思想和理論上，《新的不確定性》可以說是《關於現代性的哲學討論》的繼續或在政治理論上的發揮，正如《道德意識與社會交往行為》是《關於交往行為的理論》在道德哲學和道德生活上的發揮。如果說，《關於現代性的哲學討論》指出了在現代生活中，普遍理性、現代性的規範是共同人類認同，是合理的社會實踐的基礎，那麼，《新的不確定性》指出現代人應如何按照普遍理性、現代性的要求，發展自己的政治覺悟。其中，哈伯瑪斯提出了兩個帶根本性的命題和論斷。

第一，《新的不確定性》提出，在存在多元文化差異的特定歷史條件下，存在著國家認同、社會發展取向的新的嚴重挑戰。哈伯瑪斯認為，為迎接這些挑戰，我們應建立新的國家認同概念。他認為，國家認同的基礎是共同的民主價值和法律規範，而不是同一的民族（nation）種族性。也就是說，以前的祖國是建立在共同的

87

哈伯瑪斯
當代新思潮的引領者（修訂版）

血緣、族緣、祖先等基礎上，現在是建立在展現共同的民主價值和法律規範的憲法這一基礎上，傳統的愛國主義意識應由憲政愛國主義意識所取代。在當今多元化的世界裡，擁有共同的血緣、族緣、祖先等，即同一的民族（nation）種族的國家是不可能的。那麼，擁有不同的血緣、族緣、祖先等不同種族的人如何有共同國家認同呢？

第二，與此相適應，《新的不確定性》提出，在存在多元文化差異的特定歷史條件下，我們的人類集體概念也需要更新。哈伯瑪斯認為，人類集體存在的基礎是共同的民主價值和規範，而不是普遍的民族種族共性或同一性。也就是說，人類同存的基礎是道德規範認同、價值認同、真理認同、理性認同，而不是種族、血緣認同或者是某種自然存在和共性的認同。換句話說，人類集體不是一個種族的大團圓，而是不同文化、不同種族的民主生活建設者、參與者共同組成的家庭。

第一個命題和論斷可以說是哈伯瑪斯從現代性的角度對民族、祖國、國家等傳統理念的重建，雖然它是直接對當時德國所面臨的國家統一問題的歷史反應。統一前的德國必須回答一個問題，即統一後的德國將是一個什麼樣的國家？歐洲各國乃至世界各國都會面臨一個現實問題：未來的本國將是一個什麼樣的國家？

第二個命題和論斷可以說是從現在性的角度對傳統的人類、人類集體、人道等傳統理念的辯證的或黑格爾式的回歸。它是一個回歸，因為它重新強調普遍人性、普遍理性為人類共存的基礎。它不是簡單的回歸，因為它所強調的普遍人性、普遍理性是歷史地、全球地發展起來的，而不是天生的、內在的。在這裡，哈伯瑪斯是在使康德的人類集體的概念具體化。具體地說，康德的人類集體的概念是建立在人類理性認同，對人是目的、不是單純的工具這一理念的認同的基礎上。

顯而易見，在《新的不確定性》中，哈伯瑪斯的這些帶根本性的新思想都還是不完整、不系統的。但是，其革命性的貢獻是明顯的。從理念上說，它提出有關現代民主的兩類重大而又緊迫的問題：概念問題與正當性的證明問題；即什麼是現代民主與為什麼要強調現代民主兩類問題。如果哈伯瑪斯在《新的不確定性》中如上所述的第一個命題和論斷成立，那麼，未來具體國家的具體性的基礎是什麼？如果

第一章　重建現代性與普遍理性理念的思想家
五、新的共同體認同概念與新的民主概念的嘗試

＊　克洛德・莫內（Claude Monet）：「日出」。
　　日出宣告著早晨的到來，希望與挑戰的到來；一切在不確定性中開始。

第二個命題和論斷成立，那麼，我們將面臨一個實踐問題：在我們生活的這個多元文化差異的世界裡，歷史地、全球地發展起來的普遍人性（人道）、普遍理性是如何可能的？所以，哈伯瑪斯在這裡攀登的不是一個小山頭，而是又一座崇山峻嶺。

在理念上，在《新的不確定性》中，哈伯瑪斯也觸及到一系列敏感課題：民主與民族的關係，現代的國家或祖國概念，民主意識與民族意識，民族主義與愛國主義的關係，民主意識與歷史意識等。《新的不確定性》這一書的標題傳遞這一信號：我們需要重新認真地反思如上問題；我們以前對如上問題的既成與確定的答案已與時代精神不符；而我們現在對如上問題仍沒有確定的答案；從實踐的角度講，如上問題又是我們不能迴避的關於我們何去何從的問題；在這個意義上講，我們的未來正處於新的不確定性中。

值得注意的是，《新的不確定性》出版時，德國思想界與知識界正吹著一股新的民族主義的風，德國知識界對關於德國的國家社會主義這一段歷史如何定論的爭論已經開始。在這一歷史背景下，哈伯瑪斯在《新的不確定性》中關於民主與民族的關係、現代的國家或祖國概念、民主意識與民族意識、民族主義與愛國主義的關係、民主意識與歷史意識等一系列思想具有重大的指導意義。

在學術上獲得大豐收的同時，1985 年，哈伯瑪斯獲得德國慕尼黑市的斯可爾獎（Scholl Prize）和德國黑森州（The State of Hesse）的威爾海爾姆・勒斯諾獎章（Welhelm Leuschner Medal）。斯可爾獎 1980 年設立，以漢斯斯可爾和索菲亞斯可爾兩兄妹的名字命名，其全名是斯可爾兄妹獎。它每年在慕尼黑市的路德維希・馬斯米廉斯大學頒發，在那里斯可爾兄妹在大學大樓的陽台上散發反納粹的傳單時

哈伯瑪斯
當代新思潮的引領者（修訂版）

被捕，隨後被以積極參加抵抗納粹運動的罪名處予死刑。斯可爾獎是專門給予那些其著作具有思想的獨立性與原創性，支持公民的社會和政治自由，鼓勵道德與美學勇氣，幫助人們對當前社會文化問題提高覺悟的作家、學者和社會科學專家。評獎委員會高度評價了哈伯瑪斯的社會交往理論、現代性理論對當代社會科學的重大貢獻，也高度評價了推論主義或話語倫理理論對當代民主生活的貢獻。

對哈伯瑪斯來說，慕尼黑市的斯可爾獎還有精神安慰的作用，因為他在斯坦堡時，慕尼黑大學兩次拒絕給他榮譽教授的稱號。雖然慕尼黑市的斯可爾獎與慕尼黑大學的榮譽教授這兩件事毫不相干，但是，對哈伯瑪斯來說，獲得慕尼黑大學所在城市的社會科學研究獎是一種證明。更重要的是，它是對哈伯瑪斯多年來為德國的民主與自由所做的努力和貢獻的肯定。與此同時，哈伯瑪斯還獲得威爾海爾姆‧勒斯諾獎章。威爾海爾姆‧勒斯諾獎章是給予學術上有傑出貢獻的學者。哈伯瑪斯的摯友、法蘭克福佛洛伊德心理分析學研究所所長、海德堡大學心理學教授亞力山大‧米特舍理斯於1973年曾獲該獎。毫無疑問，哈伯瑪斯是社會交往理論、新現代性理論的奠基人，他獲得威爾海爾姆‧勒斯諾獎章當之無愧。

六、德國、歐洲的出路

從斯坦堡、慕尼黑到再次北上法蘭克福，哈伯瑪斯算是「三進宮」了。應該說，回到法蘭克福大學後，哈伯瑪斯的學術生活是豐富多彩和充實的：日常教研，參加各種各樣的學術會議，評價阿多諾、霍克海默、維根斯坦等，應邀為各種報刊雜誌寫文章，他所做的都是自己喜歡做的。但是，在法蘭克福大學，不像在馬克思‧普朗克科學技術世界的生活條件研究所，哈伯瑪斯沒有把自己關在學術的象牙塔裡。在學術上繼續攀登新的高峰的同時，哈伯瑪斯沒有忘記繼續關懷時世。

在1950年代與1960年代，哈伯瑪斯一直是積極關懷時世的公共知識分子。到1970年代，他沒有放棄關懷時世，儘管他沒有像1950年代與1960年代那樣較多與較深入地參與。當然，從1950年代末的激進民主主義者、激進的學生運動的鼓吹

第一章　重建現代性與普遍理性理念的思想家

六、德國、歐洲的出路

者,到 1960 年代末學生運動的理性批判者,再到 1980 年代理性化的公共知識分子,哈伯瑪斯的政治態度和思想正在發生一個深刻的變化。其中最主要的有兩個方面:

1. 他堅決主張哲學理論與政治活動的分離,反對哲學理論的政治化,即把哲學理論當做一種意識形態形式;
2. 他認為,激進、帶有暴力的政治運動,對 1970 年代的恐怖主義行動記憶猶新。

應該說,哈伯瑪斯關於理論應與政治活動分離的觀點與他關於哲學與意識形態有根本性的區別的思想一脈相承。而他反對暴力性的政治運動,與他對 1970 年代的恐怖主義和 1945 年之前納粹的暴行記憶猶新。

德國、歐洲的歷史,是充滿暴力的歷史。德國人、歐洲人傳統上崇尚暴力、武力。德國、歐洲的未來是一個暴力性的未來的可能性與前景不僅存在,而且高度存在。

再次北上法蘭克福,他關懷時世的公共知識分子的情懷再次燃燒。但他選擇了一條更加理性、和平的道路。當他回歸法蘭克福大學的時候,在聯邦德國

* 埃德蒙·貝理雅·雷頓(Edmund Blair Leighton):「繡旗」。哈伯瑪斯再次北上法蘭克幅時,歐洲大陸東西方由冷戰轉入熱戰的可能性正急遽提高。

哈伯瑪斯
當代新思潮的引領者（修訂版）

國內，兩德統一的呼聲綿延不斷，此起彼伏。兩德統一的腳步聲也步步逼近。與此同時，由於政府的變更，聯邦德國國內的一系列經濟、社會、政治、文化政策正在發生重大的變化。總之，一句話，聯邦德國正處於一個重要的十字路口。

與此同時，歐洲本身也孕育著巨大的風暴。今天，我們知道，這一即將到來的巨大的風暴在1980年代末終於到來，導致東歐社會主義的垮台。但在哈伯瑪斯再次北上法蘭克福時，歐洲大陸東西方由冷戰轉入熱戰的可能性由於美國總統雷根的對蘇政策而急遽提高。

在回到法蘭克福大學後不久，哈伯瑪斯就與自己最得意的弟子之一，當時的黑森州環保部部長（後任施羅德政府的德國外交部長）約瑟夫·菲舍爾（Joschka Fisher）組織了一個每月談政治論壇，每月邀請德國和鄰國的一些左派和社會主義者理論家就當前的德國和歐洲的政治提一些問題，並進行深入的討論。而哈伯瑪斯也利用這一論壇對國家、民族、社會、民主、理性政治等一系列問題發表自己的看法。

菲舍爾當時已是德國綠黨一顆正在升起的政治新星。德國綠黨是德國社會民主黨的政治同盟。自勃蘭特以來，德國社會民主黨有一個傳統，定期邀請德國國內的一些知識分子和專家就德國國內某些重大的社會、政治、經濟、法律、文化、藝術、宗教等問題進行深入的討論。南下斯坦堡之前，哈伯瑪斯就是這個論壇的常客。回到法蘭克福後，哈伯瑪斯準備繼續參加這一論壇。現在，他又與菲舍爾一起共同組織了綠黨的這一每月談政治論壇。這一方面有幫助弟子菲舍爾繼續成為德國政治上的後起之秀的意思，另一方面也是嘗試新的方式表達他（哈伯瑪斯）對德國未來的關懷，以便對當前的德國政治生活發生更大的影響。當然，他們的這個綠黨每月談政治論壇與德國社會民主黨的定期的社會政治文化論壇相互配合，相得益彰，而不是相互競爭，相互排斥。哈伯瑪斯雖然沒有公開說政治上他屬於哪一個政黨。但是，他與德國社會民主黨和綠黨兩黨的主要領導人的友好合作關係說明，作為左翼知識分子的他還是比較認同德國社會民主黨和綠黨兩黨的意識形態的。

當然，哈伯瑪斯所關懷的時事不只限於德國的社會、政治和文化，而是包括歐洲政治和世界政治。如上所說，此時正是冷戰的關鍵時期。歐洲政治迷霧重重，暗

第一章　重建現代性與普遍理性理念的思想家
六、德國、歐洲的出路

潮洶湧，戰爭的危險不斷增加。歐洲正處於一個重要的十字路口。

哈伯瑪斯是和平的堅定宣導者，是反對暴力、戰爭的先鋒。而他與歐洲人正面臨著一個嚴峻時刻與考驗。

哈伯瑪斯是歐洲統一的積極支持者，也是在全歐洲內發展憲政民主、自由、人權的積極鼓吹者。

因此，此時哈伯瑪斯比任何時候都積極利用他所說的公共空間，積極利用自己在歐洲知識界的地位，傳播理性、現代性、民主、自由、人權等信念。1984年11月受西班牙議會議長的邀請，他在西班牙議會上舉辦了關於民主、自由、人權的演講，宣傳他的憲政的民主歐洲的主張。當時的西班牙議會由西班牙社會主義工人黨所控制，該黨在西班牙1982年的議會選舉中獲得議會席位的絕大多數。西班牙社會主義工人黨的意識形態與德國社會民主黨的意識形態一樣，屬於左派自由主義。在社會參與方面，哈伯瑪斯做得最多的是給德國各主要報刊撰寫文章，加入對社會政治問題的公開討論。

此時的哈伯瑪斯在一系列國內、國際重大的社會、政治、法律和文化等問題上的立場雖然表面上仍然很左派，實質上很溫和、中庸，處處展現他的現代性和憲政愛國主義理念。一個顯著的例子是他1980年代中期關於公民的不服從政治（civic disobedience）實踐的立場。1983年，聯邦德國國內反對北約部隊在德國本土部署巡航導彈和潘興二號導彈發射基地的浪聲此起彼伏，哈伯瑪斯公開談論此時實踐公民的不服從政治的可能性與必要性。表面上看，他的實踐公民的不服從政治主張是一個很激進的左派主張。其實不然，在當時，這是一個溫和派的主張，是一個爭取「有理、有利、有節」的鬥爭主張。首先，從目的上看，哈伯瑪斯希望用公民不服從這一種較溫和、較理性的鬥爭方式取代更激進、激烈的遊行示威這種鬥爭方式。也許，我們會認為公民不服從這種鬥爭方式不見得會比遊行示威這種鬥爭方式更溫和、更理性。但是，在哈伯瑪斯看來，由於它的非暴力性，公民不服從本質上比遊行示威這種鬥爭方式更理性，這是不可否認的事實。其次，哈伯瑪斯所講的公民不服從實質上是一種有理、有節的鬥爭方式。1986年5月，他在與《星期》（Die Woche）

哈伯瑪斯
當代新思潮的引領者（修訂版）

* 埃德蒙·貝理雅·雷頓（Edmund Blair Leighton）：「授劍」。歐洲人傳統上崇尚武力，但是此時歐洲最不需要的是武力。

第一章 重建現代性與普遍理性理念的思想家
六、德國、歐洲的出路

雜誌的黑姆特海恩（Helmut Hein）的訪問談話中談到公民不服從時指出：

關於這個問題，有三點需要說明。第一，公民不服從不能根基於一個私人的、武斷的世界觀，而是在原則上要在憲法所界定的範圍內，要符合憲法。第二，公民的不服從要和革命性的實踐嚴格區分開來，也與暴亂嚴格區分開來，公民的不服從明確地拒絕暴力……第三，當然，對我來說，霍布斯（Hobbes）、卡爾·施密特（Carl Schmitt）或《法蘭克福人公報》所強調的守法為最高的，也是唯一的正當正統性準則的觀點是有問題的。我們需要知道，在什麼條件下，為了什麼目的，保持司法和平與穩定是必須的（不能講盲目的、無條件的守法）。

在這裡，哈伯瑪斯明確地提出了公民不服從活動的非暴力性，拒絕帶暴力的公共行動，這與他在 1960 年代末堅決反對學生運動中的暴力行動的態度完全一致。在公民不服從的守法與違法的問題上，他採取了中庸之道。一方面，公民的不服從要遵守某一國家的憲法或基本法，也就是說它以某一國家的憲法或基本法為基本規範，它是一種有節的鬥爭方式。另一方面，遵守或是違背某一具體法規，這要具體情況，具體分析，不能一概而論。換句話來說，在公民的不服從要不要遵守具體的法規這一問題上，哈伯瑪斯沒有一味強調規範，強調實事求是，運用理性。這裡，公民不服從可以在特定的情形下違背具體的法規，但是，無論如何它不能違背憲法或基本法。

不過，在某些問題上，哈伯瑪斯也不乏激進的觀點與態度。他是 1980 年代中期德國知識界中那場關於德國的納粹過去的爭論的主將之一。德國知識界對德國的納粹過去的蓋棺論定經歷了三個階段的轉變。1945-1960 年間，是保守主義占主導地位的時期。保守主義對德國的納粹過去蓋棺論定的基調是完全否定德國的納粹過去，但是同時又拒絕為納粹主義承擔責任，強調德國是為納粹主義所誘惑，納粹主義只是德國歷史上的一個偶然現象。這段時間，冷戰的壓力也使德國人的注意力不放在德國的納粹過去上。在 1960-1970 年代，多少帶些反叛色彩，年輕一代的知識分子對納粹德國這一段歷史表現出濃厚興趣，對納粹帝國和威瑪德國的社會和經濟成長，德國的社會進步歷史表現出濃厚興趣，指出德國此時的脫離西方民主的傳統，它的

哈伯瑪斯
當代新思潮的引領者（修訂版）

特殊道路，強調德國對納粹主義所負的更大的政治責任。1980年代，新保守主義抬頭的時期。新保守主義強調德國應拋棄那種歷史的「犯罪感包袱」，輕裝上陣去面對眼前的真正敵人：共產主義。

　　1980年代中期，德國知識界的歷史爭論達到沸騰點。1985年5月，德國歷史學家馬丁·布羅斯札特（Martin Broszat）在《神話》（Merkur）雜誌上發表了一篇題為「國家社會主義的蓋棺論定」的文章。該文提出了一個敏感的問題：如何正確對待德國國家社會主義這12年（1933-1945）的歷史？1986年初，恩斯特·諾爾特（Ernst Nolte）在《法蘭克福人公報》發表「一個不想冒犯的過去，一個待寫但不能保持的定論」一文，進一步強調要勇敢地承認德國的國家社會主義這段歷史，它的一些錯誤和人類歷史上的一些錯誤沒有本質的區別。1986年4月，（聯邦）德國著名的歷史學家麥可·斯圖墨（Michael Stürmer）也在《法蘭克福人公報》上發表一篇文章，強調（聯邦）德國應勇敢地承擔起其對當今世界的政治、經濟責任。因此，德國應重新認識和建設其歷史和文化傳統，重新恢復其民族自信和驕傲。在強調德國和德國人應按照非常規的標準來看待德國自我、國格與個性的幌子下，斯圖墨建議德國和德國人應以修正主義的眼光來看待德國歷史，包括納粹時期的現代史。本質上，斯圖墨是在建議德國和德國人應樹立起德國傳統的優越感，樹立起文化和種族認同，因此建立新的國家主義。斯圖墨當時是德國總理科爾的發言稿起草人，其文章具有重大的影響。難怪，斯圖墨的建議得到了許多史學家的迎附。修正主義的浪潮此起彼伏。

　　哈伯瑪斯毫不遲疑地加入德國這一全國範圍內的對這一歷史問題的社會爭論，堅決反對歷史和文化修正主義。在他從1986年到1987年公開發表的一系列文章中，他與修正主義的德國歷史學家進行了直接的交鋒，其中與邁克·斯圖墨、克勞斯·希爾德伯朗德（Klaus Hildbrand）、恩斯特·諾爾特（Ernst Nolte）、安德列斯·希爾格魯伯（Andreas Hillgruber）和莊辛恩·舍勒布拉深（Joachim Celebration）等人的交鋒是公開、激烈與深度的，其中也不乏精彩。例如，斯圖墨在討論中引用哈伯瑪斯自己提出的哲學問題：正經歷自我身分認同危機的、反抗的、

第一章　重建現代性與普遍理性理念的思想家
六、德國、歐洲的出路

＊　無名氏：「歷史學習」。威廉・福克納（William Faulkner）：「過去從未死亡。它甚至從未是過去」。

異化的現代個人相互之間的社會整合是如何可能的？斯圖墨認為，為了促進這樣的整合，歷史學家們應修正歷史，因而促進與時俱進的民族自我意識的形成。斯圖墨提出功用主義的現代性觀念，即為了促進社會的整合與統一，應從功用主義的角度，重新定義一些事物的社會意義，拋棄啟蒙運動的理想。哈伯瑪斯認為，修正歷史，製造虛偽的社會意義，不能帶來真正、穩定的社會整合，而只會誤導人們，加深社會異化。1986年6月6日，恩斯特・諾爾特（Ernst Nolte），海德格曾經的學生，在一篇文章中試圖為納粹的暴行做一些無恥翻案時，哈伯瑪斯毫不留情地進行了反擊。諾爾特在這一篇文章中問道：「是否是，納粹、希特勒實行大屠殺，這是因為他們覺得他們與他們的人是潛在可能的大屠殺的對象？」哈伯瑪斯毫不客氣地指出，諾爾特在玩弄手腕，他的理論是在無恥地為納粹的暴行找藉口。遺憾的是，在這一

哈伯瑪斯
當代新思潮的引領者（修訂版）

爭論中，哈伯瑪斯沒有使用「反人類罪」一詞。即使是哈伯瑪斯這樣一位世界著名的哲學家，也不能不是德國人。

1987年，哈伯瑪斯把他在各個公開場合所表達的觀點收錄在《一種彌補損傷的辦法》（Eine Art Schadensabwicklung）一書中，該書由 Suhrkamp 出版社在這一年出版。在《一種彌補損傷的辦法》中，他堅決否定在這問題上的修正主義歷史觀，而且明確提出憲法愛國主義與斯圖墨的德國自我和種族認同的觀點針鋒相對。如前面提到的，憲法愛國主義的核心思想是國家認同的基礎是共同認同確立的民主價值和生活規範，而不是同一的民族（nation）種族性，共同認同和確立的民主價值和生活規範展現在共同認同和確立的國家的憲法上。因此，以前的祖國是建立在共同的血緣、族緣、祖先等之上，現在是建立在展現共同的民主價值和生活規範的憲法上，國家認同是憲法認同，愛國主義進步為憲法愛國主義。哈伯瑪斯說：「唯一的不使我們與西方（民主國家）疏遠的愛國主義只能是憲法愛國主義。當然，不幸地，只是在奧斯威辛之後，對堅持普遍的憲法原則的堅信才成為德國民族的文化的一部分。」

哈伯瑪斯這裡所說的普遍憲法原則指的是戰後的德國基本法所展現的諸如自由、平等、正義、人權等普遍原則。戰後的德國基本法無條件地譴責以奧斯威辛大屠殺為典型的納粹法西斯暴行，譴責極權政治的非正義性，重新強調自由、平等、正義、人權等原則的道德普遍性。所以，哈伯瑪斯認為，戰後的德國基本法所展現的人類普遍原則與價值是聯邦德國政治、文化、道德發展的價值取向的指南針。他指出：「我們的愛國主義不能忽視這一事實，即，只是在奧斯威辛大屠殺之後，也就是只有在這一道德災難的震撼之後，民主才在德國公民，至少是年輕一代的德國公民的意識中扎下根來。」當1945年哈伯瑪斯第一次了解到奧斯威辛大屠殺的真相時，他在靈魂深處是如何經歷了一次痛心疾首的大地震。在這場歷史爭論中，哈伯瑪斯的立場與這一經歷有千絲萬縷的關係。正如他自己所說：現代歷史固定在1933年至1945年這一時期；它沒有超越它自己的歷史境界；它始終與那些敏感性與反應有千絲萬縷的關係，始終是同一個出發點：對奧斯威辛出來的那一堆堆森森白骨的記憶。

第一章　重建現代性與普遍理性理念的思想家
七、與法國後現代主義哲學家的恩怨

在這場歷史爭論中，哈伯瑪斯不僅明確地表達了對德國何去何從，應如何看待自己的過去，現在和將來的深切關懷，而且提出了激進的、前衛的德國和德國人的自我意識，即民主性的、自省性的德國意識。值得一提的是，即使是今天，他所宣揚的激進的、前衛的德國和德國人的自我意識和憲法愛國主義仍然是陽春高曲，和者甚寡。在當時，就更是如此。儘管如此，在這問題上，他仍然是千山我獨行。

在 1980 年代中期捲入這一歷史爭論的德國知識等各界名人中，唯有魯道爾夫·奧古斯特史彤（Rudolf August Stone）、卡爾·迪雷斯（Karl Dierich）支持哈伯瑪斯的立場，而支持布羅斯札特、諾爾特和斯圖墨立場的知識界名人包括米莎·布盧米爾克（Micha Brumlik）、瓦爾特·尤斯吶（Walter Euchner）、莊辛恩·舍勒布拉深（Joachim Celebration）、荷爾穆特·弗萊舍（Helmut Fleischer）、艾米爾·蓋斯（Imanuel Geiss）、漢挪·荷爾伯林（Hanno Helbling）、克勞斯·希爾德伯朗德（Klaus Hildbrand）、安德列斯·希爾格魯伯（Andreas Hillgruber）、艾伯哈德·蔡克爾（Eberhard Jäckel）、約根·可克卡（Jürgen Kocka）、羅伯特·易西（Robert Easy）、理查德·洛文塔爾（Richard Löwenthal）、克里斯蒂安·麥爾（Christian Meier）、漢斯·莫姆森（Hans Mommsen）、沃夫崗·穆恩深（Wolfgang J. Mommsen）、湯瑪斯·尼坡德（Thomas Nipperdey）、黑根·舒爾滋（Hagen Schulze）等。

無論如何，在這場歷史爭論中，哈伯瑪斯展現出蘇格拉底式哲學家的風骨與思想銳利，展現出蘇格拉底式哲學家與公共知識分子的良知與反潮流精神。

七、與法國後現代主義哲學家的恩怨

1980 年代後期，哈伯瑪斯積極發展與世界各國的同事的學術合作，其足跡遍及美國、英國、前蘇聯（莫斯科）、以色列（耶路撒冷）、墨西哥（墨西哥城）、阿根廷（布宜諾斯艾利斯）、荷蘭（烏特勒支）、前南斯拉夫（貝爾格勒）等國家和地區。他的學術活動的重點課題仍然是現代性問題與社會交往理論。

哈伯瑪斯
當代新思潮的引領者（修訂版）

　　1986 年 10 月 1-2 日，哈伯瑪斯受邀在美國哈佛大學做了當年的塔納哲學講座系列（Tanner Lecture）。他的講座的主題是人類共同價值以及道德和法律的關係。在講座中他指出，問題的核心可以這樣來表述：一方面，法律的基礎不再是那些超級和諧的自然定律，也不再是來自某種超然存在；另一方面，法律不能不具有道德基礎，否則，法律將失去其非工具性的一面，公平的法律判斷也變得不可能，即使存在也不穩定。因此，法律不能不具有道德基礎。他因此進一步指出，合理、穩定的法律的道德基礎是在（基於交往理性的）普遍人類理性指導下建立起來的人類共同社會和道德規範與價值觀念。在其塔納哲學講座中，哈伯瑪斯指出當代後現代主義的法律觀雖然有一些精闢的見解，但是在總體上是站不住腳的，也是危險的。哈伯瑪斯在哈佛大學的塔納哲學講座系列為他後來的哲學名著《事實與規範》定下了基調。

　　值得注意的是，在哈佛大學的塔納哲學講座系列中，他雖然強調法律與道德緊密相連，合理法律的道德基礎是在交往理性指導下建立起來的人類共同道德規範與價值觀念，但是哈伯瑪斯在《事實與規範》中把法律與道德關係視為是平行的。在法律與道德關係問題上，哈伯瑪斯不同於康德。康德把法律與道德關係視為是隸屬關係，法律是道德的僕人。在《事實與規範》中，哈伯瑪斯也不認為法律規範的正當合法性的源泉是它符合道德規範，而認為法律規範的正當合法性的源泉是民主的立法過程本身。在法律規範的正當合法性的源泉問題上，哈伯瑪斯也不同於康德。康德把法律規範的正當合法性的源泉歸結於法律的道德性。

　　在與世界各國的同事擴大哲學交流的同時，哈伯瑪斯也陷入了與法國哲學同行們全面的哲學戰爭。可以說，哈伯瑪斯與現代法國後現代主義哲學家的恩怨是一個說不完的故事。1985 年，哈伯瑪斯的《關於現代性的哲學討論》的出版使這一故事達到一個小高潮。在《關於現代性的哲學討論》中，哈伯瑪斯對現代法國後現代主義哲學家關於現代性與後現代性的批判使包括德希達、李歐塔在內的後現代主義哲學家大為光火，而哈伯瑪斯得理不饒人的姿態更是火上加油。

　　也許，把傅柯歸為後現代主義者是一個冤案。傅柯本人堅決拒絕後現代主義者

第一章　重建現代性與普遍理性理念的思想家
七、與法國後現代主義哲學家的恩怨

這一身分。首先，傅柯本人並不否認理性理念的價值與意義。如前面提到，他指出：「自18世紀以來，西方哲學與批判思維的中心問題一直都是，今後也將繼續是，什麼是我們所使用的理性？它的歷史作用是什麼？它的局限在哪裡？它的危險是什麼？」在這段話中，傅柯並不否認理性理念的理論與實踐價值與意義，而是強調要注意理性的多元性，理性的歷史性。即強調中國哲學所講的理一分殊中的殊。其次，傅柯並不否認真理理念的理論與實踐價值與意義，雖然他強調現實生活中，真理不可能是純粹的，只能是歷史的，產生於現實生活，又與現實生活的各方面糾纏不清。

哈伯瑪斯與傅柯在權力、合法性、理性、現代性、倫理、法制、市民社會等一系列問題的哲學見解上針鋒相對，但不失私人之間的友好。傅柯以如下理念出名：

1. 理性的多元性，如家族系譜差異性；
2. 知識、權力體系或王國概念；
3. 真理的政治經濟學；
4. 制度把人物體化的功能，即是人變成某種存在的功能，如監獄這一制度造就犯人這一類人，與制度把人客體化的功能，即劃分於某些既定範疇，使人客體化為這些範疇所代表的客觀存在的功能；
5. 對意識形態的批判；
6. 對現代歐洲啟蒙運動所宣楊的現代性的剖析與批判；
7. 對被他稱為「啟蒙運動敲詐勒索」的批判；
8. 合法性的家族系譜源泉。

傅柯的如上理念當然難以得到哈伯瑪斯的認同。其中，知識、權力體系或王國概念與真理的政治經濟學更是傅柯的標誌性概念。傅柯驕傲地宣稱：

真理並不是在權力之外或缺乏權力。與一個其歷史與功能將被以後的研究所證明的神話相反，真理不是對自由精神的獎賞，不是閉關自修的產物，也不讓那些已成功地解放自己的人享有優先權。真理是這個世界裡的東西：它在這個世界的多種限制中產生。它通常被權力影響著。每個社會有其真理王國，它的關於真理的「一般性政治」：即它所接受的真理的類型，它區別真假聲明的機制，它對待真假聲

哈伯瑪斯
當代新思潮的引領者（修訂版）

明的工具，它對所獲真理定價的技術與過程，它被賦予對真假聲明做出決定的人的地位。

與此相適應，傅柯的真理的政治經濟學具有如下基本思想：
1. 真理以它的科學討論形式和造就它的制度為中心；
2. 真理受經濟的限制；對於政治權力來說，真理與知識是作為大社會、經濟生活的一部分來生產的；
3. 真理是社會消費對象；
4. 真理是在一個大政治經濟機制的控制下生產與傳播的；
5. 真理將被進一步地討論。

因此，傅柯認為，對知識分子來說，首要的任務不應是試圖從某種科學立場批判意識形態，而是改良真理政治或知識、權力王國。

哈伯瑪斯強調理性的完整性，理性規範的普遍性。儘管哈伯瑪斯認為傅柯對制度、意識形態的分析與批判有過人之處，傅柯真理的政治經濟學也顯示一些真知，但是哈伯瑪斯拒絕傅柯把理性的理論等同於權力的理論。哈伯瑪斯同情傅柯對啟蒙運動所宣揚的現代性的批判，也對傅柯所講的「啟蒙運動敲詐勒索」有同感。但是哈伯瑪斯堅持現代性的規範性。

哈伯瑪斯與傅柯的哲學思想也有共同之處。兩人都認為，人類理性是「這個世界的東西」。兩人都稱自己的哲學思維是後本體論的思維。兩人都對意識形態對真理的歪曲進行批判。傅柯明確拒絕別人給他的「後現代主義者」的標籤。這使他與哈伯瑪斯具有更多的共同哲學語言。兩人也計畫與準備在美國舉行一次正式的哲學辯論。1984年，傅柯意外地去世。這使哈伯瑪斯與傅柯之間計畫與準備的美國辯論無疾而終，哈伯瑪斯與傅柯的有成效的哲學交流突然終止。

傅柯哲學至少在如下幾方面對哈伯瑪斯有啟發。第一，哈伯瑪斯認同傅柯對歐洲啟蒙理性的專制性的批判。傅柯的批判與霍克海默和阿多諾在《啟蒙的辯證法》一書中對歐洲啟蒙理性的專制性的批判異曲同工。因此，傅柯哲學加深了。第二，哈伯瑪斯認同傅柯對知識、真理與政治的關係的剖析。第三，像尼采一樣，傅柯強

第一章　重建現代性與普遍理性理念的思想家
七、與法國後現代主義哲學家的恩怨

調倫理的生活方式、道德的生活方式以及審美的生活方式的非規範性。這一點,哈伯瑪斯不認同。因此,在這一點上,傅柯哲學成為哈伯瑪斯的反面教材。哈伯瑪斯後來提到,所謂的「哈伯瑪斯與傅柯之爭」並不存在,他與傅柯之間沒有真正的分歧;相反,他們是好朋友;1982年,傅柯甚至邀請他與他的夫人訪問法國;傅柯個人給他的印象很好;他與傅柯之間的區別是他來自康德、黑格爾傳統,因而注重規範性與合理性。

傅柯意外地去世不僅使哈伯瑪斯失去了一位尊敬的哲學對手與朋友,而且使他失去與法國哲學同行之間的和平維繫。眾所周知,大多數法國當代著名的哲學家宣揚後現代主義。除傅柯外,法國當代後現代主義哲學家與哈伯瑪斯的關係是水火不相容的關係。

《關於現代性的哲學討論》出版後,哈伯瑪斯首先與法國哲學家德希達之間爆發了一場語言尖酸刻薄、思想針鋒相對的爭論,以致歐洲的兩位最有影響的哲學家竟拒絕相互來往很長時間。在《關於現代性的哲學討論》中,哈伯瑪斯用了一章(「超越時代化的起源哲學:德希達」)的篇幅專門討論德希達的哲學。德希達對哈伯瑪斯的批評極度惱火,以極端尖酸刻薄的語言回應道:像他(德希達)的許多批評者一樣,哈伯瑪斯指控他(德希達)使哲學降級為文學,使邏輯降級為語言遊戲的時候,明顯地沒有認真讀他(德希達)的文著,並拒絕接受哈伯瑪斯的對話。兩人之間的冷戰直到2001年美國的「911事件」才結束,此是後話。

其他法國著名的後現代主義者,特別是後現代主義的開山祖師讓‧弗朗索瓦‧‧李歐塔(Jean François Lyotard)等也紛紛加入戰團。李歐塔在一系列的報刊文章、哲學講座中對哈伯瑪斯的哲學進行了一系列的尖銳攻擊,有些語言也不乏德希達式的尖酸刻薄。李歐塔認為,哈伯瑪斯所謂的新現代性,與對於啟蒙運動的現代性概念相比,是換湯不換藥。李歐塔認為,啟蒙運動現代性概念的兩個致命缺陷在哈伯瑪斯所謂的新現代性概念中保留無遺,即強調總體,否定個體,強調普遍性,否定特殊性。而啟蒙運動現代性概念不僅已被證明是專制的,而且被證明是行不通的。李歐塔認為,哈伯瑪斯哲學的關於現代性的大故事與啟蒙運動現代性概念一樣早已

哈伯瑪斯
當代新思潮的引領者（修訂版）

＊　約翰尼・里斯（Johann Liss）：「法厄同的墜落」。

第一章　重建現代性與普遍理性理念的思想家
七、與法國後現代主義哲學家的恩怨

貧困破產。李歐塔宣稱：後現代主義者就是不信哈伯瑪斯式與各種各樣的大故事；就是要對總體性思維發動全面戰爭。

另外一些較溫和的後現代主義者諸如菲力浦拉科‧拉芭舍（PhilippeLacoue-Labarthed）等雖然認為像李歐塔這樣對哈伯瑪斯的惡毒攻擊有些欠妥，但是他（她）們也公開地、堅決地拒絕哈伯瑪斯對後現代主義的批評以及哈伯瑪斯的現代性理念。而哈伯瑪斯方面，他對法國後現代主義者的攻擊也進行了同樣毫不留情的反擊，語詞也不乏激烈，甚至尖酸刻薄。因此，1980年代後期，德法兩國的兩個針鋒相對的哲學傳統的哲學家捲入了一場曠日持久的哲學戰爭。

在理念上，哈伯瑪斯與包括德希達、李歐塔在內的後法國現代主義哲學家確實大相徑庭，格格不入，難以共存。這主要在如下方面：

第一，哈伯瑪斯哲學以強調規範性為招牌特點。如前所說，強調規範性是後形上學式思維的特點之一。而法國後現代主義哲學的核心思想之一是歌頌非規範性，歌頌李歐塔所稱的「前衛性」。李歐塔因此甚至把後現代性視為是現代性的初生態，即不具規範性的初生態。李歐塔還說：「後現代主義將把不可介紹、見不得人的東西置在現代主義可介紹、見得人的東西的地方……一位後現代主義藝術家或作家處於一個哲學家的地位：他或她所寫的東西，所創造的作品不為已經建立起來、成為規範的條例所約束，也不能透過通常使用的範疇對它作鑑定。」李歐塔這種對規範性的抵抗與造反，對規範性的歌頌是與哈伯瑪斯哲學對規範性格格不入的。

第二，哈伯瑪斯哲學強調在規範性基礎上的總體思維的完整性、一致性。而法國後現代主義哲學的核心思想之一是拒絕思維的總體、一致性。李歐塔對後現代性的著名定義是：後現代性是對大總體故事的不相信。李歐塔所謂的「大故事」指的是理論概括，理論建設。還有，李歐塔宣稱：「讓我們發動對總體的戰爭。讓我們做不可介紹、見不得人的東西的證人。讓我們啟動差異性。」

第三，與如上相適應，哈伯瑪斯哲學強調規範，標準的普遍性。法國現代主義哲學的核心思想之一是拒絕規範，標準的普遍性，強調生活與研究的特殊性與當地性。

哈伯瑪斯
當代新思潮的引領者（修訂版）

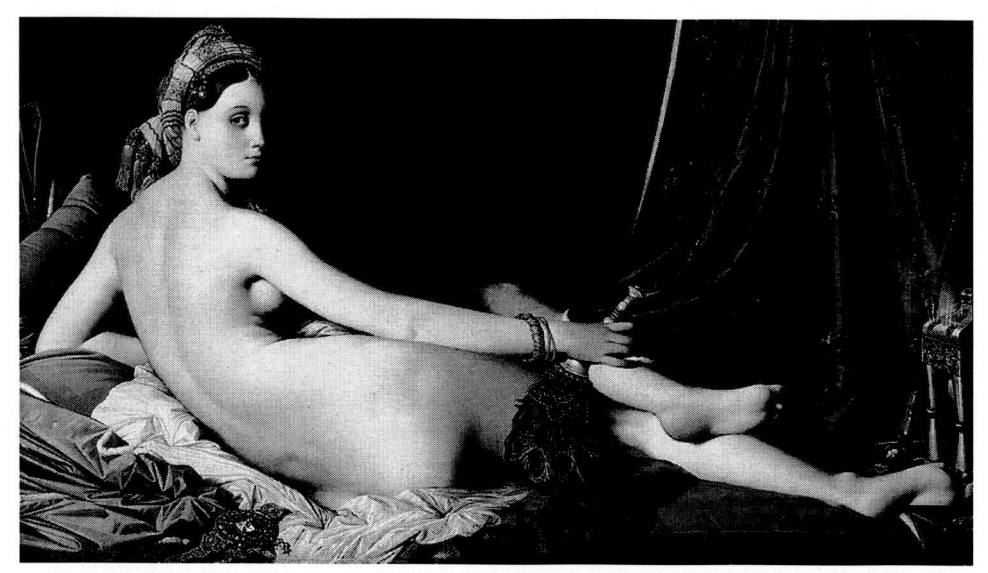

＊ 吉恩・奧古斯特・多米尼克・安格爾（Jean Auguste Dominique Ingres）：「仕女圖」。圖中女子的腰超比例地過長，臀部也超比例過大，也很冷淡。但是，這種身體部位的不對稱、不和諧卻創造出一種超然的美。而此女子的冷淡卻給人一種薛寶釵式的「任是無情也動人」之美。法國後現代主義哲學的核心思想之一是歌頌非規範性，歌頌李歐塔所稱的「前衛性」。

第四，與如上相適應，哈伯瑪斯哲學與法國後現代主義哲學有不同的合法性、有效性概念。哈伯瑪斯哲學強調合法性，有效性的普遍性；而法國後現代主義哲學堅持合法性，有效性的特殊性、本地性。

第五，在政治思想上，哈伯瑪斯哲學屬於自由主義的陣營，而法國現代主義哲學屬於後保守主義的陣營。

所以，哈伯瑪斯與包括德希達、李歐塔在內的後法國現代主義哲學家是真正的由於「道不同」而「不可以同謀」，雖然傅柯可以算是一個例外。除非哈伯瑪斯與後法國現代主義哲學家懂得寬容，否則他（她）們難以共存。

1988 年，哈伯瑪斯榮獲設立在丹麥哥本哈根大學的索寧獎（Sonning-Preis）。索寧獎是歐洲最重要的人文獎之一。它每兩年頒發一次，是專門獎勵那些為歐洲文化做出傑出貢獻的人物的。在決定把索寧獎授予哈伯瑪斯時，評獎委員會高度評價

第一章　重建現代性與普遍理性理念的思想家
八、面對變化中的世界

了哈伯瑪斯的社會交往理論，現代性理論對當代歐洲文化的發展所做出的傑出貢獻，引導了當代歐洲思想的發展，是當代歐洲最傑出的思想家之一。哈伯瑪斯是多年以後首位德國學者再次獲得這一殊榮。同年，他成為設在倫敦的歐洲學院正式院士以及設在貝爾格勒的塞爾維亞科學院非常駐院士。成為塞爾維亞科學院非常駐院士應該說是對哈伯瑪斯對南斯拉夫哲學社會科學的貢獻的一個承認。哈伯瑪斯當時與南斯拉夫實踐派有深入的學術合作，他的思想對後者也產生了深刻的影響。這一年，即 1988 年，哈伯瑪斯受美國加州大學柏克萊分校的邀請，做了加大柏克萊分校當年的豪威森哲學講座系列（Howison Lecture）。

1989 年，哈伯瑪斯繼續獲得一系列的榮譽博士頭銜，其中包括：以色列耶路撒冷大學的榮譽博士頭銜，德國漢堡大學的榮譽博士頭銜，阿根廷布宜諾斯艾利斯大學的榮譽博士頭銜。1990，他榮獲荷蘭烏特勒支皇家大學的榮譽博士頭銜。哈伯瑪斯與這些院校的哲學、社會學或法學的同事並沒有任何深入的學術合作，獲得這一系列的榮譽博士頭銜表明哈伯瑪斯的社會交往理論、現代性理論在國際學術界繼續不斷地得到認同，也表明他的哲學思想的深遠影響。從歐洲到中東，哈氏哲學不斷地成為一個國際品牌。

八、面對變化中的世界

1988 年，哈伯瑪斯的《後本體論式思維》（Nachmetaphysisches Denken: Philosophische Aufsätze）由 Suhrkamp 出版社出版。《後本體論式思維》的出版是哈伯瑪斯哲學思維方法的正式註冊。自 1970 年代初以來，哈伯瑪斯哲學思維一直是後本體論式思維即後形上學式思維。《後本體論式思維》的出版是這一哲學思維模式的正式註冊標號。

表面上看，無論從內容還是結構上，《後本體論式思維》都是一本關於語言、文化的哲學著作。它探討了 20 世紀哲學思索的語言轉向的得失，討論了哲學的後本體論思維的概念。這裡，本體論式思維指柏拉圖、亞里斯多德、黑格爾式的思維。

哈伯瑪斯
當代新思潮的引領者（修訂版）

其特點是設想一個超然本體或自然本體的存在。柏拉圖的客觀形式與客觀形式世界，黑格爾的絕對精神的先驗邏輯是超然本體或自然本體的範本。與本體論式思維相反的是反本體思維。反本體論式思維的特點是否認一個超然本體或自然本體的存在，並以此否認為思想出發點。但是，後本體論式思維不是反本體論式思維。後本體論思維一方面強調認識真理思想、價值觀念、意義概念、道德規範等對語言、文化的依賴，另一方面又強調認識真理思想、價值觀念、意義概念、道德規範的普遍性和超越性。後本體論式思維並不否認本體的存在，也不從否認本體存在及特性出發。它只是把本體閒擱起來，更不以本體存在或本體的某些特性為出發點。這裡，哈伯瑪斯對後本體論式思維的強調與海德格對形而上學的克服不同。具體表現在如下幾個方面：

　　第一，海德格對形而上學的克服是以文化本體替代本體論式思維，指柏拉圖、亞里斯多德、黑格爾式的客觀自然本體或現代啟蒙運動的個人主體。如在海德格的《本體論的介紹》中，「人民」這一本體取代「個人」作為本體存在。與此相比較，哈伯瑪斯對後本體論式思維的強調是把思維的中心與出發點從本體轉到非本體，如過程與規範。

　　第二，海德格對形而上學的克服包含著對理性超越性的否定，它導致海德格以文化性取代形而上學性與超越性。與此相比較，哈伯瑪斯對後本體論式思維的強調從新的起點捍衛理性的超越性與普遍性。

　　第三，海德格對形而上學的克服導致思想規範性的邊緣化。與此相比較，哈伯瑪斯對後本體論式思維的強調使思想規範性成為中心。

　　第四，在政治思想上，海德格對形而上學的克服為保守主義與後保守主義奠基。與此相比較，哈伯瑪斯對後本體論式思維的強調為自由主義鋪路。

　　無論如何，哈伯瑪斯對後本體論式思維的強調與海德格對形而上學的克服有本質上的不同。事實上，一個偶然的巧合是，哈伯瑪斯早年是以批判海德格對形而上學的克服而闖進德國哲學界的。當然，早年，海德格也曾給予哈伯瑪斯「內在批判」這一哲學概念與真知灼見。

第一章　重建現代性與普遍理性理念的思想家

八、面對變化中的世界

哈伯瑪斯對後本體論式思維的強調使他能從容應對隨後發生的世界巨變。1989年11月9日，東德（原民主德國）的和平民主革命取得勝利，分離東德（原民主德國）和西德（原聯邦德國）的柏林牆開放，民主德國垮台，這樣，德國在經歷50年的分裂後終於再次統一。哈伯瑪斯歡呼這一革命，同時又擔心民主革命的勝利使德國忽視了本身的、由資本主義制度所造成的社會問題和矛盾。他尤其擔心，由於民主革命的勝利和民主德國垮台，人們把聯邦德國理想化，作為西方民主的完美模範。同時，他清醒地意識到，兩德統一的過程中，西德（原聯邦德國）在經濟、政治等各方面正把東德（原民主德國）殖民化。

在1989年11月23日，即11月9日柏林牆開放後的兩個星期，他在一次公開的訪問談話中說：

我來自一個離柏林很遠的，萊因河邊的新教徒角落。我們家在（原）東德沒有親戚……另一方面，直到15歲，我生活在德國帝國，的確，大德國帝國。由於上述原因，1989年11月9日（柏林牆開放）這一歷史事件引起我的許多個人回憶……其中最重要的……民主德國（東德）的消亡引起對另一個過去的回憶，無論我們對前史或過去是否有個人的回憶，包括對不應作為未來模式，不應對現在有任何支配力的過去的回憶。

這一談話後來被整理成《過去作為未來》一書，在1990年由Suhrkamp出版社出版。

1990年5月，兩德簽署財經協定，確定兩德貨幣的1：1兌換比率。1990年7月，兩德經濟上統一。1990年9月12日，戰勝四國（英國、法國、前蘇聯和美國）和東西德兩方，簽署協定，為兩德政治上的統一最後鋪路。1990年10月3日，兩德政治上正式統一。這一年，即1990年，哈伯瑪斯的《補救的革命》（Die Nacholende Relution）由Suhrkamp出版社出版。

正如它的題目所示，《補救的革命》把1989-1990年間發生在民主德國的民主革命視為是補救式的革命。一方面，民主德國的民主革命的勝利本質上是理性的勝利，這一勝利是對在此之前理性在民主德國被踐踏的一種補救。另一方面，理性

哈伯瑪斯
當代新思潮的引領者（修訂版）

在民主德國民主革命中的勝利又是在理性在西方民主有些衰退的情況下發生的，它重樹啟蒙運動的理性民主思想。所以，發生在民主德國的民主革命是補救式的革命，它是對理性的補救。在《補救的革命》中，哈伯瑪斯警告應認真對待兩德快速統一所帶來的一些負效果。從程序上說，由於沒有經過公投，兩德統一並不是建立在兩德公民的民主意志的基礎上的。這實際上使兩德統一成為事實是東德被吞併，由此帶來一系列諸如移民、平等、人權等社會問題。缺乏後本體論式思維使德國人看不到真正的問題。事實上，後來德國統一後所出現的問題證明哈伯瑪斯的警告的預見性。

與此同時，哈伯瑪斯還警告德國人應防止民族沙文主義的死灰復燃。他說：「奧斯威辛大屠殺應使德國人記住，無論他們在德國的哪一個地區定居……他們都不能依靠他們的歷史的連續性。隨著連續性的災難性地中斷，德國人只能以國家公民的普遍原則作為他們的政治身分的基礎，以這為基礎，德國人不能對國家民族傳統缺乏批判性的反應，而應批判地理解和揚棄。」他批判所謂的偉大德國或德國為歐洲中心的特殊民族主義意識，毫不留情地把關於宣揚這一意識的言論斥為極大的謊言。

這裡，哈伯瑪斯強調，德國人應以後本體論式思維重新檢查德國人的概念，德國公民的身分，認識到天已變，道亦變，不能用新瓶裝舊酒，穿新鞋，走老路。德國人必須從本體論式思維中解放出來。

第二章　引導民主、正義與憲政思潮的大師
八、面對變化中的世界

第二章
引導民主、正義與憲政思潮的大師

　　哈伯瑪斯是 20 世紀末 21 世紀初最重要、影響最大的哲學家，這是西方哲學家和知識界學者的共識。他在 1980 年代的一系列哲學思想的突破性的貢獻，不僅對歐洲的思想產生了深刻的影響，而且引導出西方哲學的一系列巨變。例如，他對人類理性理念與現代性理念的重建使人類理性理念在西方哲學的命運澈底改變，從此守得雲開日出。而西方哲學對現代性與後現代性的討論也洗牌重來。他的話語倫理道德哲學的橫空出世，與康德倫理道德哲學、黑格爾倫理道德哲學，組成了一個完美的肯定──否定──否定之否定的發展圈。話語倫理道德哲學本身被西方哲學的迅速擁戴改變了西方哲學界倫理道德哲學的格局。再如，就西方哲學的整體格局來說，哈伯瑪斯批判哲學的勢不可擋，與此前 20 世紀歐洲大陸哲學僅作為邊緣哲學在西方哲學界掙扎生存形成一個鮮明對比，也改變了歐洲大陸哲學與分析哲學的關係，打破了後者在西方哲學的壟斷地位。談到哈伯瑪斯的貢獻，我們不能不特別指出他對歐洲新思想的引導；我們不能不特別指出哈伯瑪斯的社會交往理論，現代性理論對

哈伯瑪斯
當代新思潮的引領者（修訂版）

當代歐洲文化的發展所做出的傑出貢獻，引導了當代歐洲思想的發展。

不僅如此，在 1980 年代的一系列哲學成就的基礎上，哈伯瑪斯在 1990 年代又繼續取得一系列重大與影響深刻的理論建樹：話語法律哲學的建立，世界主義理念的重建，關於真理與正義、民主與法制等內在關係的理論的發展，「後民族國家與民主」理念的提出，以及民主的三種規範形式的思想等等。這一系列新的哲學成就不僅使哈伯瑪斯的哲學體系更加完善，成為繼康德、黑格爾之後有完整哲學體系的西方哲學大師，也對當代社會政治，尤其是歐洲社會政治，帶來重大深刻的影響。而他的哲學對世界的影響更由於他在世界各地的講學與演講而不斷擴大與加深。值得注意的是，在當今西方哲學界，除了以法律哲學為其專業的哲學家外，在像哈伯瑪斯這樣超級大師級的哲學家中，哈伯瑪斯也許是唯一的一個有如此系統完整的法律哲學的哲學家，能與之媲美的也許只有約翰‧羅爾斯（John Rawls）。而與另外一位超級大師級的哲學家理察‧羅蒂相比，哈伯瑪斯不僅僅是超一流的批判大師，而且是超一流的理論建築師。沒有哪一位當今西方哲學界超級大師級的哲學家像哈伯瑪斯這樣多產，也沒有哪一位當今西方哲學界超級大師級的哲學家像哈伯瑪斯這樣發展如此多社會科學方面的的理論。他是社會科學家的典範。

一、耳順的當代思想領導者

到了 1990 年代，哈伯瑪斯也到了孔子所說的耳順之年，即六十而耳順。耳順指對世界和人物事理解的一種瀟灑自如的境界。所謂耳順者，就是在得道的基礎上能對世界、人、事等的從容對應。正如莊子所說，得道的人，「以道泛觀，而萬物之應備……通於一而萬事畢」。所以，真正得道的人，能達到耳順境界。

在當今百花齊放、百舟爭流的哲學界和知識界，耳順不僅使哈伯瑪斯能夠瀟灑自如，隨心所欲地對話百家，而且使他能從容不迫地迎接挑戰，弘揚真理、正義、民主、自由、法治、人權和理性的理念，避免像 1980 年代他與法國哲學家的那種哲學戰爭。進入 1990 年代後，哈伯瑪斯繼續不斷地在對話百家中弘揚自己的哲學理念。

第二章　引導民主、正義與憲政思潮的大師
一、耳順的當代思想領導者

所不同的是，他與對話對手的關係不再因為理念的不同而弓張劍拔，而是君子論道，以理服人。

1994年10月23日這一期的美國《洛杉磯時代》雜誌發表了一篇專門介紹哈伯瑪斯的文章——「尤爾根‧哈伯瑪斯」。這篇文章由紐約大學新聞和大眾傳播教研室主任米特舍勒‧史狄芬斯（Mitchell Stephens）所寫。該文寫道：

哈伯瑪斯是一位德國哲學家——「我們所生活的這一時代的主要的、系統的哲學家」，佛吉尼亞大學的理察‧羅蒂這樣稱呼他。西北大學（Northwestern University）的哲學與人文教授湯瑪斯‧麥卡錫（Thomas McCarthy）這樣指出：「就（思想的）深度和廣度來說，（當今）沒人能比鄰哈伯瑪斯。他所討論的問題涉及（除哲學外）的領域涵蓋政治理論、社會學、心理學和法學等十幾個不同的學科。不僅如此，他已成為對這些問題研究的最權威的聲音」……在哲學界，也許人們對他是否是當代理性和正義的（唯一真正的）聲音這一問題仍有不同意見。但是，毫無疑問，他是理性和正義等原則的最堅定的宣導者。他相信，透過理性，我們能解決我們的問題，正義的社會制度將帶給我們一個更加合理、公平的社會。

的確，我們可以討論甚至可以爭論，哈伯瑪斯的理性（交往理性）和正義的概念是否最高地展現了理性和正義的精髓。但是，我們不能否認，在當代哲學家中，哈伯瑪斯不僅僅是普遍理性和正義理念的最堅定、積極的宣導者與捍衛者之一，而且是普遍理性和正義等理念的優秀領導人物。我們可以討論，哈伯瑪斯的許多理念，尤其是他的政治哲學理念，是否過於歐洲中心化；他的統一歐洲理念與後民族國家理念、現代性理念是否一致。但是，我們不能否認，他是當代理性、人權、憲政民主的偉大旗手之一。

不僅如此，哈伯瑪斯也是一個學術民主的典範，一個嚴守他自己所建立的交往規範的榜樣。自從1980年代末以來，哈伯瑪斯的學術活動的一個重要特點之一是對話百家，融會貫通百家。他所對話的百家不僅包括哲學的不同傳統和學派，而且包括不同的學科學派，不同的文化傳統。他與百家對話的課題不僅包括許多傳統和當今激烈爭論的哲學問題，而且包括全球關於真理、正義、民主、自由、法治、人權

哈伯瑪斯
當代新思潮的引領者（修訂版）

和理性的對話中所產生的一系列理論和實踐問題。在這些爭論中，他都能夠做到耳順而從容。他都能既保持對真理的認真，又保持對探索者的尊重；他都能既保持對理性的執著，又保持對他者的寬容。

狄芬斯的「尤爾根·哈伯瑪斯」一文這樣寫道：

在當今的學術界，（他的學術思想）如此深度、廣度和權威，吸引來無數的學術會議的邀請信。哈伯瑪斯接受那些他應該接受的邀請。有時，在這些學術會議中，尤其是在來自美國的學者參加的會議中，他發現他自己經常被一些後現代主義者所包圍。雙方於是毫不遲疑地馬上亮劍，開始交鋒（討論）。有時，後現代主義者會發問，所謂的「理性」是否只不過是權勢者們用以鞏固其權勢的基本原理？所謂的「正義」是否只不過是多數人把他們的道德規範強加給少數人的藉口？（在其中的一個這樣的學術會議中，美國哈佛大學法學院的專家主導著會議的討論）在這些公開討論中，哈伯瑪斯總是熱情、主動地迎擊挑戰對手。

除此以外，哈伯瑪斯還透過報刊文章加入各種各樣的對時事的討論。例如，1990年代中期，他與美國著名哲學家約翰·羅爾斯進行了一場在西方哲學界影響深遠的關於正義問題的公開的哲學辯論。他每年都在德國的主要雜誌上發表三四篇有分量的對時事的評論文章，並參與關於時事的許多公開的辯論。例如，1991年，他公開發表文章，表示對波斯灣戰爭的有條件的支持。1999年，他又在德國最有社會影響的《時代》週刊上發表一篇題為「獸性與人性」的長篇文章，討論並捍衛北約的科索沃戰爭。

客觀地說，1980年代末與1990年代初仍然是一個後現代主義思潮洶湧澎湃的時代。在這樣一個年代，捍衛普遍理性、普遍人權、普遍正義、普遍民主的理念不僅需要有逆水行舟的理論勇氣，而且需要耳順、從容不迫地迎接哲學對手挑戰的交往風度。這對一個對真理執著的人更是一種挑戰。在這方面，哈伯瑪斯與他的許多哲學對手形成鮮明的對比。例如，哈伯瑪斯的哲學對手之一，美國實用主義哲學大師希拉蕊·普特南（Hilary Putnam）就達不到哈伯瑪斯所達到的境界。派特曼與持不同看法的人爭論，尤其是在久攻不下、沒辦法說服他人時，往往是氣急敗壞，

第二章　引導民主、正義與憲政思潮的大師
一、耳順的當代思想領導者

＊　卡斯巴・佛烈德利赫（Caspar David Friedrich）：「霧海之上的探索者」。

哈伯瑪斯
當代新思潮的引領者（修訂版）

蠻不講理。法國後現代主義大師德希達（Derrida）是另一個典型的反面例子。德希達對批評和反對意見總是火冒三丈，耿耿於懷。在《關於現代性的哲學討論》出版後，德希達與哈伯瑪斯發生公開爭論。開始，哈伯瑪斯曾希望他與德希達之間也存在像他與傅柯之間那樣的友好關係。但當他向德希達表達這一願望時，德希達竟粗暴地拒絕，並送給哈伯瑪斯一本他的書，附加一個條子。條子之意是哈伯瑪斯並沒有讀懂他（德希達）。1990 年代末，哈伯瑪斯卻主動示好。在哈伯瑪斯的主動以及各方的周旋下，德希達與哈伯瑪斯和解。終於在 2001 年美國「911 事件」後，兩人也有簡單的合作。

在學術思想民主與思想交往的風度方面，當代著名哲學家中也許只有實用主義哲學大師理察·羅蒂能和羅爾斯與哈伯瑪斯相比。羅蒂對普遍理性、普遍真理、普遍正義很不認同，而哈伯瑪斯卻以捍衛羅蒂所反對的普遍理性、普遍真理、普遍正義、普遍人權、普遍自由這些理念為己任。兩位哲學大師不乏在各種場合進行思想的交鋒，但是兩人始終保持對對方的尊重。

當然，耳順不等於缺乏激情，開放不等於缺乏目標目的。從 1990 年代到現在，哈伯瑪斯的學術活動、社會活動都圍繞一個中心目標：收復理性、正義與人權的失土失地，重建理性與正義在當代世界的中心地位。所以，在學術上，他對道德規範性、認識規範性、政治實踐的規範性以及規範普遍性的強調明顯增加。在對時事的評論上，哈伯瑪斯的視角始終是普遍理性、正義、公道、人權和規範性。不僅如此，從理性、正義和人權的角度看，他對許多社會現象的批判不僅尖銳，一針見血，而且充滿激情，有時甚至是義憤填膺。狄芬斯的「尤爾根·哈伯瑪斯」一文這樣評論：

哈伯瑪斯不僅僅是一個學術上的明星。在過去 40 年裡，他一直在公共領域為把德國引向理性、正義和其他後現代主義者正在詆毀的理念的方向而戰鬥。這一戰鬥，一種政治戰鬥，正在繼續。

這一評論是公允的。還應強調指出，哈伯瑪斯不僅僅只是為把德國引向理性、正義和其他後現代主義者正在詆毀的理念，而且是為把整個歐洲，甚至全世界引向這些理念而戰鬥。從 1990 年代到現在，他對這一戰鬥投入了全部的激情與精力。其

第二章　引導民主、正義與憲政思潮的大師
二、《事實與規範》與規範性的重建

中，他不時也有一些相當激進的理念。但是，他從不脫離民主、正義、理性和人權的軌道。他也逐漸發展出一個集契約主義、康德主義、自由主義與共和主義於一身的話語主義的民主、正義與人權理論。

從1990年代到現在，無論是作為哲學家與思想家，還是作為公共知識分子，哈伯瑪斯一直在公共領域為把德國、歐洲及整個世界引向真理、理性、人權、正義和其他後現代主義者試圖詆毀的理念與方向而戰鬥。

二、《事實與規範》與規範性的重建

早在《關於現代性的哲學討論》一書出版後，哈伯瑪斯就想好了自己下一個研究課題：話語主義的法律、人權與民主的理論，即從話語主義的立場出發，建立一個系統的關於法律、人權與民主的哲學。雖然在《關於現代性的哲學討論》中，哈伯瑪斯還沒明確地提出把法制與民主等理念作為現代性的規範性，但他早已把人權、民主作為現代性的重要理念，法律作為實現現代性的重要手段。其實，無論是在《關於交往行為的理論》中，還是在《道德意識與社會交往行為》與《關於現代性的哲學討論》中，在哈伯瑪斯眼裡，規範性都是合理性的重要組成部分，也是現代性的重要組成部分。在《關於交往行為的理論》中，交往行為的合理性意味著交往行為合乎理性的四大規範：可理解性、真理、真誠、證明的正確性。在《道德意識與社會交往行為》中，哈伯瑪斯不僅明確提出話語倫理的基本原則，而且明確提出對有效的倫理規範的定義。在社會中，作為與倫理道德平行但相輔相成的社會機制，法律是社會規範最事實化的社會機制。因此，在現代社會，我們不可能把法律規範拋在一邊而強調社會行為與社會實踐的規範性。另外，哈伯瑪斯的雄心勃勃的哲學計畫是建立一個哲學系統，其中法哲學是一個系統的組成部分。

正所謂得道多助，失道寡助。哈伯瑪斯建立一個系統的關於法律、人權與民主的哲學的工程得到蒼天的眷戀。隨著哈伯瑪斯的哲學成就在世界範圍內的承認，他也得到越來越多的支持。1986年，哈伯瑪斯申請並獲得德國研究基金的哥特弗里德·

哈伯瑪斯
當代新思潮的引領者（修訂版）

威廉姆・萊布尼茲福特計畫的德國科學家福特獎。從這一獎項中，哈伯瑪斯獲得300萬德國馬克的研究經費，用於自己選擇的話語道德哲學、法律、規範、人權和民主理論等研究課題。在哈伯瑪斯的計畫中，獲得德國研究基金支持的對話語道德哲學、法律、規範、人權和民主理論的研究是一個五年的研究課題。回到法蘭克福大學之後，哈伯瑪斯就一直想建立一個社會科學研究小組。而他的話語道德哲學、法律、規範、人權和民主理論的研究計畫使這一願望變得更加強烈。他在斯坦堡馬普所的經驗教訓告訴他，建立他心中的一個社會科學研究小組需要一大筆研究資金。在這個節骨眼上，德國研究基金的300萬德國馬克的研究經費來得正是時候。哈伯瑪斯後來說：「我有五年時間去使用這筆經費。我需要300萬德國馬克的經費去建立起一個研究人權理論的科研小組。我當時把我所面臨的情況與斯坦堡時的情景作個比較時，我必須說，我一定要馬上行動起來，一定要成功。那只不過是一個小小的危機（挑戰）。我必須把一部分經費花在購買研究設備和僱用工作人員上，例如，祕書、電腦、書籍等。我在法蘭克福沒有什麼基礎設施。」利用這筆研究資金，哈伯瑪斯建立起一個五人的研究工作小組。

有充裕的研究經費和一個高效率的研究工作小組的輔助，哈伯瑪斯的學術研究如虎添翼，因此進展飛速。儘管此時他更加積極地參加許多社會政治活動，但在學術研究上依然是碩果累累。1991年，他的《文章與上下文關係》（Texte and Kontexte）和《話語倫理的解釋》（Erläuterungen zue Diskursethik）由Suhrkamp出版社出版。1992年，哈伯瑪斯的哲學巨著《事實與規範》（Faktizität und Geltung）由Suhrkamp出版社出版。1993年，他的又一哲學著作《過去作為將來》）（Vergangenheit as Zukunft）也由Suhrkamp出版社出版。1995年，《柏林共和國》（Die Normalität einer Berliner Republik）又由Suhrkamp出版社出版。當然，在《事實與規範》的橫空出世這一大背景下與這一巨著的萬丈光芒下，《文章與上下文關係》、《話語倫理的解釋》、《過去作為將來》和《柏林共和國》的出版僅僅是扶助紅花的綠葉。

哈伯瑪斯此時的中心專案是《事實與規範》一書。《事實與規範》彙集著他的

第二章　引導民主、正義與憲政思潮的大師
二、《事實與規範》與規範性的重建

話語法律哲學。如前章所述，哈伯瑪斯1986年美國哈佛大學的塔納哲學講座系列（Tanner Lecture）的主題就是人類共同價值以及道德和法律的關係，其核心問題就是：一方面，法律的道德基礎不再是那些超級和諧的自然定律；另一方面，法律不能不具有道德基礎，否則，法律將失去其非工具性的一面，公平的法律判斷也變得不可能，即使存在也不穩定。此後，哈伯瑪斯把話語法律哲學的核心問題鎖定為法律的正當性基礎問題，即是，一方面，法律的正當性基礎不是那些超級和諧的自然定律，更不是某些神的定律；另一方面，法律不能不具有正當性基礎，否則，法律將失去其非工具性的一面，公平的法律判斷也變得不可能，即使存在也不穩定。值得注意的是，在《事實與規範》中，不像康德，哈伯瑪斯不把法律的正當合法性基礎鎖定在法律的道德基礎上。如下所示，哈伯瑪斯把法律的正當合法性基礎鎖定在法律的合理的民主立法過程。

　　《事實與規範》是哈伯瑪斯的法律哲學巨著。它是哈伯瑪斯話語倫理哲學、人權理論和民主理論結合的產物。而話語倫理哲學、法律哲學、人權理論和民主理論是哈伯瑪斯的哥特弗里德‧威廉姆‧萊布尼茲福特計畫德國科學家福特獎的主要研究課題，其300萬德國馬克的研究經費說明了這一研究課題的重要性。應該說，哈伯瑪斯對這一課題的思考可以追根溯源到1970年代的後期。在當時德國全國上下堅決反對恐怖主義的大背景下，哈伯瑪斯一方面堅決支持德國反對恐怖主義的鬥爭，另一方面又呼籲德國社會和政府義無反顧地尊重人權與正義。在這過程中，哈伯瑪斯也意識到人權、法律方面的一些哲學問題。不僅如此，1970年代哈伯瑪斯對資本主義制度的合法性危機的探討使他意識到法律的正當合理性問題。1980年代，在捍衛現代性理念的過程中，哈伯瑪斯一方面進一步加深對尊重人權作為一個普遍人類行為規範的認識，另一方面進一步加深了對法律的社會功用的認識。而話語倫理的建立使他進一步地認識到法律規範的有效性問題。他1986年的哈佛大學哲學講座是他對法律多年的哲學思考的理論總結。到了1990年代，哈伯瑪斯已能夠從歷史和全球化挑戰的角度上回答關於人權、法律、法哲學等方面的一些哲學問題。《事實與規範》是他多年來對法律、人權與民主的思考的理論總結。它的理論建樹和價值可

哈伯瑪斯
當代新思潮的引領者（修訂版）

以從這幾方面來理解。

《事實與規範》是近現代德國法律哲學，也是當代歐洲法律哲學的一個里程碑。近現代德國文化產生了分別以黑格爾和韋伯的著作為代表的兩大法律理論，哈伯瑪斯話語法律哲學可以說是第三大理論。黑格爾把法律看做是絕對精神在這個世界上的外在化，法律展現了實踐主體的相互認識與肯定，一句話，法規展現了社會成員作為實踐主體所相互認同的絕對精神的意志和理念，法律的基礎是絕對精神的理性。韋伯認為，法律建設和統治是社會整合的關鍵設備，法律研究因此是研究社會整合的關鍵。哈伯瑪斯的話語法律哲學繼承和發展了這兩大法律理論的真知，但是又超越了這兩大法律理論；繼承和發展了黑格爾的思想，尤其是黑格爾關於法律展現了實踐主體的相互認識與肯定的思想。哈伯瑪斯在《事實與規範》中的法律哲學的兩大核心原則，即法律的民主原則、法律的話語原則與黑格爾關於法律展現了實踐主體的相互認識與肯定的思想是一脈相承的。但是，哈伯瑪斯強調的是法律有效性的間體性特性，黑格爾強調的是法律共同意志的先決條件。同時，哈伯瑪斯認為，法律不僅展現了某一理性概念的成就，即它是按照某一理性概念建立起來的，法律還展現了不同的理性概念如何在公共和社會制度中共存，法律展現著一種普遍理性。因此，他繼承和發展了韋伯的思想。不僅如此，哈伯瑪斯認識到法律在當代社會生活中的統治和使規範合法化的功用，法律是社會規範化的最重要的手段之一。不同於黑格爾，哈伯瑪斯沒有把法律的發展與社會政治經濟的生產或國家的合理獨立性聯繫起來，而是把法律的發展與社會道德意識、社會集體的自我意識、理性的規範化要求的發展結合起來。不同於韋伯，哈伯瑪斯沒有因為法律的強制性而忽視強調法律的合理合法性，雖然法律有強制性的一方面，但是法律的規範應該是能被以交往理性為基礎的人類理性所認同。同樣重要的，哈伯瑪斯沒有因為法律是人立的這一事實而忽視強調法律的合理性。

話又說回來，《事實與規範》是哈伯瑪斯法律哲學的總匯。在其中，哈伯瑪斯對法律的本質、特性、功能、它與道德的關係、法律規範與價值規範的區別與聯繫等進行深入、系統的揭示。哈伯瑪斯因此指出，「法律是兩個系統的結合體，即它

第二章　引導民主、正義與憲政思潮的大師
二、《事實與規範》與規範性的重建

＊　法律與規範

是知識系統與行動系統的結合體。」正因為法律是知識系統與行動系統的結合體，它「解除了個人在判斷與行動中思想覺悟的重大的認識、動機與組織方面的負擔，這是它與道德的區別」。即，在認識、動機與組織方面，法律給個人在判斷與行動中提供了具體可行的知識與規範。舉例來說，法律說，開車超速每小時 90 英里要罰款 120 美元。在這一則法律中，認識上，人們知道開車時速超過每小時 90 英里叫「超速」；動機上，人們知道開車不要超速，否則將被罰款；組織上，人們知道，開車超速將被誰罰款，罰多少錢。而道德指令則不同。舉例來說，道德指令說不應開車超速。在認識、動機與組織方面，這一指令沒有個人在判斷與行動中提供任何具體

121

哈伯瑪斯
當代新思潮的引領者（修訂版）

可行的知識與規範。認識上，人們不知道開車時速多少是「超速」；動機上，人們不確定開車要不要超速；組織上，人們不確定開車超速後會發生什麼。所以，道德指令留給個人在判斷與行動中思想覺悟重大的認識、動機與組織方面的負擔。如個人在判斷與行動中的思想覺悟在接受「不應開車超速」這一道德指令時，必須對「開車時速多少是超速」、「開車要不要超速」及「開車超速後會發生什麼」這些認識、動機與組織方面的問題給出自己的回答。

＊　喬治‧海特勳爵：「1820年卡洛琳娜王後在英國上院受審」。英國以法治聞名，是法治先行者之一。

哈伯瑪斯指出，康德以法律對受法律制約人，而不是法律的作者的「三個抽象」來概括法律性或司法性。「法律首先是受法律制約人同意制約其意志的抽象表述，這裡，自由選擇是服從法律的足夠源泉。第二，法律是對行動計畫所處的生活世界的複雜性的抽象……第三，法律是對服從法則動機的抽象。」即是說，對受法律制約人來說，法律是對其同意意志的規範概括，是對其行動計畫所處的生活世界的複

第二章　引導民主、正義與憲政思潮的大師
二、《事實與規範》與規範性的重建

雜性的規範概括，是對其服從法則動機的規範。

換句話說，在康德那裡，對受法律制約的人來說，法律代表著三種抽象：
1. 法律是他（她）同意意志的抽象代表；
2. 法律是他（她）生活世界命令的抽象代表；
3. 法律是他（她）的義務責任的抽象代表。

哈伯瑪斯認同康德把法律看做是一個由規範組成的系統。但是，法律規範有實質性的內容。與康德不同，哈伯瑪斯不從存在本體（如個人意志）或世界本體去尋找法律規範的基礎。

哈伯瑪斯指出，法律是知識系統與行動系統的結合體。與倫理道德一樣，它是社會規範化的最重要手段之一。與此同時，法律與倫理道德的關係是平等互補的關係。在這一點上，哈伯瑪斯與康德不同。在康德哲學中，法律服從於倫理道德，是倫理道德的奴僕。倫理道德給予法律正當合法性、有效性、可接受性。法律意志直接展現、服從倫理道德意志。哈伯瑪斯認為，法律的正當合法性、有效性、可接受性來源於其民主的立法過程。它展現的是立法者的意志。如果法律意志展現一定的倫理道德意志，這一展現只能是間接的，以立法者與民主的立法過程為仲介的。不過，就正當合法性這一概念本身，哈伯瑪斯是從康德哲學中學來的。當然，像康德一樣，對哈伯瑪斯來說，所有有效的法律必須是道德的，不存在違反道德的法律。但同時，對哈伯瑪斯來說，道德中性即與道德無關的法律是可能與存在的，如某些經濟法就是道德中性即與道德無關的。

在《事實與規範》中，哈伯瑪斯指出：

道德問的問題與法律問的問題都是關於同一個疑難：人與人之間的關係如何正當合法地安排，安定行為之間如何透過證明正當的規範來協調，行為衝突如何在相互認同的規範性的原則與條例的範圍內在共識的基礎上解決。但它們各自又從不同的角度看待這同一的問題。兩者的最明顯的區別在於：後傳統的道德代表的僅僅是一種文化知識的形式，但是法律代表的不僅僅是一種文化知識的形式，而且在制度層次上是有約束力的。法律也不僅僅是一個符號體系，還是一個行動體系。

哈伯瑪斯
當代新思潮的引領者（修訂版）

　　哈伯瑪斯進一步指出，道德規範與法律規範都必須符合話語原則的要求；但是，「在證明道德規範的正當性中，話語原則以普遍化原則的形式出現。而在證明法律規範的正當性中，話語原則以民主原則的形式出現。」哈伯瑪斯又進一步指出，道德規範與法律規範的社會功能也不同，即：

　　道德規範調節的是互認對方既是一個具體的共同體成員，又是不可代替的個人作為自然人之間的關係。道德規範把它的調節對象看做是透過他（她）們的生活歷史而個體化的人。與此相比，法律規範調節的是互認對方為一個由法律規範本身生產的抽象共同體成員的演員之間的關係。雖然法律規範也把它的調節對象看做個體化的人，但是，在法律規範的眼裡，它的調節對象不是透過他（她）們的生活歷史而形成的個人特性而個體化，而是由他（她）們成為一個在法律基礎上組成的共同體的社會角色的能力而個體化。

　　在《事實與規範》中，在深入解剖法律的特性時，哈伯瑪斯特別指出，法律給予它的對象的是規範。而規範與價值存在著區別。它們的區別如下。

　　第一，規範具有義務、責任性的約束力量。不管它制約的對象是否喜歡它，這一受制約的對象必須遵從它，否則將受到懲罰。價值的力量是吸引力。被吸引的對象是否遵從它取決於這一被吸引的對象的個人愛好與選擇。哈伯瑪斯如是說：

　　有效（法律）的規範沒有例外地、平等地使受它制約的所有的對象有同等義務對其行為的概括出來的期望。而價值是人們分享認同的愛好。分享認同的價值表達對某一好東西的偏愛性。對具體的共同體或集體來說，那些被偏愛的好東西被認為是值得追求的。透過有目標的行動，人們可以得到那些被偏愛、被認為是值得追求的好東西。

　　所以，規範給予它的對象的是命令，而價值給予它的對象的是建議與勸告。命令要求它的對象服從它，建議與勸告給它的對象某種或某些選擇。

　　第二，「行動規範具有兩極化的有效要求，即規範的要求要嘛有效，要嘛無效，不存在第三種的有效性要求……而價值所建立的偏愛使某些東西比其他東西具有更大的吸引力。」就是說，規範的有效要求只有有效與無效兩種，沒有有效與更加有

第二章　引導民主、正義與憲政思潮的大師
二、《事實與規範》與規範性的重建

效之分,也沒有無效與更加無效之分。而價值則不同,不僅有值與不值之別,還有值與更值,不值與更不值之分。

第三,規範歸定義務,即絕對、有無條件地服從規範命令的普遍義務。「制約性規範的『應該』具有無條件普遍義務的絕對性。『一個人應做什麼』的指令對每個人都具有同等的適用性。而共同認同分享的價值的吸引性具有已建立的對好處的估計的相對性。」

第四,「當它們制約同一群對象時,不同的規範之間不能相互矛盾;相反,它們必須形成一個和諧的系統。而不同的共同認同分享的價值卻一再為優先地位而彼此競爭。」法律準則是行動規範。不管它制約的對象是否喜歡它們,法律準則具有義務、責任性的約束力量。它們要求要嘛有效,要嘛無效。它們的「應該」命令具有無條件普遍義務的絕對性。不同法律準則彼此相輔,形成一個和諧的制約系統。有些道德準則是行動規範,表達的是道德價值準則。法律準則與道德準則的區別在於法律準則具有哈伯瑪斯稱之的「事實性」。

在《事實與規範》中,哈伯瑪斯指出,作為知識系統與行動系統的結合體,法律一開始就具有事實性與有效性的兩面。

事實性指法律是強制性的,它背後是懲罰力量與權威。即,「法律表達立法者具有懲罰違法人的能力意志。由於法律將實際上被服從與實施,它們的存在差不多是一種社會事實。」法律的事實性是法律區別於道德的一個重要方面。犯法是要受到事實上的制裁,如被判刑,而不僅僅是受到批評與責備。

有效性指法律是合理合法(正當)的。「強制性的法律不僅僅是有威迫支持的命令,而且是展現正當合法性要求的命令。」強制性法律的有效性使我們看到法律的幾個側面。一方面,「法律的確定性與其具有經過民主的立法過程證明的可接受性的許諾不可分割。」因此,「法律從它的事實性與有效性的聯盟中借得它的約束力。」法律的事實性是它制約性規範的強制性現實表達。與此同時,「合法正當的法律只與不破壞遵從法律的合理性動機的法律強制的模式共存,與破壞遵從法律的合理性動機的法律強制的模式格格不入;合法正當的法律使人人在見識的基礎上

哈伯瑪斯
當代新思潮的引領者（修訂版）

遵從法律成為可能。」「法律制度與自然存在的機制不同。法律制度具有相對高的合理性。它給予經過教義化的提煉，與原則性的道德聯姻的知識系統一個堅實的形態。」

值得注意的是，在《事實與規範》中，哈伯瑪斯如上所述的法律的合理性思想既繼承康德的思想，又區別於康德的思想。哈伯瑪斯的法律合理性思想強調法律的正當合法性。而對法律的正當合法性的強調來自康德。當然，如前章所述，早在1970年代，哈伯瑪斯就提出資本主義社會的社會權力的正當合法性問題及其危機。社會權力的正當合法性問題也是現代性的核心問題之一。但具體到法律的正當合法性問題，哈伯瑪斯受益於康德。儘管如此，哈伯瑪斯的法律正當合法性概念與康德的法律正當合法性概念不同。在康德思想中，法律的正當合法性源於它對道德的依附。而在哈伯瑪斯思想中，法律的正當合法性源於它的合理的民主立法過程。合理的民主立法過程使法律既符合法律的民主主權原則，又符合法律的話語有效性民主原則，因而不僅僅是合理的、正當合法的，而且是具有合理性、正當合法性的。

這裡最重要的是哈伯瑪斯如下的兩個法律準則：

話語準則：只有當它得到在實踐對話與討論的所有有關參與者的同意與接受時，一個規範準則才是正當有效的。

民主或民主主權準則：公民同時是法律的受制約者與作者；法律的正當合法性、主權性源於制定它又受其制約的公民意志與選擇。

提出法律的正當合法性源於它的合理的民主立法過程，哈伯瑪斯指出法律與私人自主、法律與公共自主、私人自主與公共自主的內在聯繫。

堅持法律具有事實性與有效性兩面的觀點使哈伯瑪斯的話語法律哲學的法律概念與傳統的法律實證主義哲學以及傳統的法律自然主義法律哲學的法律概念區別開來。哈伯瑪斯指出：

話語法律哲學的法律概念不陷入法律實證主義哲學與傳統的法律自然主義法律哲學的孿生陷階。如果強制性的法律的合法性源於立法過程的合理性並最終追溯到對立法者的合理的政治意志的形成（與應用法律）做出適當的交往安排，那麼法律

第二章　引導民主、正義與憲政思潮的大師
二、《事實與規範》與規範性的重建

的有效性的不可侵犯的因素不會在講不偏不倚的決定論中消失,也不靠道德限制來維護。

*　古希臘女神泰美斯(Themis)。泰美斯是法律、人權、規範之神。古代人認為,法律來之於神。當代人既不認為法律來之於神,也不認為法律自然,而是認為法律是由人制定的。

前面提到,在他 1986 年的哈佛大學哲學講座中,哈伯瑪斯就指出,合理有效的法律必須以普遍理性為基礎,儘管現代法律不能再以傳統的自然法則理念為基礎。

哈伯瑪斯進一步提出,以可理解性、真誠、真實和規範地正確四大規範為基礎

哈伯瑪斯
當代新思潮的引領者（修訂版）

的社會交往實踐是解決法律有效性、法律與價值、事實與規範之間的矛盾的基礎。一方面，有效性、價值和規範有其事實基礎；另一方面，有效性、價值和規範又是交往實踐的產物。這樣，哈伯瑪斯回應了對實踐理性的各種挑戰以及各種後尼采式的對理性的批判。許多當代哲學家指出，實踐理性的最大局限性是它的論斷不能超越事實的範圍。後尼采式的對理性的批判因此堅稱，要做出超越事實的範圍論斷，例如，做出價值論斷，人們必須擺脫理性本身，一個被事實所圍困的理性本身是思想的枷鎖。以社會交往實踐為基礎，交往理性一方面能在認識事實的基礎上做出超越事實的判斷，例如價值判斷、有效性判斷和規範判斷；另一方面又堅持理性理念，否定自由與理性之間存在著必然的矛盾。哈伯瑪斯提出並回答了一個重大的哲學以及現實問題。那就是，從社會的角度來說，什麼是法律有效性的源泉，什麼是法律與價值，事實與規範之間的關係穩定的條件；即交往理性是法律有效性的源泉，是事實與價值、事實與規範之間的關係穩定的根本和必須條件。

　　《事實與規範》回答了合理有效的法律如何可能的這一問題。這就是，合理有效的法律必須在根據交往理性的要求，根據民主原則與話語原則運行的立法過程中建立。顯然，根據交往理性的要求，法律不僅必須滿足社會經濟政治整合的要求，而且必須滿足社會成員作為社會實踐主體的相互溝通與理解的要求。法律是帶強迫性的，它是使社會秩序井然的強迫性的工具。但是，法律給社會帶來井然秩序的前提是它是有效的。法律的有效性的前提是它是社會成員作為社會實踐主體的相互明白、理解與承認的。法律是社會成員作為社會實踐主體的相互明白、理解與承認的法律的前提是，它是建立在交往理性概念的基礎上的，它是從理性和道德的角度上是合理的與合法的。因此，合理的法律必須回答三方面的問題：實踐問題、倫理問題與道德問題。

　　《事實與規範》在交往理性概念的基礎上重建人權的理念，並且強調法律的基本功能之一是定義、維護每個人的基本人權與權利。在《事實與規範》中，哈伯瑪斯指出，「法律以一個權利系統的行式出現」、「這一系統必須包括公民們為了希望透過去正當合法地調節他（她）們的行為與生活條件必須相互賦予的權利」。

第二章　引導民主、正義與憲政思潮的大師
二、《事實與規範》與規範性的重建

在《事實與規範》中，哈伯瑪斯又強調指出，「一個法律秩序必須保證，每個人的權利事實上被所有的其他人所尊重；不僅如此，社會成員彼此對每個人的權利的互認必須是建立在合理有效的法律的基礎上，而合理有效的法律必須給予每個人平等的自由，也限定每個人選擇的自有必須與所有人的同等同樣自由共容共存。」就是說，一個合理正當的法律秩序必須以維護每個人的基本人權與共同體公民權利為己任，不僅要規定這些基本人權與共同體公民權利，還要規定對每個人這些基本人權與共同體公民權利的尊重的義務，更要規定維護每個人的基本人權與權利的具有約束力、強迫性的措施，如對踐踏一個人的基本人權與權利的懲罰。哈伯瑪斯因此提出「文明自主的概念」。文明自主指的是每個人既懂得自己的基本人權與權利，又懂得他人的基本人權與權利，以及自己對又懂得他人的基本人權與權利尊重的義務。

　　＊　喬治・海特勳爵：「1683 年威廉勳爵受審一景」。1683 年威廉勳爵圖參與謀反王室而受審。

在《事實與規範》中，哈伯瑪斯指出人的 5 大類基本權利：
1. 基本自由權利，即盡可能是最大限度的、均等的個人自由和政治自主性詳盡表述的基本權利；

哈伯瑪斯
當代新思潮的引領者（修訂版）

2. 基本的成為成員的權利，即在法律的保護下個人能與他人自由、自願地組成共同體，成為共同體成員，此身分政治自主性的詳盡表述的基本權利；
3. 基本的享受法律保護的權利，即直接基於權利可行性、個人基本自由以及政治自主性享受法律保護的基本權利；
4. 基本參與權利，即個人參與意見與意志形成過程欲行使其政治自主和發展法律的基本權利；
5. 基本社會生態權利，即當享受技術、生態保護的生活資源是公民行使1-4類基本權利的必需條件時，個人享受那些技術、生態保護的生活資源的基本權利。

哈伯瑪斯指出，人的1-3大類基本權利是話語原則應用於法律的必然結論。第4大類基本權利是話語原則與民主原則應用於法律的必然結論。第5大類基本權利是普通情理的必然結論。

哈伯瑪斯指出，「僅僅是話語原則自身或僅僅是法律形式自身都不足夠成為任何權利的基礎。只有當話語原則自身與法律形式系統地結合成一個認為個人與公共的自主彼此互為先決條件的權利體系時，話語原則才透過法律這一仲介以民主原則的形式出現。」即單獨話語原則自身或單獨法律形式自身都不足夠成為任何權利的基礎。權利指的是共同體成員為了在法律的保護下共同生活而必須彼此賦予的東西。而在共同體成員為了在法律的保護下共同生活而必須彼此賦予的權利中，個人自由（個人自主、私自的自主）的權利與社會參與（公共的自主）的權利彼此互為先決條件。法律的民主原則集中地反應了這一法律現實。而當話語原則與法律形式相結合，以法律的民主原則的形式出現時，如上所說的權利體系是民主法律體系的核心組成部分。

顯然，哈伯瑪斯所指出的如上的人的5大類基本權利都是現代世界上公認的人的基本權利。基本自由權利、基本成為成員權利、基本享受法律保護權利和基本參與權利是聯合國1948年的人權宣言中指出的人的基本權利。基本社會生態權利也展現了聯合國關於人權的一些最新規定。無論如何，哈伯瑪斯在這裡詳盡表述了話

第二章　引導民主、正義與憲政思潮的大師
二、《事實與規範》與規範性的重建

語法律哲學對基本人權的分類，並對此進行了哲學論證，這是其話語法律哲學成型的標誌。

在《事實與規範》中，哈伯瑪斯還沒像下面要討論的《對他者的包容》那樣刻意區別每個人的人權與道德權。在《事實與規範》中，哈伯瑪斯認為，人權不僅僅是每一個人作為人類一份子所固有的權力，不僅僅是每個人作為人類一份子的自我意識的覺悟的表達，也是每個人作為一個具體社會的成員的自我意識、覺悟的表達，更是社會的成員之間合理地相互承認的每一個人的權力的這一社會覺悟的表達，它是社會成員作為社會實踐主體共同建立的社會意識或主體間意識的覺悟的表達。簡而言之，每個人所應享有的人權是建立在人類固有的權力的基礎上，也是建立在人類成員共同社會意識或主體間意識的基礎上的。因此，在現實生活中，每個人所應享有的權利不僅僅代表著人們在義務上應當尊重的每個人的主觀自由，也代表著人們在認識上應當尊重每個人在法治底下的合法的應有。法治是德治的補充。有效的法治和德治建立在交往理性概念的基礎上。

在《事實與規範》中，哈伯瑪斯指出，法律的功能不僅僅局限於調節行為，它還是組織與調節國家權力的重要功能。即是說，「行為規範並不是法律的全部。法律繼續不斷地組織與調節國家權力。作為憲法條例系統，它不僅保護公民的個人自主與公共自主，它還產生政府的機制、制度、過程與官方權力。」法律的社會整合功能不僅僅局限於調節公民的行為以確保每個人既享受自己的基本權利，又尊重別人的基本權利與履行對他人的義務。它不僅僅局限於調節政府的行為以確保每個公民的既能享受自己的基本權利，又能尊重別人的基本權利與履行對他人的義務。法律的社會整合功能組織與調節國家權力，使國家權力成為正當合法的社會權力。

應該說，在《事實與規範》出版之前，哈伯瑪斯對民主社會及其制度條件和合理性的思考僅僅是粗線條的、非系統的。《事實與規範》改變了這一狀況。在《事實與規範》中，哈伯瑪斯對民主社會及其制度條件和合理性的思考是在一個相對統一的理論基礎上進行的思考。《事實與規範》首次對社會政治制度與民主的社會和制度條件進行比較具體、深入的分析，尤其是對法律的現代生活角色和合理性問題

哈伯瑪斯
當代新思潮的引領者（修訂版）

進行比較具體、深入的分析。在內容上，在《事實與規範》中，哈伯瑪斯對民主社會及其制度條件和合理性的思考涵蓋了民主的本質與功能、民主與法制、法律的民主原則與法律的正當合法性、民主、法制與人權、民主的正當模式等。而哈伯瑪斯的正當合法性的民主概念又與他的交往理性與現代性的理念緊緊相連。

值得注意的是，在《社會交往理論》中，哈伯瑪斯一方面肯定現代法律的重大社會功用，另一方面又強調法律和法治不等同於民主。相反，法律和法治很容易成為社會統治的工具。而在《事實與規範》中，哈伯瑪斯強調的是法律和法治穩定社會的功用，他所強調的是如何建立合理、有效的法律和法治，使其成為促進民主、發展人權的制度條件。在《事實與規範》中，哈伯瑪斯比較強調的是在合理的民主立法過程中建立的現代法，如基本人權法和聯邦德國憲法。這些正面意義的現代法不僅給社會成員制定了正當合理的社會行為規範，而且在社會成員中建立了社會共識與現代意識，對民主、人權、社會的發展起了極其重要的作用。

總之，《事實與規範》的出版是哈伯瑪斯哲學思想發展的一個重要的里程碑。它是哈伯瑪斯哲學思想發展承上啟下的重要著作。它繼承與發展了《社會交往理論》、《道德意識與社會交往行為》與《關於現代性的哲學討論》的話語哲學，發展出話語法律哲學。它又開啟從話語哲學的角度，探討法律、規範、人權和民主等課題，為哈伯瑪斯後來發展的一些哲學鋪平了道路。

三、《柏林共和國》與憲法愛國主義

繼《事實與規範》後，哈伯瑪斯對規範性繼續探討。1980 年代末 1990 年代初歐洲的巨變使他對社會制度與民主的規範性的探討更與歷史同步。德國在歐洲這一歷史性的巨變中重新統一。1990 年 10 月 3 日，聯邦德國與民主德國正式合併，組成統一的國家，分裂了近半個世紀的德國實現統一。對於德國人來說，祖國不僅僅具有重大的歷史與現實意義，而且具有本體論的形上意義。它不僅僅是一個政治／經濟學盛事，而且是形上學與本體論的盛事。對德國人來說，它帶來的不是冷戰中民

第二章　引導民主、正義與憲政思潮的大師
三、《柏林共和國》與憲法愛國主義

主意識的勝利，而是歷史上德國的本體意識，德國意志的勝利。德國統一後，加強德國意識的呼聲也此起彼落，連綿不斷。難怪，統一後的德國知識界與思想界有陷入關於德國過去、現在與未來，歷史與民族，民族與民主，德國民族與德國身分的爭論。這一場爭論又是1980年代末德國關於歷史問題的爭論的繼續。德國是誰？德國何去何從？這就是問題！

在歷史傳統中，國家意識與民族意識密不可分，國家認同與民族認同相生相滅。問題是，在一個文化多元的時代，國家意識與民族意識應不應該分開，國家認同與民族認同應不應該等同？尤其是現代民主國家是否應基於民族認同，還是應基於法律規範認同、基本價值認同？1990年兩個德國重新統一後，德國人再次面對國家身分認同和德國的自我意識問題，即現代德國應是什麼樣的民族國家？德國應不應該從它的歷史來規定它的現在？它應不應該從它的歷史來尋找它的民族國家特性？民族國家的基礎是什麼，是共同的血緣、疆土、祖先和歷史，還是其他因素？哈伯瑪斯也積極地參與對這些問題的爭論。

正是在這一大背景下，1995年哈伯瑪斯的《柏林共和國》出版。《柏林共和國》也許應該重新定名為《憲政共和國》。在形式上，這是一部像孔子的《論語》、孟子的《孟子》一樣的著作，由一系列哈伯瑪斯受訪時對訪問問題的回答組成。從內容上，它是一部政治哲學著作。它既有對德國過去的反思，又有對德國重新統一後所面臨的挑戰的思考。它的副題是：《關於德國的論文》。從理論的角度上說，《柏林共和國》的基本思想是哈伯瑪斯的激進民主理念的進一步發揮，尤其是對憲法愛國主義理念的發揮。激進的民主理念是哈伯瑪斯民主理論的重要組成部分，而憲法愛國主義理念又是激進民主理念的一個中心理念。激進的民主理念不僅鼓勵所有共同體成員積極參與意見與意志形成過程，行使其政治自主和發展法律的基本權利，而且鼓勵所有共同體成員積極認同在憲法的基礎上進行的民主過程。激進的民主理念是一個關於過程民主的理念。其關鍵點是所有共同體成員積極認同的對象是共同的憲法，尤其是基本法，不必是共同體的過去與經歷。這一認同就叫「憲法愛國主義」。

哈伯瑪斯
當代新思潮的引領者（修訂版）

＊ 1990 年 10 月 3 日，聯邦德國與民主德國正式合併，德國正式統一。這是當時在柏林市中心一個巨大的慶祝晚會情景。

在《柏林共和國》中，他對卡爾‧施密特的思想以及相關的狹隘的民族主義進行了無情的批判，強調德國的未來在於以憲法愛國主義理念為基礎的民主。哈伯瑪斯不否認德國過去、現在與未來是緊密相連的，關鍵是它們應該如何緊密相連。對此，在《柏林共和國》中，哈伯瑪斯指出，「直到 1989 年，我們有好理由不把 1945 年當做零點，而把它視為是德國近代史上的一次狂熱。自從 1989 年，許多關於這一狂熱到底有多深的問題已被提起。新的德國的不確定感與 1945 年這一年緊緊相關……一些（德國）政治性自我理解的根本問題，尤其是如何理解正向我們走來的柏林共和國的規範性問題，仍然懸而未決。」面臨著它的過去，德國應如何理解正向它走來的民主共和國的規範性問題，這是德國必須面臨與回答的問題！憲法愛國主義，這是哈伯瑪斯的回答。也就是說，德國過去、現在與未來的系統結合不等

第二章　引導民主、正義與憲政思潮的大師
三、《柏林共和國》與憲法愛國主義

同於以過去來規範現在與將來。

　　要真正理解哈伯瑪斯在《柏林共和國》的思想，我們要回憶哈伯瑪斯列為轉變他思想的四大事件之一的「紐倫堡審判」這一歷史事件。紐倫堡審判所揭露的納粹暴行使哈伯瑪斯突然間發現，不僅僅是他相信的德國領導人竟然是赤裸裸的戰犯與十惡不赦的罪犯，而且是他相信的德國領導人所代表的德國意識形態完全是錯的。這一新的認識在當時猶如晴天霹靂，震撼著當時年輕的、還是「希特勒青年」的哈伯瑪斯的心，有一種特別的分量。1945 年 11 月 20 日，以美國、英國與蘇聯為首的國際軍事法庭對德國主要戰犯的審判，即紐倫堡審判第一批審判正式開始。

　　根據哈伯瑪斯自己的回憶，當時，收音機裡常有有關紐倫堡審判的報導，一些電影院已開始播放第一批電影紀錄片。回憶他當時的思想經歷與陣痛，哈伯瑪斯這樣寫道：

＊　1945 年紐倫堡審判一景

哈伯瑪斯
當代新思潮的引領者（修訂版）

當時我只有 15、16 歲。我坐在收音機旁，試圖理解紐倫堡國際軍事法庭裡所討論的一切。當其他人還在喋喋不休地爭論著紐倫堡國際軍事法庭的合法性及有關的法規和法律程序，對所暴露的納粹的魔鬼勾當漠然置之時，我經歷了思想與情感的第一次陣痛。即使是今天，我還感到這一陣痛。我當時依然很敏感，並非麻木不仁。所以，我沒有像我的老一輩人那樣，對所發生的德國這集體地實現的反人性的一切視若罔聞，無動於衷。

這是一種刻骨銘心的思想陣痛，這是一次靈魂深處的革命。尤其是哈伯瑪斯此時才 16 歲。在這一年齡，這一思想陣痛與重生的影響是巨大的。理查·伯恩斯丁指出：「這一陣痛和與過去一刀兩斷的決心成為哈伯瑪斯迷惘、求索與反思的學生時代的兩大主題。」

哈伯瑪斯後來自己也回憶道：對我來說，無論從歷史，還是從個人的角度來講，1945 年是解放的一年。歷史上，1945 年是德國被從納粹的統治下解放出來的一年。就哈伯瑪斯個人來說，1945 年既是他思想上從納粹的意識形態的枷鎖中解放出來的一年，也是他思想上從傳統德國思想、德國文化解放出來的一年。因此，在《柏林共和國》中，他一再提到 1945 年的解放性角色。就我們現在討論他在《柏林共和國》中的思想來說，從這一歷史中得到的學習，影響著他的歷史觀與對待德國的過去的態度。

因此，在《柏林共和國》中，回應當時熱火朝天的關於德國過去、現在與未來，歷史與民族，民族與民主，德國民族與德國身分的爭論，哈伯瑪斯再次重申他的歷史觀。他指出，現代人類學學者認為歷史的價值在於我們能從它學到一些好的東西；哲學學者認為歷史的價值在於我們能從它學到一些「理由」；史學學者認為歷史的價值在於我們能從它學到一些事實；解釋學學者認為歷史的價值在於我們能從它學到一些古典模型的威力。如上歷史觀的共同點是它們都從一個前提出發：「只有當歷史告訴我們一些好的東西，一些值得模仿的東西時，我們才算是從歷史學到一些東西。」這個前提是錯誤的。哈伯瑪斯指出，事實上，「從歷史上的壞的經歷，甚至我們在未來想避免的失望，我們也學到一些東西，而且經常學到一些東西。」他

第二章　引導民主、正義與憲政思潮的大師
三、《柏林共和國》與憲法愛國主義

繼續指出:「從歷史中,我們主要學到的是歷史事件挑戰我們的方式。這些方式向我們顯示,各種傳統失敗了。我們,以及從此指導我們的信念,必須以我們需要解決的問題為中心。」這裡,哈伯瑪斯既批判那種主張迴避德國的過去,尤其是最近的納粹過去的觀點,也批判那種主張德國應回到它歷史上的某種古典模型,否則德國沒從它的歷史中學到任何東西。哈伯瑪斯主張,當今的德國不應迴避德國的過去,而應從德國的過去中學到一些重要的東西,即,德國的未來是一種新型模型的未來,它不是某種古典模型的變形,而是與時俱進的全新模型。德國的未來是一種與時俱進的憲政民主。

在德國應如何理解正向它走來的民主共和國的規範性問題上,德國的過去與歷史是一個「批判權威」,是一個「教師」。但是,我們從德國的這一「批判權威」與「教師」學到的不是德國的過去,比如它的納粹過去,有一些值得模仿的東西,而是這一教訓:德國,以及從此指導德國的信念,必須以德國需要解決的問題為中心。這是德國在 1945 年學到的,也是德國在 1989 年、1990 年學到的。哈伯瑪斯指出,只有在這一意義上,德國才能把 1945 年 5 月 8 日當做「解放日」。哈伯瑪斯如是說:「只當我們(德國)認識到我們現在對 1945 年 5 月 8 日這一天的反思性的解釋是我們數十年學習的結果時,我們才能把 1945 年 5 月 8 日這一天當做『解放日』和政治上的自我意識的起點。」即只有當德國把它的過去與歷史當做如上所說的「批判權威」與「教師」時,1945 年 5 月 8 日才真正是德國「解放日」。同樣,只有當德國把它的過去與歷史當做如上所說的「批判權威」與「教師」時,1990 年 10 月 3 日才真正是德國的回歸日。哈伯瑪斯也把歷史作為一面明鏡。但他對歷史這一明鏡有不同的理解。

在《柏林共和國》中,哈伯瑪斯所宣導的這種批判性地向過去與他把歷史作為「批判權威」與「教師」的學習方法就是一種「內在批判」法。早在法蘭克福社會研究所時,哈伯瑪斯開始發展他稱為「內在批判」的哲學方法。「內在批判」的哲學方法是與「超然批判」的哲學方法相對而言的。「內在批判」的哲學家不是,也不把自己當做獨立於社會、超然於文化、笛卡兒式的哲學家,而是置身於社會生活、

哈伯瑪斯
當代新思潮的引領者（修訂版）

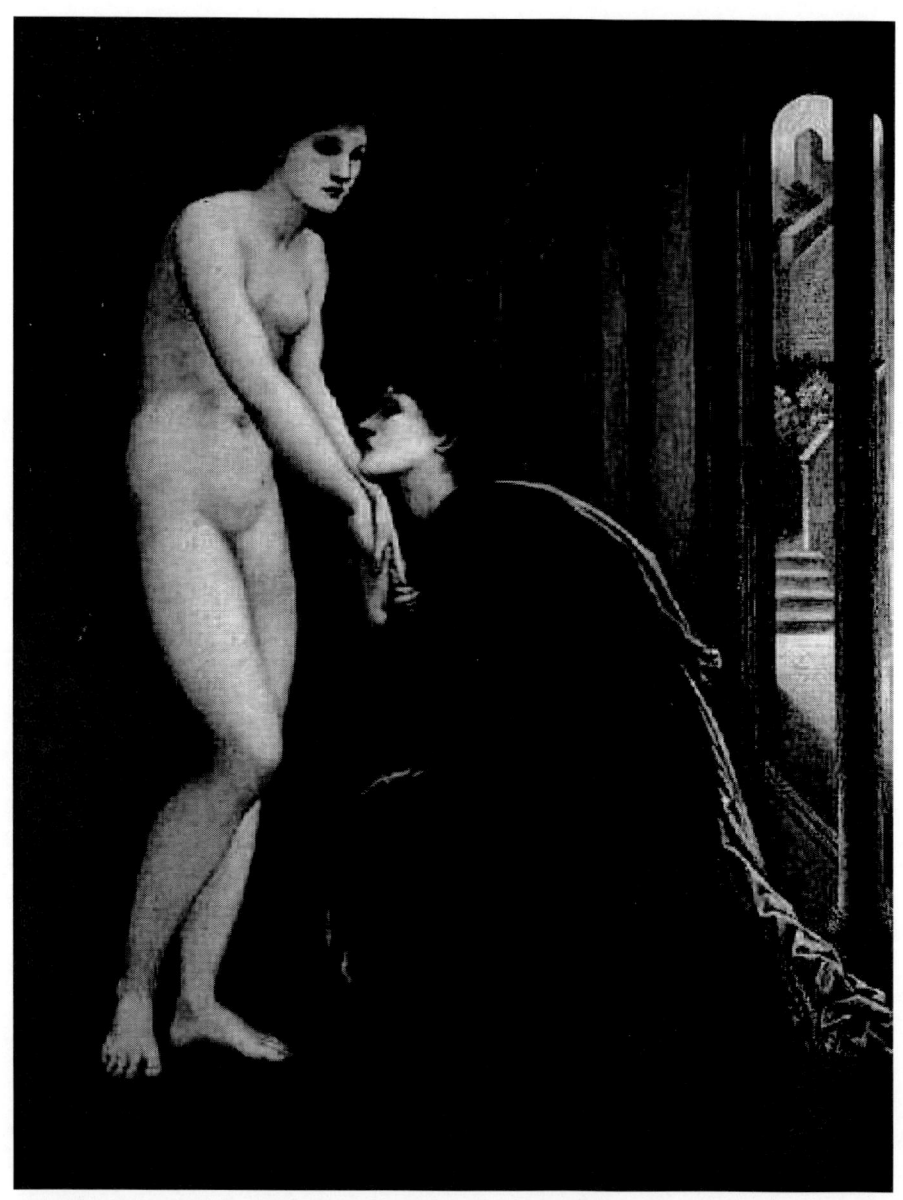

* 愛德華‧伯恩‧瓊斯（Edward Burnes Jones）：「獲得靈魂」。如哈伯瑪斯所指出，1945 年與 1989 年（1990 年）對德國人來說，是靈魂深處陣痛的年代。

第二章　引導民主、正義與憲政思潮的大師
三、《柏林共和國》與憲法愛國主義

文化生活的哲學家。但是,「內在批判」的哲學家的立場又不是歷史的、文化的立場觀點,而是假定的普遍理性的立場觀點。

在《柏林共和國》中,哈伯瑪斯的一系列思想都有數年來一直主張的憲法愛國主義理念的身影。這一理念可以說是哈伯瑪斯從德國的過去與歷史、從德國的這一「批判權威」與「教師」中學到的東西的一部分。哈伯瑪斯第一次使用它是在1979年5月23日為紀念德國憲法(基本法)頒布30週年為法蘭克福公報所寫的題目。如果說,在1979年宣導憲法愛國主義理念,哈伯瑪斯的初衷僅僅是宣導憲政民主與法制。但在前章提到的1980年代後期那著名的歷史問題爭論以後,憲法愛國主義是哈伯瑪斯積極發展的一個理念。在哈伯瑪斯那裡,憲法愛國主義不僅是一個政治理念,而且是一個道德政治的普遍規範。而且哈伯瑪斯已開始認為,在一個文化多元的時代,憲法愛國主義,而不是狹隘的愛國主義或狹隘的民族主義,才是國家認同的真正源泉。在一個文化多元的時代,憲法愛國主義,而不是狹隘的愛國主義或狹隘的民族主義,才是民主規範性的真正源泉。這裡,哈伯瑪斯所見證的現代德國歷史和社會現實對哈伯瑪斯形成這一政治理念和對這一理念的執著具有重大影響。

在《柏林共和國》中,哈伯瑪斯指出,「在一個社會中,能使在社會、文化與哲學方面多元化的公民統一起來的首先是一個由法律為仲介而組成的共和國秩序的抽象基礎與過程。」即是說,一個國家的憲法或基本法的規範是在一個社會中,能使在社會、文化與哲學方面多元化的公民統一起來的正當合理的基礎。他不否認,「只有公民們對在憲法或基本法的基礎上建立起來的制度有好的體驗與對政治自由感到習慣之後,憲法或基本法的原則才能在公民意識中生根。」儘管如此,在一個意識形態、文化與哲學方面多元化的社會,國家統一與認同的基礎是國家憲法或基本法以及它所展現的理念與價值。

因此,關於德國過去、現在與未來,歷史與民族,民族與民主,德國民族與德國身分的爭論,他認為,納粹(尤其是奧斯威辛大屠殺這一道德災難)時期的教訓之一就是把德國民族與德國身分等同。他指出:戰後的兩個德國分裂的經驗告訴我們,那種繼續主張一個共有一片疆土,共有日耳曼祖先的德國認同的觀點已不合時

哈伯瑪斯
當代新思潮的引領者（修訂版）

宜。他又指出，同宗同祖這些條件不能防止戰後德國以及其他一些原先統一的國家的分裂，它們也不能防止分裂國家的統一；共同的傳統文化、歷史根源並不是分裂國家統一的必然基礎。他認為，德國近現代經驗證明，沒有共同政治文化的國家是弱不禁風的。在特定的歷史條件下，經濟因素或者其他因素也許促成暫時的統一，但是這種統一將禁不起任何考驗；現代國家的統一應有堅實的政治文化價值基礎，這一堅實的政治文化價值基礎就是憲法愛國主義理念與情懷。

* 德國憲法的封面。在紀念德國憲法（基本法）30週年時，哈伯瑪斯明確提出憲法愛國主義的主張。

他進一步強調，現代國家的基礎應是共同民主政治文化與價值，而不是種族或民族同質性；維繫現代國家的情感與理念應是憲法愛國主義，而不是狹隘的、封閉的以種族為基礎的民族忠誠。

在憲法愛國主義中，一個人在憲政民主共和國的成員身分或資格和他（她）對一個民族群體的親近感或認同感沒有必然的聯繫，也和他（她）與這一民族群體的血緣或其他文化歷史關係沒有必然的聯繫。社會成員毋須有相同的民族背景才能組成共同的國家。反過來說，有相同的民族背景的社會成員不一定能組成共同的國家。在現代國家中，對社會成員來說最重要的不是學會在某一民族文化中生活，而是在特定政治文化中生活。他進一步認為，從現代性的角度來說，在現代國家中，對社會成員來說，最重要的不是去尋找種族的根和發展與其他同根的成員的認同感，而

第二章　引導民主、正義與憲政思潮的大師
三、《柏林共和國》與憲法愛國主義

是學會批判地使自己的利益與行為規範化，以便進入理性的協商。所以，作為具有現代性的現代國家的統一基礎的民主文化具有形式普遍性，其社會成員的公民性也具有形式普遍性和非具體實質性。例如，德國公民不必具有日耳曼的血緣和民族特性，或信仰傳統的德國宗教。

《柏林共和國》中的憲法愛國主義理念展現了哈伯瑪斯如下的憲政民主的思維：
1. 在以憲法愛國主義為基礎的憲政民主中，公民身分和資格的形式共同性和包容性使不同宗族、種族、信仰、歷史文化背景的人能在認同共同的民主憲法及其理念和價值的基礎上團結起來，組成共同的國家。
2. 在以憲法愛國主義為基礎的憲政民主中，公民身分和資格的形式普遍性和非具體實質性也使現代國家的公民適合於世界範圍內的民主化潮流。公民性的形式普遍性和非具體實質性使現代公民適合於具有共同政治空間的多文化聯繫的現代社會，使世界各國公民有共同的政治和價值語言與規範，也使他們具有民主、理性協商的政治意志和條件。

當然，在發展其憲政民主理念時，哈伯瑪斯始終以歐洲民主，尤其是歐洲共同體的民主為模型，也在為未來始終以歐洲民主，尤其是歐洲共同體的民主量體裁衣。值得注意的是，哈伯瑪斯以憲法愛國主義為基礎的憲政民主理念具有濃厚的實證主義的味道，儘管它本質上是話語主義的。哈伯瑪斯認為，以憲法愛國主義為基礎的憲政民主理念是後本體論思維的產物。

《柏林共和國》是作為哈伯瑪斯的《政治小品集》的第八冊出版的。它繼續回答哈伯瑪斯在前幾冊的《政治小品集》中提出的問題：非強制性的政治是什麼樣的，如何可能的？理性的、真正的民主是什麼樣的，如何可能的？理性的民主政治、社會和文化的結合是什麼樣的，如何可能的？ 使社會與文化達到「非壓迫的昇華」的民主政治是什麼樣的，如何可能的？只不過這些問題都針對德國而問：即非強制性的德國社會政治是什麼樣的，如何可能的？理性的、真正的德國民主與民主的德國國家是什麼樣的，如何可能的？理性的德國民主政治、社會和文化的結合是什麼樣的，如何可能的？ 使德國社會與文化達到「非壓迫的昇華」的德國民主政治是什麼

哈伯瑪斯
當代新思潮的引領者（修訂版）

樣的，如何可能的？而這些問題也間接地針對歐洲而問：即非強制性的歐洲社會政治是什麼樣的，如何可能的？理性的、真正的歐洲民主與民主的歐洲共同體是什麼樣的，如何可能的？理性的歐洲民主政治、社會和文化的結合是什麼樣的，如何可能的？使歐洲社會與文化達到「非壓迫的昇華」的歐洲民主政治是什麼樣的，如何可能的？而直接參與對一些德國的實質性問題的討論又表現出哈伯瑪斯作為公共知識分子的情懷。

從民主思想理論的角度上說，《柏林共和國》是從《事實與規範》到哈伯瑪斯1990年代另一重要著作《對他者的包容》的一個良好的過渡。在《事實與規範》中，哈伯瑪斯探討了作為現代民主脊梁的法律規範的正當合法性問題。在《柏林共和國》中，以德國為例子，哈伯瑪斯探討了現代國家的根基是其民主法律，尤其是其民主憲法或基本法。在《對他者的包容》中，哈伯瑪斯系統地對當代民主的社會制度條件進行了深入的分析，對《事實與規範》提出的有效的法律、人權、權利等理念進一步地發揮。對《事實與規範》來說，《柏林共和國》是小後語。對《對他者的包容》來說，《柏林共和國》是個小彩排。《柏林共和國》具體涉及、關注與討論的課題是德國的民主與德國的歷史問題，是統一後德國如何看待自己，何去何從的問題。但《柏林共和國》也間接闡述了現代國家、有效國家的概念。所以，兩者相輔相成。從這個意義上講，從《事實與規範》，經過《柏林共和國》，到《對他者的包容》是哈伯瑪斯社會政治哲學的全面、繼續發展的一個小週期。難怪，對於《事實與規範》所提出的超民族的憲政民主共和理念所引出的一系列理論和實踐問題，哈伯瑪斯在《柏林共和國》中並沒有作深入的解答。此時，對這一批評和反對意見，他雖然有了回答，但是還要處理好一些細節。

進入1990年代後，隨著他在學術上的一個又一個新的建樹和突破，哈伯瑪斯也繼續不斷地在國際哲學界和知識界得到一個又一個新的承認，獲得一個又一個新的榮譽稱號。1991年，他獲得美國西北大學（Northwestern University, Evanston）的哲學榮譽博士稱號。1993年，他獲得希臘雅典大學法學院（Der Universität Athen）的法學榮譽博士稱號。1994年，他成為位於英國牛津的英國科

> 第二章　引導民主、正義與憲政思潮的大師
> 四、與約翰‧羅爾斯關於政治自由主義及其正義問題的爭論

學院（The British Academy of Science, Oxford）的外籍院士。在同一年，他還成為俄國科學院（Der Russischen Akademie der Wissenschaften）的客籍院士。其中，希臘雅典大學的法學榮譽博士和俄國科學院客籍院士純粹是一種榮譽，但是，美國西北大學的哲學榮譽博士和英國科學院的外籍院士卻是實實在在的東西，哈伯瑪斯與兩機構的同事都有橫向學術合作，他也經常在西北大學教課。更重要的是，哈伯瑪斯的這一個又一個在國際哲學界和知識界得到的新承認反過來為哈伯瑪斯在世界範圍內像孔子一樣周遊列國，直接傳播他的哲學提供了良好的機會與橋梁。哈伯瑪斯是哲學史上在世界範圍內直接傳播他的哲學最多，也最廣的哲學家。

四、與約翰‧羅爾斯關於政治自由主義及其正義問題的爭論

＊　歐內斯特‧梅索尼埃（Ernest Meissionier）：「哲學家」。

哈伯瑪斯
當代新思潮的引領者（修訂版）

1995 年，西方哲學界迎來了一場引人注目、影響巨大與深刻的哲學大辯論，這就是尤爾根・哈伯瑪斯與約翰・羅爾斯關於政治自由主義以及正義問題的公開哲學辯論。這是一次哲學盛事。也許，把兩人這一關於正義問題的交鋒稱為辯論有點過分，雙方真正公開的你來我往的正面交鋒只有一次，然後是各自在不同的場合進一步地闡述或說明自己在這一問題的立場以及對雙方分歧點的界定，你來我往的交鋒由雙方的追隨者來進行。但是，這一哲學辯論方式正是哈伯瑪斯式的。他是這樣與伽達默爾在 1970 年代進行辯論的。他原本準備這樣與傅柯在 1980 年代進行辯論。

哈伯瑪斯與羅爾斯的哲學大辯論圍繞羅爾斯的《政治自由主義》一書展開。從西方哲學的角度來說，如果說，哈伯瑪斯與伽達默爾之間的哲學辯論是兩位德國哲學家或兩位歐洲大陸哲學家之間的辯論，那麼哈伯瑪斯與羅爾斯之間的哲學辯論不僅僅是一位歐洲哲學家與一位美國哲學家之間的辯論，也還是一位歐洲大陸哲學的大師與一位英美分析哲學的大師之間的辯論。就形式來說，哈伯瑪斯與羅爾斯之間的哲學辯論遠比哈伯瑪斯與伽達默爾之間的哲學辯論正式與有組織。就公共效應來說，哈伯瑪斯與羅爾斯之間的哲學辯論也遠比哈伯瑪斯與伽達默爾之間的哲學辯論引起更多的學者關注與參與。無論是哈伯瑪斯與伽達默爾之間的哲學辯論，或是夭折的哈伯瑪斯與傅柯之間的哲學辯論，哈伯瑪斯都與辯論者有良好的個人關係與友誼。但哈伯瑪斯與羅爾斯之間的關係僅限於職業關係。因此，哈伯瑪斯與羅爾斯之間的哲學辯論是純粹哲學的交流。

話要回到羅爾斯的哲學巨著《政治自由主義》。1993 年，《政治自由主義》由哥倫比亞大學出版社出版。它是羅爾斯第二部關於正義問題的哲學大作。他的第一部關於正義問題的哲學巨著是 1971 年由哈佛大學出版社出版的《關於正義的理論》。在《關於正義的理論》中，羅爾斯提出了兩個關於正義問題的重要論斷。一個是社會政治正義的兩個基本原則的論斷，另一個是關於確立社會政治正義的機制是所謂的原始地位（original position）的論斷。1986 年，羅爾斯在美國著名哲學雜誌《哲學和公共事務》（Philosophy and Public Affairs）上發表了一篇題為「正義即公平：政治的而不是本體的正義概念」的文章。文章強調，政治性的正義概念不需要一個

第二章　引導民主、正義與憲政思潮的大師
四、與約翰・羅爾斯關於政治自由主義及其正義問題的爭論

本體論基礎，也不必依賴真理或真理的概念，羅爾斯把這叫做政治性正義概念的自由站立性（free-standing）。在《政治自由主義》中，羅爾斯一方面繼續他在《關於正義的理論》的正義主要涉及的是基本的社會制度這一論斷。所以，他開宗明義地宣稱，《政治自由主義》的中心問題是兩個：「首先，能夠為自由與平等的公民們具體設定合作的公平條件的最合適的正義概念是什麼？……第二，面對合理的多元化是自由制度的不可避免的後果，寬容的理由是什麼？」即政治自由主義的中心問題是：
1. 什麼是作為自由與平等的公民們社會合作的政治性正義概念？
2. 什麼是社會、文化寬容的理由？

與此同時，另一方面，羅爾斯又發揮了「正義即公平：政治的而不是本體的正義概念」一文中關於政治性的正義概念的自由站立性的論斷。《政治自由主義》出版後，西方哲學界各派反應激烈，批評的、贊同的哲學文章一篇又一篇地發表。在各個不同的場合，哈伯瑪斯也對羅爾斯在《政治自由主義》中對正義問題的論斷進行評論。他與羅爾斯集中在羅爾斯對《政治自由主義》第一個中心問題的回答，尤其是羅爾斯的政治性正義概念具有自由站立性的論斷。

於是，以美國最權威、最重要的《哲學雜誌》（Journal of Philosophy）為戰場，哈伯瑪斯與羅爾斯進行了唯一的一次正面的、你來我往的交鋒。在 1995 年 3 月這一期，《哲學雜誌》同時刊登了哈伯瑪斯題為「透過公共運用理性達到和解：對約翰・羅爾斯的政治自由主義的幾點看法」（Reconciliation through Public Use of Reason： Remarks on John Rawls's Political Liberalism）一文和羅爾斯的題為「對哈伯瑪斯的回答」（A Reply to Hagerman）的回應文章。雙方的交鋒由此開始。「透過公共運用理性達到和解：對約翰・羅爾斯的政治自由主義的幾點看法」一文後被收在《對他者的包容》中。

哈、羅雙方爭論的焦點主要有三個：
1. 關於政治性的正義概念是否需要依賴於真理或真理的概念這一問題。例如，一個正當的政治的正義概念是否在其被接受之前，它應證明它自己或被證

哈伯瑪斯
當代新思潮的引領者（修訂版）

明是具有真理。
2. 關於交叉共識在對一個政治性的正義概念在公共證明中的角色問題。
3. 什麼是建立正當的政治的正義概念的最合理的機制？

在「透過公共運用理性達到和解：對約翰·羅爾斯的政治自由主義的幾點看法」一文中，哈伯瑪斯堅稱，一個正當的政治性的正義概念在其被接受之前應證明其具有真理，否則它即沒有可接受性（acceptability），儘管它在特定的社會歷史條件下可能由於其他原因被某一社會接受為該社會正當的政治正義概念。也就是說，一個政治性正義概念的真理性構成其可接受性。哈伯瑪斯強調，我們應嚴格區分一個政治性正義概念的可接受性（acceptability）和它的被某一社會所接受（acceptance）。他堅稱，某一社會的社會成員在討論是否接受某一政治性正義概念時不可避免地問：這一政治性正義概念是否合理？而一個沒有真理的政治性正義概念不可能是合理的。他因此認為，當羅爾斯放棄要求一個政治性正義概念必須具有真理時，他（羅爾斯）也放棄了對一個政治性正義概念的合理性和可接受性的要求。不僅如此，假如一個政治性正義概念沒有真理，它自己本身不可能是穩定的。因此，當它是社會合作的基礎時，社會合作的基礎也將是不穩定的。簡而言之，哈伯瑪斯堅稱，一個正當的政治性正義概念的合理性寓於其有效性和可接受性，而它的有效性和可接受性基於它的真理性。

在「對哈伯瑪斯的回答」一文中，羅爾斯堅稱，社會成員可以從不同的立場或角度去理解某一政治的正義概念的合理性和可接受性。重要的不是他（她）們都是在認識某一真理或在同一真理概念的指導下達成共識，而是他（她）們最終都認為某一政治的正義概念是最合理的和應該被可接受的。換句話說，達成對某一政治的正義概念的合理性和可接受性的共識的途徑和起步點不必相同，不是只有真理這一條路，正如通往羅馬的路不必只是一條。羅爾斯不認為，某一政治的正義概念如果不具有某種概念意義上的真理，它將是不穩定的。羅爾斯強調，像哈伯瑪斯那樣強求一個政治的正義概念的真理性將不可避免地走向專制主義（totalitarianism）。這就是，在現在這樣一個文化多元化的世界，為了達成對一個政治性的正義概念真

第二章　引導民主、正義與憲政思潮的大師
四、與約翰・羅爾斯關於政治自由主義及其正義問題的爭論

理性的統一理解，這必然要求認識各方都擁有一個共同的真理概念。這就意味著一些社會成員必須放棄自己的真理概念。這就意味著必須使用制度暴力去強迫一些社會成員去放棄自己的真理概念，這是因為在民主和文化多元化的今天，除非使用制度暴力去強迫一些社會成員去放棄自己的真理概念，社會成員之間不可能有一個共同的真理概念。例如具有不同宗教背景的人不可能有一個相同的真理概念。而使用制度暴力去強迫一些社會成員去放棄自己的真理概念本身與正義即公平，是背道而馳，水火不相容的。

　　從哲學上更深的層次來看，雙方的如上分歧不僅涉及到真理與正義的關係問題，而且涉及到普遍真理的概念的可能性問題，即是否存在一個能被所有人自願地、理性地認同的普遍真理概念。哈伯瑪斯不僅認定真理與正義之間存在著密不可分的關係，而且認定正義依賴於真理。普遍真理的概念不僅是可能的，而且是任何合理的社會交往的基礎，也是任何合理的正義概念的可接受性的基礎。羅爾斯否定真理與正義之間存在著密不可分的關係，否定正義依賴於真理。對羅爾斯來說，合理性與真理性是兩個完全不同的概念。哈伯瑪斯堅持普遍真理的概念是任何統一的政治性的正義概念的基礎。羅爾斯則反其道而行之，認為一個統一的政治性正義概念給不同的真理的概念與理論提出求同存異的基礎。

　　與如上所說相關，哈伯瑪斯與羅爾斯在交叉共識對一個政治性的正義概念在公共證明中的角色這一問題各持不同的觀點。羅爾斯認為，在內容上，交叉共識對一個政治性的正義概念的公共證明並不能提供任何認識上的說明，它並沒有為一個政治性的正義概念正當性的證明提供任何支持性或反對性的認識上的理由。在內容上，交叉共識是對那些為政治性正義概念作公共證明的綜合學說的差異性的承認，也是對讓這些不同綜合學說共存的共識。它既不試圖調解那些為一個政治性的正義概念作公共證明的綜合學說的衝突，也不試圖在那些為一個政治性的正義概念作公共證明的綜合學說中尋找共同真理與價值。因此，交叉共識在對一個政治性的正義概念在公共證明中的角色不是認識性的或帶有認識性的作用。交叉共識在對一個政治性的正義概念在公共證明中的角色是政治性、工具性的。它僅僅限於承認為政治性正

哈伯瑪斯
當代新思潮的引領者（修訂版）

義概念作公共證明的不同綜合學說的差異性，僅僅是讓這些不同綜合學說共存的共識。在認識上，交叉共識對一個政治性的正義概念沒有提供任何它自己的證明，也證明不了什麼。但是政治上，交叉共識確能起到讓這些不同綜合學說從各自不同的角度去證明一個政治性的正義概念的橋梁作用，起到穩定社會合作的作用。由於它是讓不同綜合學說從各自不同的角度去證明一個政治性的正義概念的必要條件，它在一個政治性的正義概念作公共證明中的角色是工具性的。即它讓不同綜合學說從各自不同的角度去證明一個政治性的正義概念的工具。

哈伯瑪斯的看法相反。哈伯瑪斯開門見山，直截了當地說，「我要問的是究竟交叉共識⋯⋯角色是否是認識性的，還是僅僅是工具性的；究竟交叉共識主要是為對（關於正義）理論進一步的證明開路搭橋，還是它本身⋯⋯解釋了社會穩定的必要認識條件。」在哈伯瑪斯看來，在內容上，交叉共識是對一個政治性的正義概念的共同真理與合理性的共識。因此，交叉共識對一個政治性正義概念的公共證明應該提供，而且提供獨特的認識性的說明，它為一個政治性正義概念正當性的證明提供認識上的理由。在內容上，交叉共識不僅調解那些為一個政治性的正義概念作公共證明的綜合學說的衝突，也在一個政治性的正義概念作公共證明的綜合學說中尋找共同真理與價值。因此，交叉共識在對一個政治性正義概念在公共證明中的角色是認識性的或帶有認識性的作用。在認識上，交叉共識對一個政治性正義概念提供任何它自己的證明，它證明這一正義概念具有合理的可接受性。交叉共識不僅在政治上起到讓這些不同綜合學說從各自不同的角度去證明一個政治性正義概念的橋梁作用與穩定社會合作的作用，它還起到讓這些不同綜合學說為了使自己合情合理，彼此在交往理性的指導下，進行合理的交流。因此，對不同綜合學說來說，交叉共識不僅僅是，甚至不主要是，一個政治橋梁，而是一個認識橋梁。它不僅僅是讓這些不同綜合學說從各自不同的角度去證明一個政治性正義概念。它證明政治性正義概念的普遍可接受性。而只有交叉共識能證明政治性正義概念的普遍可接受性，不同綜合學說不能提供這一證明。

雙方爭論的另一個焦點是：什麼是建立正當的政治性正義概念的最合理的機制？

第二章　引導民主、正義與憲政思潮的大師
四、與約翰・羅爾斯關於政治自由主義及其正義問題的爭論

在「透過公共運用理性達到和解：對約翰・羅爾斯的政治自由主義的幾點看法」一文中，哈伯瑪斯堅稱，建立正當的政治的正義概念的最合理的機制應當是理想的話語狀況（ideal speech situation）。在理想的話語狀況中，社會成員在交往理性的四大規範——可理解性、真誠、真理和規範地正確——的約束下，透過自由、合理的交流與對話，在真理和共識的基礎上認同某一政治性正義概念。在理想的話語狀況中，社會成員是理性地和自由地認同某一政治性正義概念的，而且由於他（她）們達成共識的基礎不是利益交換或妥協，而是對真理和規範地正確的共識。因此，這樣一個被接受的政治性正義概念具有可證性和可接受性，也具有穩定性。例如，利益是變化的東西，在利益交換或妥協的基礎上達成的共識與協定因此會因為利益的變化而變化。但是，真理是不變的，儘管真理是發展的，在真理的基礎上達成的共識與協議，因此也是不變的，因而是穩定的。

在「對哈伯瑪斯的回答」中，羅爾斯堅持認為，建立正當的政治性正義概念的最合理的機制應當是設想的原始地位（original position）。羅爾斯認為，在設想的原始地位上，每個參與討論是否認同某一政治性正義概念的人既不知道自己現在的身分、地位和利益，也不知道自己在未來社會中的身分、地位和利益，更不知道他人在未來社會中的身分、地位和利益，這就保證每個參與討論者在思考是否認同某一政治的正義概念時做到不偏不倚，公正公道，只考察這一政治的正義概念是否是合乎邏輯，合情合理的。羅爾斯同時認為，哈伯瑪斯所講的理想話語狀況不可能存在。從達成對某一政治性正義概念的合理性的共識的角度來說，也沒必要要求這樣一個理想的話語狀況，因為目標是認同政治的正義應是社會合作的基礎，認同某一政治性正義概念是否是合情合理，因此能成為社會合作的基礎，而不是某一政治的正義概念是否具有道德真理。

哈伯瑪斯反擊並強調，在羅爾斯的設想中，建立正當的政治性正義概念的機制有兩個致命的短板。在建立正當的政治性正義概念的過程中，建立正當的政治性正義概念的過程不僅僅與證明一個政治性的正義概念的正當合理性的過程有區別，而是完全分開。建立正當的政治性正義概念的過程因此不在乎所建立的政治性的正義

哈伯瑪斯
當代新思潮的引領者（修訂版）

＊ 美國《獨立宣言》的簽署。羅爾斯的思想根基於美國經歷。

概念的正當合理性與可接受性，只在乎所建立的政治性的正義概念被所有人事實上所接受。更致命的是，每個參與討論制定一個政治性正義概念的人必須戴有羅爾斯所謂的「無知面紗」，既不知道自己現在的身分、地位和利益，也不知道自己在未來社會中的身分、地位和利益，更不知道他人在未來社會中的身分、地位和利益。這就迫使沒一個參與討論制定一個政治性的正義概念的人人為地分裂為二：抽象的戴有所謂的「無知面紗」的人與真實的人。前者的角色是建立正當的政治性的正義概念立法者；後者的角色是從自己認同的綜合學說去證明與接受一個政治性的正義概念。哈伯瑪斯強調，建立正當的政治性正義概念的過程與證明一個政治性的正義概念的正當合理性的過程彼此相連，不可分割。一個公民也不應，更不可能，把自己分裂成抽象的戴有所謂的「無知面紗」的建立正當的政治性正義概念的建立者，與真實的、從自己認同的綜合學說去證明與接受一個政治性正義概念的遵從者。哈伯瑪斯認為，一個正當的政治性正義概念的建立者與遵從者是同一人。

第二章　引導民主、正義與憲政思潮的大師
四、與約翰・羅爾斯關於政治自由主義及其正義問題的爭論

在哈伯瑪斯與羅爾斯關於政治性的正義概念問題的分歧背後是他的程序主義思維與羅爾斯的政治自由主義思維的巨大分歧。也就是說，此時，哈伯瑪斯已發展出自己的過程主義。在他與羅爾斯關於政治性正義概念問題在《哲學雜誌》上公開辯論幾年後，在他的新著《對他者的包容》中，他比較了羅爾斯的政治自由主義和他自己的康德式的共和主義的理念之間的差異。數年後，他在中國訪問與中國學者座談時，中國學者萬俊人問他：「我認為，在你對自由主義的批評和羅爾斯的答覆之間存在一個問題：他抱怨你的觀點還沒有放棄形而上學的背景。你則批評他對程序、形式等關注得還不夠。我想你和羅爾斯的出發點都是康德，因此我想問你如何看待羅爾斯從康德的倫理學『退卻』到政治學？」哈伯瑪斯回答道：

羅爾斯的理論無疑是非常西方化的。我對羅爾斯的批評分別涉及他的方法和內容。我們知道，羅爾斯在《政治自由主義》中的出發點是：國家究竟有怎樣的形態和特徵才能保證每個個體都能完全按照他自己想像的那樣去生活。自由主義在闡述國家概念的時候，其基本問題一般是：國家怎樣才能保障公眾平等的權利，以便使所有的個體都能按照自己的意願去生活。但是，共和主義則不是這樣認為的。也就是說，共和主義的出發點和自由主義是截然不同的。按照共和主義的看法，個人的能力與語言應當與社會公共的能力和語言協調起來，並透過民主意識的形成，來保障民主制度的落實。共和主義傳統實際上繼承了康德、黑格爾和馬克思。

在這一回答中，哈伯瑪斯認為，共和主義和自由主義的根本區別之一是出發點的截然不同。自由主義強調國家對公眾平等的權利的保障，而共和主義強調社會成員在交往理性指導下民主意識的形成。而哈伯瑪斯這裡所說的共和主義是他版本的程序主義、共和主義。

哈伯瑪斯與羅爾斯之間關於政治性正義概念問題的公開哲學辯論具有重大的理論意義。它提出了一些令人深思的問題，例如，正義是否是建立在真理的基礎上？一個正當的、我們應當接受的社會正義或政治性正義概念是否應該有真理，其真理性是否應是其可接受性的基礎？ 在公共地證明一個政治性正義概念時，交叉共識的角色是否應是認識性？擴而廣之，我們是否應該要求，政治哲學概念，甚至於道德

哈伯瑪斯
當代新思潮的引領者（修訂版）

哲學概念的真理性是其可接受性的基礎？從西方哲學發展的角度上，一個是歐洲大陸哲學傳統的泰斗，一個是分析哲學傳統的大師，兩人的對話為兩派哲學傳統的對話樹立了一個良好的典範。從哈伯瑪斯哲學思想發展的角度來說，與羅爾斯之間關於正義問題的公開的哲學辯論是他正在不斷擴大的與英美哲學大師的對話的一個例子。此時，在不同的場合，他與羅蒂、派特曼等在理性、知識等一系列的問題上的對話已經開始。美中不足的是，哈伯瑪斯與羅爾斯兩人之間直接的關於政治性的正義概念問題的公開哲學辯論只有一集，沒有下一集，雖然直到現在，各自哲學的追隨者仍在不斷地交鋒。

五、《對他者的包容》與世界主義理念

到了1994年，哈伯瑪斯回歸法蘭克福大學已11年。這一年，他也達到了德國法律法定的退休年齡。於是，根據規定，他從法蘭克福大學哲學教授和社會學教授的位置上退休，但是繼續作為法蘭克福大學的一名榮譽教授。但是，哈伯瑪斯並沒有真正地封刀掛印，馬歸南山，真正地從哲學退休。哈伯瑪斯的哲學強調形式與過程。而他的退休卻僅僅是從正式形式與過程中退下來。他僅僅是從一個正式的大學職位上退下來而已。他的哲學工程遠未結束。他從不想，也不打算從此過一種閒雲野鶴，悠悠自得的日子。哲學是他的生命。探索的基因流在他的血液裡。離開哲學，他也沒有幸福可言。難怪，他從法蘭克福大學哲學教授和社會學教授的位置上退休後，他一方面繼續以法蘭克福大學為根據地，堅持他的學術研究；另一方面開始投入更多的時間和精力在美國開闢學術的第二根據地並到世界各地去講學。而到2000年，美國已是他真正的根據地。1994年之後，他進一步發展完善他在《事實與規範》中建立的人權理論，還改造了康德的世界主義理念，不僅提出其著名的民主三種規範模式，還創造性地發展了他標誌性的「後民族國家與民主」的理念。他不僅系統地歸納他的國家、民族、民主與法制的思想，還創造性地發展了他的全球正義理念、世界主義等。

第二章　引導民主、正義與憲政思潮的大師
五、《對他者的包容》與世界主義理念

早在 1960 年代，哈伯瑪斯就已經與美國的一些高等院校的同事在學術方面發展了重要的來往，他也與一些院校發生特殊的合作關係。例如，自 1967 年起，他就一直是紐約社會研究新學校（New School for Social Research, New York，即批判理論哲學的美國發源地），美國康州維思大學人文所（Institute for the Humanities, Wesleyan University），加州大學聖塔芭芭拉分校（University of California St. Barbara），賓州大學（University of Pennsylvania），紐約大學，加州大學柏克萊分校等數所美國著名高校的客座教授。自 1967 年起，他一直是紐約大學法學院的全球法客籍教授。

但是，1994 年以前，雖然他在美國的高等院校中有眾多的合作點，哈伯瑪斯沒有時間也沒有精力在美國開闢學術的第二根據地。他在加州大學柏克萊分校和紐約大學法學院的情形是兩個典型的例子。在這兩個學校，他都受到熱情的邀請和歡迎，但就是沒有時間也沒有精力在那裡開闢學術的第二根據地。例如，他一直沒能在其中的一個學校正式逗留兩個月。事實上，這麼多年來，除在紐約社會研究新學校當訪問教授的那一次外，他對如上的美國高等院校和研究所的訪問，基本上都是很短暫的，最多不超過兩個月。他也從未在這些美國高校開課，直接傳播他的哲學。

哈伯瑪斯從法蘭克福大學哲學教授和社會學教授的位置上退下來後，如上的情形徹底改變。1994 年秋冬季，即他剛從法蘭克福大學哲學教授和社會學教授的位置上退下來，哈伯瑪斯作為訪問教授訪問了位於芝加哥市的美國西北大學。西北大學是美國一所有名的大學。其哲學系更是美國有名的哲學系，以研究歐洲大陸哲學出名。與他以往對美國大學的訪問不同，哈伯瑪斯此次是作為一名實際上的正式教授來的。他在西北大學秋冬季學期以哲學系教授的身分正式開設了兩門課：

（1）「關於社會政治哲學的課題」；

（2）「特別課題」。

來到西北大學，對哈伯瑪斯來說，又是與自己最得意的弟子之一、西北大學的哲學和人文教授湯瑪斯·麥卡錫的會合。麥卡錫本人是一位很有建樹的美國哲學家，他也是美國哲學界最權威的哈伯瑪斯哲學的專家，對哈伯瑪斯的哲學思想在美國的

哈伯瑪斯
當代新思潮的引領者（修訂版）

傳播做出了巨大的貢獻。在這一點上，即使是哈伯瑪斯的另一好友伯恩斯丁也比不上。在麥卡錫的力主下，哈伯瑪斯與西北大學達成一項在該大學長期執教的協定。根據這一協定，哈伯瑪斯將定期在西北大學正式授課，授課方式、題目當然由哈伯瑪斯自訂。這樣，西北大學開始成為他的新據點。2000年之後，西北大學事實上已成為他的新的工作單位。他本人在西北大學哲學系擁有自己的辦公室。

1994年後，已改名為社會研究新學校大學的原紐約社會研究新學校也成為哈伯瑪斯新的學術據點之一。他成為社會研究新學校大學哲學系的研究生導師之一。由伯恩斯丁主持的新學校大學的哲學系與一般的哲學系不同，新學校大學本身的哲學教授只有兩三個，其餘的都是應邀訪問的西方哲學的名家。作為新學校大學的定期訪問教授，哈伯瑪斯不僅增加了與好友伯恩斯丁的學術合作，也以新學校大學為基地，發展了與其他到新學校大學訪問的西方哲學名家的交往。同樣地，1994年之後，哈伯瑪斯開始與紐約大學法學院進行長期的、正常的合作。雖然他與紐約大學的合作沒有他與西北大學的合作那麼有聲有色。但是，與早期相比，他的紐約大學的學術活動變成長期、正式的行為。與在西北大學一樣，他在紐約大學法學院不僅僅是開設一些短期的講座系列，而是教正常的、全學期的課。

1995年，哈伯瑪斯獲得以色列特拉維夫大學（Der Universität Tel Aviv）的榮譽博士稱號，這是他獲得的第二個以色列大學的榮譽博士稱號。1996年，他獲得義大利波倫亞大學（Der Universität Bologn）的法學榮譽博士稱號。1996年，他首次踏上亞洲的土地，應邀訪問了韓國首爾國立大學（National University, Seoul），作了當年韓國首爾國立大學的漢南講座系列（The Seonam Lectures），並出席了一系列討論他的哲學思想的學術會議和座談會。

在這一時期，哈伯瑪斯進一步思考著世界上文化的多元性與民主的多樣性，尤其是當代歐洲國家和文化的多樣性，例如德國，傳統的德意志民族的德國正被一個多元的德國所取代。同時，也積極地回應來自四面八方的對《事實與規範》的疑問與批評。他把這些新思考整理成新著《對他者的包容》（Die Einbeziehung des Anderen）。1996年，《對他者的包容》一書由Suhrkamp出版社出版。在一定

第二章　引導民主、正義與憲政思潮的大師
五、《對他者的包容》與世界主義理念

的意義上,《對他者的包容》是《事實與規範》的姐妹篇。哈伯瑪斯在《事實與規範》中談到規範化、法律規範的有效性與合法性、法律與道德的關係等。此後,他的一些有關法律的思想招來很多的質疑。一個典型的例子是哈伯瑪斯1992年在紐約的卡多佐法學院就這一理念和原則舉辦一系列演講時,批評和反對的意見一浪高過一浪。《對他者的包容》雖然沒有完全回應所有的批評與挑戰,但它討論了多樣性與同一性這一重大課題。

《對他者的包容》可分為五部分。第一部的題目是「合理的是如何成為『應該的』的權威?」它只有一章,題目是「對道德的認識內容的家譜式分析」。它集中地概括了他在《道德意識與社會交往行為》中發展起來的話語倫理哲學的核心思想。「對道德的認識內容的家譜式分析」這一題目有些「非哈伯瑪斯性」。如前所述,哈伯瑪斯的哲學與倫理思維是後本體式思維。後本體式思維不從存在本體去尋找正當合法規範的源泉。以此類推,後本體式思維不從存在本體的家譜式起源去尋找正當合法規範的源泉。因此,哈伯瑪斯的對道德的認識內容的家譜式分析更屬傅柯式,而不屬哈伯瑪斯式。

無論如何,如前章所述,哈伯瑪斯認為,話語倫理是對康德倫理的揚棄。他指出,話語倫理與康德倫理的區別有三:

1. 話語倫理堅持包含責任意識與自由意志的可知世界與包含傾向、主觀動機等的現象世界的統一,放棄康德倫理對可知世界與現象世界的二分;
2. 話語倫理強調關於道德規範普遍性的檢試的客觀性與外向性,拒絕康德倫理的道德規範普遍性的檢試是主觀、內向的思想;
3. 話語倫理發展了自己獨特的道德規範正當性證明方式,克服了康德倫理中令人難以滿意的道德規範正當性證明的問題。

《對他者的包容》的第一章,「對道德的認識內容的家譜式分析」,開門見山地指出,「如果道德陳述能被證明是正當的,那它必具有認識的內容。」話語倫理哲學認為,道德陳述能夠、也必須被證明是正當的,所以,道德陳述必然具有認識的內容。例如,「(道德)『義務』以對道德規範的間體性共同認識為前提。」如

哈伯瑪斯
當代新思潮的引領者（修訂版）

果沒有對道德規範的間體性共同認識，道德規範所規定的道德義務對一個共同體成員毫無意義，毫無約束性。而我們不能說，一方面，共同體成員對道德規範有間體性共同認識；同時，另一方面，道德規範沒有認識方面的內容，道德本身沒有認識方面的內容。相反，我們應看到，「道德條例以反應性的方式運行……一個共同體的道德不僅規範其成員的行為，而且為有共識地調解相關衝突提供（認識等的）基礎。」

　　哈伯瑪斯指出，「義務這一關鍵概念所指的不僅僅是道德命令的內容，而且是道德有效性的特性。」哈伯瑪斯承認，「道德規範對共同體成員是有效的這一事實並不表明道德規範具有內在的認識內容。」道德規範的認識內容是在道德交往實踐中得到實現與證明。道德規範對共同體成員是有效的這一事實表明道德規範在道德交往實踐中得到認識性的證明。如前面提到，《道德意識與社會交往行為》不僅明確地提出道德規範的有效、公平和公正與道德原則普遍性的不可分割的關係，而且把這一關係建立在交往理性與其指導下的合理的道德交往實踐的基礎上。在《對他者的包容》中，哈伯瑪斯不僅再次重申道德規範的有效性在交往理性與其指導下的合理的道德交往實踐的基礎上，而且指出這一事實表明道德規範與道德有認識內容，即在交往理性的基礎上，在合理的道德交往實踐中的可接受性。從這意義上說，道德規範不僅規定了道德命令的內容，而且表達了公認道德義務的有效性。

　　因此，在「對道德的認識內容的家譜式分析」這一章中，哈伯瑪斯既批判了他認為屬於強版或弱版的非認識主義的倫理道德哲學（前者如功利主義倫理哲學，後者如克爾凱哥爾等倫理道德哲學），也不贊同強版的認識主義的倫理道德哲學，並錯誤地把康德倫理道德哲學當做一種強版的認識主義的倫理道德哲學。話語倫理道德哲學強調倫理道德哲學的認識內容。但是，它的認識主義倫理道德哲學特色是溫和的。一方面，它強調對道德規範、道德義務的認同不僅僅是自由意志的自由選擇，而且是自由意志在合理的道德交往實踐中、在交往理性的指導下、在合理認識的基礎上做出的自由選擇。另一方面，對道德規範、道德義務的認同不是形上學的，既不是對某種形上學的規範、模式或定律的認同，也不是形上學地認同某種規範、模

第二章　引導民主、正義與憲政思潮的大師
五、《對他者的包容》與世界主義理念

* 　古斯塔夫・科比特 （Gustave Courbet）：「藝術家的工作室」。科比特的藝術家的工作室如同康德的哲學的工作室。而哈伯瑪斯哲學的工作室是在大眾廣場或大會議廳。道德規範是大眾討論的產物，不是哲學家在其工作室的作品。

式或定律。它只是間體間具有認識內容的共識。

　　哈伯瑪斯指出，強調倫理道德哲學的認識內容，話語倫理道德哲學充足合理地解釋了道德與道德規範。與其他倫理道德哲學比較，「話語倫理道德哲學能夠把倫理問題與道德問題系統地連接為不同形式的論述，即把倫理論述這一屬於自我解釋性的論述與道德論述這一屬於公共證明性的論述系統地連接。不僅如此，它也沒有因此把道德歸結為平等對待每一個人。它對道德中對團結與正義兩方面的要求都考慮。」如前章所述，道德中對團結的要求指的是道德要求共同體成員有義務保護人們作為共同體成員相互間互認的間體關係的網路，有義務對鄰居福祉有著同情與關懷。道德中對正義的要求指的是道德要求共同體成員有義務對每個共同體成員個人的人格尊嚴的平等尊重，有義務尊重每個共同體成員個人的不可侵犯性與權利。「話語倫理道德哲學捍衛既講平等尊重，又講團結的責任的道德。」

哈伯瑪斯
當代新思潮的引領者（修訂版）

因此，在「對道德的認識內容的家譜式分析」這一章中，哈伯瑪斯再次重申了話語倫理道德哲學的話語倫理原則與普遍性原則：

話語倫理原則：「只有當它得到在實踐對話與討論的所有有關參與者的同意與接受時，一個倫理的基本準則才是正當有效的。」

話語倫理的普遍性原則：「只有遵從它的正負實踐效果對每個人的特殊利益來說是可以接受的，一個倫理的基本準則才是正當有效的。」

哈伯瑪斯指出，話語倫理原則與普遍性原則都意味著道德是有認識內容的。

如上所指出，客觀地說，《對他者的包容》這一章用「對道德的認識內容的家譜式分析」這一題目很不高明。尼采、傅柯的家譜概念或家譜式的分析並不適合哈伯瑪斯。難怪，「對道德的認識內容的家譜式分析」中對道德的認識內容並不真正是尼采、傅

＊ 愛德華‧伯恩‧瓊斯（Edward Burnes Jones）：「寬恕之樹」。寬恕是團結的重要紐帶。

柯式的分析，倒更像哈伯瑪斯式的對話各家。它也沒有把話語倫理從《道德意識與社會交往行為》到《對他者的包容》的「家譜」作尼采、傅柯式的解釋。別忘了，哈伯瑪斯是社會學家。要作對道德的認識內容真正的家譜式的分析，他應比尼采與傅柯更在行。儘管如此，在「對道德的認識內容的家譜式分析」中，哈伯瑪斯強調

第二章　引導民主、正義與憲政思潮的大師
五、《對他者的包容》與世界主義理念

人類集體的普遍道德原則和責任義務的認識基礎。從此出發，他在下面將強調政治性正義概念、道德真理與公共理性的不可分割性。

《對他者的包容》的第二部分的題目是：「政治自由主義：約翰‧羅爾斯的爭論。」它基本上是哈伯瑪斯上面提到的在《哲學雜誌》同時刊登的「透過公共運用理性達到和解：對約翰‧羅爾斯的政治自由主義的幾點看法」一文的一分為二，分為「透過公共運用理性達到和解」與「『合理的』對比真的或諸世界觀的道德」兩章，前者為《對他者的包容》的第二章，後者為《對他者的包容》的第三章。

在「透過公共運用理性達到和解」中，哈伯瑪斯總結了他與羅爾斯之間在關於政治性正義概念與政治自由主義的哲學爭論中關於原始機制問題與交叉共識問題在觀點與視角上的差別。「『合理的』對比真的或諸世界觀的道德」則比較了羅爾斯的政治自由主義和他自己的話語主義的理念之間的差異，捍衛其普遍真理、普遍理性與普遍正義的理念，捍衛他關於合理的正義概念必須擁有真理、基於真理的觀點。

《對他者的包容》的第三部分最吸引人，也是最引發爭論的部分。它既包含有對理論問題的探討，又有對現實歐洲的研究。這一部分的內容也很符合該書的副表題：《對當代政治理論的研究（對當代德國社會政治思想的研究）》。

在這一部分，哈伯瑪斯進一步探討了有關民族國家的一系列爭議，尤其是兩德統一後在民族國家問題上的一系列爭議。他深入探討了歐洲統一過程中所出現的一系列問題。他集中探討了民主、民族、法治、人權等一系列問題，進一步闡述了他的後民族國家民主的理念，並不斷地與包括卡爾‧施密斯在內的一些當代德國的政治理論家論劍過招。哈伯瑪斯尖銳地批判了民族主義的國家概念，直接深入地探討了民族意識與民主意識之間的關係，否定了關於穩定的國家民主必須由強固的民族意識維繫的傳統觀點，精闢地闡明了在當代民族意識與民主意識、民族國家與民主國家是互不相同，彼此可分的概念。

《對他者的包容》這一部分包括該書的第四、第五與第六章。第四章，「歐洲民族國家：關於主權與公民身分的過去與未來」在理論上集中歸納了關於國家、民族、公民身分、民主、憲政與憲法愛國主義的理念。在一定的意義上，如果說，我們在《柏

哈伯瑪斯
當代新思潮的引領者（修訂版）

林共和國》中看到國家、民族、公民身分、民主、憲政與憲法愛國主義這些理念的身影，那麼，我們在《對他者的包容》第四章中就實實在在地看到這些理念本身。除非我們對《對他者的包容》第四章真正地理解，否則我們就沒有對《柏林共和國》有真正的理解。

在「歐洲民族國家：關於主權與公民身分的過去與未來」這一章中，哈伯瑪斯首先區別現代的國家（state）概念與民族（nation）概念。他指出：「在現代概念中，國家（state）是一個法律概念。在法律性的國家定義中，國家，在本質上，指的是對清楚地規定的既有領土空間與在此領土空間上的所有人員擁有內外主權的國家權力。」即，在本質上，國家是一種擁有內外主權的政治權威或權力。對外，它對特定的領土與人群擁有主權。對內，它擁有在特定的領土上對特定人群行使特定的權威的行政主權。與此相比較，「民族概念與人民概念有相同的外延。除了法律上的涵義之外，民族一詞還指一個由共同的血統，或至少由一個共同的語言、文化與歷史，所組成的政治共同體。在這一歷史意義上，一個人民只是在一種特殊的生活形式的具體形式中變成一個民族。」哈伯瑪斯進一步指出，國家與民族的結合，即民族國家的產生，是近代的產物，並不是生來具有的，正如民族概念與人民概念的通用只是在一定的意義上才有效。即是說，民族國家是歷史地產生的。正如民族國家可以歷史地產生，後民族國家同樣也可以歷史地產生。換句話說，國家的民族性不是內在的、必然的，而是歷史的、偶然的，後民族國家同樣可以是正當合理合法的。

其次，哈伯瑪斯指出，與此相適應，國家意識與民族意識的結合是現代長期而複雜的「發明民族」過程的產物。現代長期而複雜的「發明民族」過程有效率地把自己轉變為建立民主共和國過程。具體地說，「大眾的民族自我意識成為使成員們變成積極的『公民』的文化條件與背景。同屬於一個民族使原先彼此陌生的人之間第一次存在著一種團結關係。所以，民族國家的產生是一石二鳥：它使一種新的合法化模式在一種新的、更抽象的社會整合的基礎上成為可能。」即是說，民族國家的產生同時解決合法化與社會整合兩個問題。

合法化問題起源於現代化過程中意識形態的多元化，政治權威不能依賴於宗教

第二章　引導民主、正義與憲政思潮的大師
五、《對他者的包容》與世界主義理念

的「神權」,是現代化的歷史產物。

社會整合的問題起源於現代化過程中都市化與經濟現代化,也是現代化的歷史產物。

現代化過程中的合法化問題與社會整合的問題使民族國家適時、應運而生。與此相適應,民主意識與民族意識歷史地結合起來。在現代化過程中,「從貴族的民族向人民的民主轉化……是以 18 世紀後期由知識分子所激起的意識的深刻轉化為條件……大眾的民族意識彙集於一個『想像的共同體』。」即在民主轉化的歷史過程中,在知識分子的推動下,民主意識與民族意識被歷史地結合。即是說,它們的結合是歷史的產物,而不是內在的、與生俱有的。同時,更重要的是,「隨著它的逐漸建立,民主參與在提供新的合法性證明的同時,已使透過公民身分,以法律為仲介的團結達到新的水準。」也就是說,民主轉化的歷史進步創造了新的合法性證明的基礎,即是在民主的過程中建立起來的合理法律,而不是使合法性證明繼續基於狹隘的、排外的民族主義。更重要的是,在民主轉化的歷史進步中,「隨著從貴族主權性向大眾主權性的轉變,臣民的權利轉變為人權與公民權,即公民的基本的自由與政治權利。理想上,它們保證政治及私人的自主。原則上,它們甚至保證每個人的平等的政治及自主。」

在「歐洲民族國家:關於主權與公民身分的過去與未來」這一章中,哈伯瑪斯指出,「民族國家具有兩面性。一方面,公民自願地組成的民族國家是民主合法化的源泉。另一方面,民族國家又以繼承性或歸屬性地保證社會整合的種族成員身分為基礎……因此,民族國家這一概念包含平等主義的法律共同體普遍主義理念與以歷史使命為紐帶的共同體特殊主義理念之間的緊張關係。」

法律共同體普遍主義是共和主義。它認為平等、自由的公民在法律的基礎上自願地組成一個共同體,以便共同生活與發展。

以歷史使命為紐帶的共同體特殊主義是民族主義。它認為平等、自由的公民基於某種歷史的原因自願地組成一個共同體,以便實現某一特定的歷史使命。

在民族國家這一概念中,共和主義與民族主義的緊張關係一開始就如影相隨。

哈伯瑪斯
當代新思潮的引領者（修訂版）

反過來，共和主義與民族主義的緊張關係反證民族同質性認同越來越難於成為共和認同的基礎。

在「歐洲民族國家：關於主權與公民身分的過去與未來」這一章中，哈伯瑪斯進一步指出，我們處於一個文化多元的年代，文化多元的年代要求新的國家認同標準。「文化生活方式、種族、宗教與世界觀方面的差異性正在不斷發展。」在這一歷史條件下，國家認同的基礎是什麼？哈伯瑪斯的回答是：憲法愛國主義。憲法愛國主義因此取代了民族主義的傳統地位。

* 克洛德‧莫內（Claude Monet）：「國會」。國會制度是現代民主的重要組成部分。的確，它是現代民主的重要標誌之一。

一方面，憲法愛國主義取代了民族主義傳統的解釋大眾主權與人權的地位。

另一方面，憲法愛國主義取代了民族主義傳統的解釋共同體原則與價值的地位。

第二章　引導民主、正義與憲政思潮的大師
五、《對他者的包容》與世界主義理念

憲法愛國主義指的對憲法的國家忠誠。在現代國家的歷史上，公民們以前把對國家的國家忠誠與對民族的忠誠等同，愛國與愛民族等同。在憲法愛國主義的理念下，公民們對國家的國家認同與忠誠和對憲法的認同與忠誠等同，愛國與愛憲法等同。哈伯瑪斯指出，憲法愛國主義取代了民族主義的傳統地位這一事實表明我們進入了「後民族的自我理解」時代。即，我們的公民意識是後民族性的。

最後，在「歐洲民族國家：關於主權與公民身分的過去與未來」這一章中，哈伯瑪斯指出了民族國家的局限性。它已不適應一個文化多元的年代。同時，哈伯瑪斯也拒絕後現代主義所主張的克服民族國家。哈伯瑪斯指出，我們應實現民族國家的轉型，即從民族國家向後民族的國家的轉型。

總之，在《對他者的包容》的第四章「歐洲民族國家：關於主權與公民身分的過去與未來」中，哈伯瑪斯系統地闡述了他的國家、民族、公民身分、民主、憲政與憲法愛國主義的理念。這是他第一次如此系統地、集中地討論這些理念。

《對他者的包容》的第五章，即第三部分的第二篇文章的題目是「論民族、法制與民主的關係」。正如其題目所示，在這一章中，哈伯瑪斯繼續闡述他的憲政民主思想。他指出在傳統中民族群體（ethnos）與民主群體（demos）的區別。

民族群體（ethnos）「一方面是由家族關係組成具有共同血統的前政治性共同體，另一方面是期望政治獨立性的民族國家」。

人民是由大眾組成的共同體。組成人民的共同體成員不一定具有共同血統。而人民往往也不是前政治性共同體。

哈伯瑪斯指出，民族國家的理念認為，「公民的民主意識根基於他們民族成員的民族意識。」然而，在現代國家中，「民族主義不是民主過程的必要或永恆條件。」也許，在特定的歷史條件下，民族意識對民主過程具有一些進步作用。但是，民主過程不以民族意識作為其穩定的先決條件。也就是說，民族意識與民主意識的關係是偶然的，不是必然的。由家族關係組成具有共同血統的前政治性共同體與由具有平等自由的公民組成的國家的關係是歷史地形成的、偶然的，不是內在的、必然的。

哈伯瑪斯批判了以卡爾‧施密特為代表的民族主義的民族國家理念。民族主義

哈伯瑪斯
當代新思潮的引領者（修訂版）

的民族國家理念認為，人民的身分「不是首先從人民自己為自己建立的憲法中獲得。相反，人民的身分是前憲法性的，歷史的事實。」哈伯瑪斯指出，這一觀點是錯誤的。這一觀點顛倒了人民的身分與國家憲法的關係。在哈伯瑪斯看來，人民的身分是人民從自己建立的憲法中獲得的。人民的身分不來自於種族成員身分。法制與民主的關係是內在的，但民族與民主的關係是偶然的。民族屬性是繼承的。人民的身分屬性卻是作為自由人加入一個由法律為仲介的共同體而獲得的。民族主義的民族國家理念與憲法愛國主義的理念確實是格格不入的。它把憲法愛國主義視為洪水猛獸，必然是對它的最大威脅。

如上所述，在憲法愛國主義中，公民身分和資格不以公民的民族屬性為前提，因而其公民身分和資格的形式具有共同性和包容性，能使不同宗族、種族、信仰、歷史文化背景的人能在認同共同的民主憲法及其理念和價值的基礎上團結起來，組成共同的國家。而在民族主義的民族國家理念中，公民身分和資格以公民的民族屬性為前提，因而其公民身分和資格的形式不具有共同性和包容性，它不能使不同宗族、種族、信仰、歷史文化背景的人能在認同共同的民主憲法及其理念和價值的基礎上團結起來，組成共同的國家。在憲法愛國主義中，公民身分和資格的形式普遍性和非具體實質性也使現代國家的公民適合於世界範圍內的民主化潮流。顯然，在民族主義的民族國家理念中，公民身分的形式特殊性和實質性使其難於適合於現時代具有文化、意識形態多元化的政治空間。憲法愛國主義使具有不同政治價值觀念、語言與世界觀的人，在民主、理性協商的過程中形成共同的政治意志。民族主義的民族國家理念使所謂的「民主協商過程」成為民族主義的兵工廠。

因此，對以施密特為代表的民族主義的民族國家理念，哈伯瑪斯提出一系列思想作為回應，包括：

1. 憲法性地構造人民主權理念；
2. 民族自決的限度理念；
3. 對他者包容的民主模式；
4. 民主理念；

第二章　引導民主、正義與憲政思潮的大師
五、《對他者的包容》與世界主義理念

5. 對主權國家內部事物人道性的國際干涉理念；
6. 歐洲祖國理念。

在哈伯瑪斯看來，民族主義的民族國家理念沒有一個正確的民主觀念，它曲解民主過程的真正涵義，也曲解民主平等的涵義。施密特錯誤地把意志的形成當做是一個民族的自我肯定：「凡是民族所要的是好的，其足夠理由就是民族要它。為法制下的民主服務顯現一種潛在意義；鑑於主導的政治意志沒有合理的內容，而純粹是自然化的民族意識的表達，它不必是由有公民權保證的公共討論與參與而產生的。」也就是說，以施密特為代表的民族主義的民族國家理念誤解了什麼是民主意志的形成，例如它的內容、實際目的以及對它的合理性要求，因此它誤解在法制基礎上的民主。與此相聯繫，民族主義民族國家理念也誤讀了民主平等，即把民主平等理解為本體性的平等。如施密特所說：「民主平等是本體性的平等。因為每個公民都共用這一實體本質，他們能夠被平等對待，他（她）們都有平等的選舉，投票權等。」而施密特所說的「本體」指的是種族屬性。也就是說，民族主義民族國家理念誤讀民主平等為種族本體屬性的平等與把公民的平等權利的源泉歸結為共同的種族屬性。真正的民主平等與平等地具有種族本體屬性是風馬牛不相及，毫無相關的。前者更不以後者為先決條件。

與此相適應，哈伯瑪斯指出，以施密特為代表的民族主義的民族國家理念人為地造出「人民」（people）與「人類」（humanity）在民主中的虛假的對立。哈伯瑪斯指出，根據施密特，「民主的中心概念是人民，不是人類。如果民主是一種政治形式，它只能是人民的民主，不是人類的民主。」表面上，這沒什麼大錯。實質上，在這裡，在民族主義的民族國家理念中，每個公民的人權被局限於享受平等的私人自由，而人權中的公民公共參與權不僅形同虛設，而且異化為參與製造種族本體意識的平等權利。哈伯瑪斯指出，本質上，在民族主義的民族國家理念中，「民族同質基礎上的民主自決的涵義不是每個人的政治自主，而是民族的獨立，它是一個民族的自我主張，自我確認與其特性的自我實現的表達。在這裡，民族是法制與民主的仲介：只有那些已從私人轉化為一個政治上自我意識的民族家庭成員能夠參與民

哈伯瑪斯
當代新思潮的引領者（修訂版）

主自治。」

　　以施密特為代表的民族主義民族國家理念顯然與共和主義的共和國家理念逆道而行。在共和主義的共和國家理念中，人民與民族只是在指一個與一個政治共同體同生的公民群體時同義，即人民或民族在一個政治共同體中，由這一政治共同體所造，同時又是這一政治共同體的創造者的公民群體。在共和主義的共和國家理念中，「人民主權、人權、民主與憲政國家在理念概念上是相互融合的。」在此，憲法愛國主義的人民主權、人權、民主與憲政國家在本質上是共和主義的共和國家理念。在憲法愛國主義的人民主權、人權、民主與憲政國家的理念中，民族屬性不重要，更不用說它是民主與憲政國家的基礎或人民主權的內涵或前提。

　　哈伯瑪斯進一步指出，我們由此可看到民族自決的限度。民族自決的理念以民族同質性的存在為前提。但是，對民族同質性的存在的設想與自願原則相矛盾，通常帶來惡果。以施密特為代表的民族主義民族國家理念為例，施密特說，「一個民族同質的國家是正常的。一個缺乏民族同質性的國家是不正常的，是對和平的威脅。」哈伯瑪斯指出，「這種對強制性的集體同一性的設想使壓迫政策成為必然的選擇，或是霸王硬上弓式的強迫陌生成員成為一體，或是透過種族清洗而達到人民的純潔性。如施密特說，『如果它繼續認同所有人在公共生活中與公共法律面前的平等，一個民主國家將奪去它自己的本體本質。』」

　　哈伯瑪斯又進一步提出對他者包容的民主模式。哈伯瑪斯認為，一個包容他者的民主模式是時代的要求。這一民主模式顯然與強調民族同質性的民族主義式民主模式相反。在包容他者的民主模式中，公民性、人民主權、人權、民主與憲政在理念概念上相互融合。「民族國家由公民組成。公民身分不是民族同質性產物，而是社會化的產物。公民身分展現一種公民共同創造公民身分的生活方式，其中成年公民甚至為其公民身分放棄其從中長大的傳統。」在包容他者的民主模式中，少數民族沒有被邊緣化，它與民族國家的大多數同在民族國家的政治生活的中心。而所有的公民都是一樣同等的公民。同時，在包容他者的民主模式中，「不同種族、不同語言、不同宗教與不同生活方式的共存，沒有使社會四分五裂……多元文化孕育著

第二章　引導民主、正義與憲政思潮的大師
五、《對他者的包容》與世界主義理念

共同文化」。即多元文化孕育著共同的民主政治文化，也只有在共同的民主政治文化的基礎上才能存在。

哈伯瑪斯承認，現代國家內在的人民主權與外在的國家主權不可分割。所以，哈伯瑪斯不同意康德關於國家主權絕對不可侵犯的思想，更拒絕施密特好戰性的民族主義關於國家主權絕對不可侵犯的思想。哈伯瑪斯承認，國家主權不可侵犯的原則確實是寫在聯合國憲章中，即聯合國憲章確實規定外國不能干涉他國的國家內部事務。但是，哈伯瑪斯認為，「聯合國憲章的這一關於外國不能干涉他國的國家內部事務的規定一開始就與國際社會保護人權的責任之間存在緊張關係。」

哈伯瑪斯指出，民主以承認與保護人權為先決條件。國家內在的人民主權以對公民人權的承認與保護為先決條件。顯然，如果一個國家出現嚴重地踐踏其公民人權的暴君或政府，尤其是這一暴君或政府犯下反人類罪時，國際社會保護人權的責任不能使國際社會對此熟視無睹，不應以國家主權絕不可侵犯為理由讓反人類罪或嚴重地踐踏其公民人權的實踐、暴君或政府橫行無阻。哈伯瑪斯指出，國家主權絕對不可侵犯的思想與人權政治的理念相互矛盾。更重要的是，國家主權絕對不可侵犯可以為踐踏人權與反人類罪掩蓋其罪行、不受國際社會懲罰提供藉口。

因此，哈伯瑪斯贊同麥可・華爾滋關於在三種情形下，國際社會保護人權的對一國國家內部事務的人道性干預具有正當性與合法性的思想。麥可・華爾滋提出外國不能干涉他國的國家內部事務這一原則要允許三種情形下的例外：

1. 當國際社會對一國國家內部事務的人道性干預將給予真正的民族解放運動必需的支持時，國際社會對一國國家內部事務的人道性干預是正當合理的；真正的民族解放運動指的是透過抵抗行動顯示獨立的政治共同體身分的民族共同體解放運動。
2. 當國際社會對一國國家內部事務的人道性干預是保護一個政治共同體的完整必需時，國際社會的人道性干預是正當合理的。
3. 在如下的任何一種情形出現時，國際社會的人道性干預都是正當合理的。這些情形是：「奴役，大屠殺，或滅絕種族的屠殺。」哈伯瑪斯贊同華爾

哈伯瑪斯
當代新思潮的引領者（修訂版）

* 丹尼樂·達·瓦爾特拉（Daniele Da Volterra）：「屠殺無辜」。

滋的觀點，尤其是在一國政府或暴君對本國人民奴役、大屠殺或滅絕種族的屠殺或犯下其他反人類罪時，國際社會保護人權的責任大於尊重一國對國家內部事務主權的義務。

對哈伯瑪斯來說，國際社會在特定的情形下對一國國家內部事務的人道性干預是保證真正的國內民主、人民主權的必要條件。民主以承認與保護公民的基本人權

第二章　引導民主、正義與憲政思潮的大師
五、《對他者的包容》與世界主義理念

為先決條件。國家內在的人民主權以對公民人權的承認與保護為先決條件。民主與人民主權意味著公民能行使其基本權利，共同實現政治上的自主。

最後，在「歐洲民族國家：關於主權與公民身分的過去與未來」中，就當前關於歐洲統一的爭論，哈伯瑪斯指出，當前爭論的複雜性與多元化說明真正的民主意志形成過程，即合理社會交往過程，在歐洲社會政治生活中的作用。但是無論如何，歐洲統一的動力一開始就不是出於對「歐洲人民」的設想，歐洲統一的運動是朝「後民族」的方向去的。

《對他者的包容》的第六章，即第三部分的第三篇文章的題目是：「歐洲是否需要一部憲法？對迪爾特·格雷姆（Dieter Grimm）的回應」。關於歐洲是否需要一部憲法的爭論是一場複雜的爭論。理論上，它既觸及到關於國家、民族與民主的實質性的問題，又涉及到一個上層建築如何適應經濟基礎的問題。政治上，它觸及到是否應有歐洲國家、歐洲人民等一系列敏感問題。

在這一章裡，哈伯瑪斯指出，目前歐洲的統一運動仍存有民主赤字，即歐洲法律的民主合法化方面的赤字。一方面，這些法律對歐洲共同體成員國有制約力；另一方面，它們缺乏直接的民主合法性，即其民主產生與執行過程存在致命缺陷。要消滅這一赤字，目前歐洲共同體的一些制度與機制需要重大改革，而這表明，歐洲需要一部憲法。一部歐洲憲法首先是目前改革歐洲共同體的一些制度與機制所必需的。比如，目前歐洲共同體的一些制度與機制的改革必須是規範化的，而基本制度與機制改革的規範化需要一部歐洲基本法，即歐洲憲法。還有，一部歐洲憲法將在歐洲共同體內建立一個民主的公共空間，而一個民主的公共空間為歐洲法律的民主合法化創造必要的條件。再次，一部歐洲憲法將在歐洲共同體內建立一種政治自由的文化，而歐洲共同體內一種政治自由的文化的存在也為歐洲法律的民主合法化創造必要的條件。最後，一部歐洲憲法將在歐洲共同體內建立歐洲公民性、歐洲公民身分、歐洲公民意識。格雷姆拒絕建立一部歐洲憲法的想法。

在「歐洲是否需要一部憲法？」這一問題上，雖然格雷姆的理念與以施密特為代表的民族主義的民族國家理念不同。但是，格雷姆認為，因為「沒有歐洲人民

哈伯瑪斯
當代新思潮的引領者（修訂版）

（European people）」，所以，建立一部歐洲憲法的想法不可行。格雷姆的思想與德國憲法法庭對馬斯斯里斯特一案判斷的思想一致，即「國家的民主合法性以公民一定程度的同質性為先決條件」。格雷姆也承認，由公民組成的民族國家的同一性「不需要根基於種族起源」。哈伯瑪斯指出，儘管如此，格雷姆還是誤解了憲法與人民的關係。沒錯，人民建立憲法，但是，憲法也以法律與國家為仲介創造人民，或人民在建立憲法的民主過程中建立自己，即公民們在建立憲法的民主過程中自由自願地組成人民。更重要的是，國家憲法或歐洲共同體憲法的存在不以公民一定程度的同質性為先決條件。相反，國家憲法或歐洲共同體憲法是使不同種族、文化背景、語言、生活方式等公民在民主過程中自由自願地組成人民，組成政治共同體的基礎。

* 里昂·澤特萊尼（Leo Zeytline）：「巴黎一景」。

《對他者的包容》的第四部分的題目是：「人權：全球人權及國內人權」。它由「康德的永恆和平理念：200 年的歷史搬動」與「為在一個民主的憲政國家得到承認而鬥

第二章　引導民主、正義與憲政思潮的大師
五、《對他者的包容》與世界主義理念

爭」兩章組成。在這一部分裡,哈伯瑪斯討論了全球的人權問題和德國國內的人權問題,對少數民族的包容等問題。

「康德的永恆和平理念:200年的歷史搬動」是《對他者的包容》全書的第七章。在這一章中,哈伯瑪斯討論了康德的全球人權概念、國際法律理念等及其現實意義。哈伯瑪斯開門見山地指出,康德在「永恆和平」一文中的理念「給一個世界秩序的思想帶來新的吸引力與直覺力量。由此,康德也給他的法律理論增添第三個要素:全球法律(cosmopolitan law),一個有著遠大影響的創新;即在康德的新的法律設想中,全球法律、一國的法律與國際法肩並肩地存在」。儘管康德的全球法律理念有許多缺陷,它擴大了我們的法律視野。

首先,康德所設想的全球法律如同一個國家的法律一樣具有法律約束力。

其次,與全球法律理念緊緊相連的是新的全球秩序的設想。全球秩序的理念古已有之。但是,康德全球秩序的理念區別於傳統的理念。康德所設想的世界新秩序是一個以人權準則為基礎的共和秩序:「所有形式的國家都以一個與人的自然權利相適應的憲法為基礎。這樣,所有服從法律的人同時又是法律的立法者。」雖然,人權在康德那裡主要是一個道德概念。但是,如上所說,在康德哲學中,法律服從道德。所有法律的正當合理性源於其道德基礎。而在康德「永恆和平」一文中的法律哲學中,全球法律,一國的法律與國際法都要展現人權原則,人權不僅僅是在一國的法律與國際法範圍內所享受的基本權利,還包括在全球範圍內的基本權利(cosmopolitan rights)。在康德所設想的世界新秩序中,「全球的所有人民(the peoples of the earth) 都在不同程度上進入一個普遍的共同體。與此相適應,在地球的某一角落對人權的侵犯將被在地球的所有角落感覺到。」

再次,康德在設想世界新秩序中的困惑也留給我們重大的啟示。一方面,康德設想的世界新秩序不僅僅是具有全球倫理道德規範性的秩序,而且是具有全球法律規範性的秩序。另一方面,康德設想的世界新秩序不是一個國家秩序,即康德設想的不是一個世界國家。這就是矛盾。一方面,康德所設想的全球法律如同一個國家的法律一樣具有法律約束力。另一方面,如同一個國家的法律一樣具有法律約束力

哈伯瑪斯
當代新思潮的引領者（修訂版）

的全球法律背後沒站著一個世界國家。在傳統理解中，國家與有效法律不可分。康德設想一個由世界各國組成的鬆散的世界聯邦或一個世界議會。但是，到頭來，他所設想的如同一個國家的法律一樣具有法律約束力的全球法律背後沒站著一個世界國家或如同一個國家一樣具有同樣法律權威的世界組織或機構。

哈伯瑪斯指出，對康德理念的實質性、根本性修改必須將重點放在如下三個方面：

1. 國家的外在主權和國家之間關係改變了的特點；
2. 國家的內部主權和傳統權力政治的規範性限度；
3. 層次化的世界社會和由於危險的全球化使和平的新定義成為必然。

首先，哈伯瑪斯認為，在康德設想的一個永久，由世界各國組成的鬆散的世界聯邦或一個世界議會中，世界各國的對外主權是不可侵犯、不可逾越的。這一設想本身自相矛盾。如果康德設想的全球法律存在的話，「全球法律必須制度化，以致對各國政府擁有必要的約束力。」但是，這與世界各國對外主權的不可侵犯性、不可逾越性的思想相矛盾。如上所述，康德的全球法律以人權原則為基礎，它規定人權的不可侵犯性及承認和尊重人權的責任。因此，如前文所述，如果一個國家出現嚴重地踐踏其公民人權的暴君或政府，尤其是這一暴君或政府犯下反人類罪時，國際社會保護人權的責任不能使國際社會對此熟視無睹，不應以國家主權絕不可侵犯為理由讓反人類罪或嚴重地踐踏其公民人權的實踐、暴君或政府橫行無阻。也就是說，康德不能，我們也不能，一方面強調，全球法律規定的人權的不可侵犯性及承認和尊重人權的責任是全球有效的，全球法律對每個國家、政府與個人是有約束力的；另一方面強調世界各國對外主權的不可侵犯性、不可逾越性，在任何情況下，外國不能干涉他國的國家內部事務，或國際社會不能干涉具體一個國家的國家內部事務。

哈伯瑪斯指出，如上所說的正是聯合國憲章試圖解決，但又模稜兩可，以致顯得有點自相矛盾的地方。他說，「這就是聯合國憲章的意義。透過它的 2.4 條文對暴力的禁止，聯合國憲章使侵略戰爭非法化。透過它的第 7 章，聯合國憲章賦予聯合

第二章　引導民主、正義與憲政思潮的大師
五、《對他者的包容》與世界主義理念

國安全議會,在和平受到威脅、和平被破壞或侵略發生時,採取必需的手段,包括使用武力去阻止這些情形。同時,聯合國憲章的第 2.7 條文又明文禁止對一個國家的國家內部事務的干涉。每一個國家具有武力自衛的權力。1991 年 12 月,聯合國大會(46/182 決議)重申這一原則:『根據聯合國憲章,一個國家的主權,領土完整,民族的團結必須被完全尊重。』」

哈伯瑪斯指出,「由於他認為國家主權的界限不可侵犯,康德把世界共同體視為由國家組成的聯邦,不是由世界公民組成的世界共同體。這與康德要所有法律秩序,而不僅僅是一個國家法律秩序,基於每個人『作為人』的原始權利的思想相矛盾……如果對人的自由的保證,即人應根據自由的定律做什麼,是永恆和平的根本目的,也是所有三個領域的公共法律的根本目的,那他必須不能讓公民的自主性被公民所在國的國家主權所先取。公共法律包括一國的法律、國際法與全球法律。」也就是說,康德一方面強調所有法律秩序基於人權原則,強調保護每個人作為人的原始與基本權利。另一方面,他的國家主權的界限不可侵犯的思想讓公民的自主性被公民所在國的國家主權所先取。這是自相矛盾。

哈伯瑪斯指出,要嘛公民的基本人權與自主性不能被公民所在國的國家主權所先取,因而國家主權的界限不是絕對地不可侵犯的。比如,如果一個國家出現嚴重地踐踏其公民人權的暴君或政府,尤其是這一暴君或政府犯下反人類罪時,國際社會保護人權的責任不能使國際社會對此熟視無睹,而應進行人道性干預。國際社會保護人權的、一個國家的國家內部事務人道性干預是正當合法的。要嘛不是所有法律秩序都應基於人權原則,保護每個人作為人的原始與基本權利。因此,即使一個國家出現嚴重地踐踏其公民人權的暴君或政府,尤其是這一暴君或政府犯下反人類罪時,國際社會不能以保護人權的責任名義對一個國家的國家內部事務干預,任何對一個國家的國家內部事務的干預都是不正當合法的。

哈伯瑪斯
當代新思潮的引領者（修訂版）

＊　東京審判一景

　　因此，哈伯瑪斯指出，「全球法律……透過給予他們在自由平等的世界公民所組成的共同體中的成員身分，直接給予每一個人法律地位。」全球法律理念的核心是世界共同體不是由國家組成的聯邦，而是由自由、平等的世界公民組成的全球共同體。在全球共同體中，每個人作為其公民，具有不可侵犯的基本人權。這意味著，每個人的不可侵犯的基本人權不能被其作為公民所在國的國家主權所先取。換句話說，在全球共同體中，在承認與保護人權方面，沒有絕對不可侵犯的國家主權的國界。當然，批評康德，哈伯瑪斯並不是認為國家主權可以隨意侵犯。他反對的是康

第二章　引導民主、正義與憲政思潮的大師
五、《對他者的包容》與世界主義理念

德的國家主權絕對不可侵犯的觀點,強調的是我們應辯證地理解國家主權與人民主權都要兼顧。

哈伯瑪斯進一步指出,世界社會的最新發展也超過康德關於國家主權絕對不可侵犯的思想。「1945 年 6 月聯合國憲章硬性規定所有成員國有尊重與促進人權的責認與義務。聯合國大會在它 1948 年 12 月的『人權宣言』示範式地指定應被尊重與促進的人權。在它的後來的各種決議中,聯合國大會又進一步指定與發展應被尊重與促進的人權的範圍。不僅如此,聯合國不僅僅規定所有成員國有保護人權的責任與義務,而且自己也有確定違反人權的機制。」也就是說,聯合國憲章及各種決議以及世界社會的隨之發展超過康德關於國家主權絕對不可侵犯的思想。再如,紐倫堡審判與東京審判都超越國家主權絕對不可侵犯的思想。紐倫堡審判與東京審判雖都是獨特的實踐,但是其精神與原則被聯合國大會所擁抱。

哈伯瑪斯繼續指出,現在,全球人權政治又獲得長足發展。例如,對聯合國機制的各種改革的努力旨在完善保護人權的各種機制。在全球人權政治的問題上,哈伯瑪斯批駁了施密特對人權政治的批判。「施密特揚棄『誰說人道誰撒謊』口號,把它變成『人道,還是獸道』……認為『當一個國家以人類的名義與它的政治敵人鬥爭時,它不是為人道而進行戰爭,而是一個國家與它的敵人鬥爭時,在濫用一個普遍的概念,正如一個人濫用和平、正義、進步、文明這些詞,以便把它們據為己有,否定他人能擁有它們。人道一詞是一個特別有用的意識形態工具』。」哈伯瑪斯指出,施密特的如上觀點包含兩個論斷。「第一,人權政治導致在道德幌子下世界員警行為的戰爭。第二,道德化把對手標為敵人,而隨之而來的把對手規劃為罪犯卻是第一次給非人道的實踐完全的自由。」哈伯瑪斯指出,施密特的如上觀點包含以下兩個論斷為前提:

1. 人權政治執行的是屬於普遍道德一部分的規範;
2. 在戰爭中對對手的道德批評破壞對軍事衝突的法律性制度制約。

哈伯瑪斯指出,第一個前提是假的。第二個前提包含著對人權政治的一個假的設想。施密特如上的第一個前提是假的,因為人權規範不僅僅是一個道德規範,而

哈伯瑪斯
當代新思潮的引領者（修訂版）

是一個法律規範。施密特如上的第二個前提包含著對人權政治的一個假的設想，因為施密特不了解近現代史上人權與道德權的區別與聯繫。

哈伯瑪斯指出，「現代意義上的人權可以追溯到《維吉尼亞權利草案》、1776年的《美國獨立宣言》與1789年的《關於人類與公民的權利的宣言》。這些宣言吸取了現代自然法律哲學，尤其是洛克與盧梭哲學的思想。在第一批憲法中，人權獲得具體的形式，特別是由一個國家法律秩序保證的基本權利這一形式，這不是偶然的。儘管如此，第一批憲法中的人權規範都有一個雙重特點：作為憲法規範，它們具有法律有效性；但作為人的權力，它們有超越法律的有效性。」因此，施密特如上的第一個前提，即人權政治執行的是屬於普遍道德一部分的規範，是假的。施密特如上的第一個前提包含著對人權規範的錯誤理解，因為它不了解如上所說的人權規範的一個雙重特點。

不僅如此，哈伯瑪斯還對人權和道德權進行區分。哈伯瑪斯認為，人的道德權是與生共有的，而人權是歷史地建立起來的。哈伯瑪斯指出，「人權的概念並不起源於道德，而是具有現代個人自由概念深深的烙印。因此，它是一個特別的司法概念。在本質上，人權是一個司法概念。它所以有道德權的外表不是由於它的內容，也不是由於它的結構，而是由於它的有效性模式。它的有效性超越一個民族國家的法律秩序。」所以，施密特如上的兩個錯誤前提以及其他關於人權的錯誤觀點也指向我們認識上的三個誤區：

1. 我們誤讀歷史上人權理念的起源。即我們誤以為，歷史上，人權概念起源於道德，而不注意到，事實上，人權的概念伴隨具有現代的個人自由概念而生。
2. 由於它的有效性的模式超越一個民族國家的法律秩序，我們就斷定人權是一個道德規範。也就是說，我們的通常邏輯是：凡是其有效性超越一個民族國家的法律秩序所規定範圍的規範只能是道德規範。但是，這一邏輯是錯誤的。比如，世界法律規範的有效性就超越一個民族國家的法律秩序所規定的範圍，但它們是法律規範，而不是道德規範。

第二章　引導民主、正義與憲政思潮的大師
五、《對他者的包容》與世界主義理念

3. 「基本權利規範具有普遍有效性,它們可以從道德的角度進行獨有的證明……同時,對基本權利規範普遍有效性的道德證明並沒有抹去基本權利規範的司法性,即道德證明沒有把基本權利規範轉變為道德規範。法律規範保存它們的法律形式,不管證明它們合法性的理由是什麼。法律規範的這一特性源於它們的結構,而不是它們的內容。」

因此,哈伯瑪斯指出:「基本權利是可以以其名義控訴的個人權利。至少個人權利的部分涵義是透過開闢一個法律行為領域,使法律主體從道德命令中解脫出來。」即是說,至少個人權利的部分涵義是他或她可以在法律的保護下,選擇不服從道德命令。而其對不服從道德命令的選擇具有正當合法性。這一點很關鍵。如果人權首先是個人的基本權利,如果個人的基本權利的部分涵義是他或她可以在法律的保護下,選擇不服從道德命令,人權規範就不是一個道德規範,而是一個司法規範。因為,如果人權規範是一個道德規範,它不能規定個人可以正當合法地選擇不服從道德命令,否則將自相矛盾。即如果人權規範是一個道德規範,規定個人可以正當地選擇不服從道德命令,那它同時規定個人可以正當地選擇不服從人權規範這一規範的道德命令。結果是,人權規範否定自己是一個規範,因為規範意味著不可以選擇不服從其命令。這是前面所講的規範與價值的區別。規範具有義務、責任性的約束力量;不管它制約的對象是否喜歡它,這一受制約對象必須遵從它,否則將受到懲罰。價值的力量是吸引力。被吸引的對象是否遵從它取決於這一被吸引的對象的個人愛好與選擇。規範給予它的對象的是命令,而價值給予它的對象的是建議與勸告。制約性規範的「應該」具有無條件普遍性義務的絕對性。而價值的吸引性具有已建立的對好處的估計的相對性。

與此相適應,哈伯瑪斯指出,在理念上,道德權利與法律權利存在重大區別。「道德權利源於制約自主的人的自由意志的責任。而法律賦予一個人根據自己愛好行動的權利優先於法律責任,而法律責任是對個人自由的法律限制。」即是說,道德權利與法律權利存在重大區別之一是它們各自與責任的關係。道德責任是道德權利的源泉,而法律權利優先於法律責任。顯然,哈伯瑪斯這一道德權利與道德責任的關

哈伯瑪斯
當代新思潮的引領者（修訂版）

係和法律權利與法律責任的關係的區分有許多值得商量的地方。比如，道德責任與道德義務是否存在著區別？法律責任與法律義務是否存在著區別？道德權利與道德義務的關係是什麼？法律權利與法律義務的關係是什麼？儘管如此，哈伯瑪斯認為，由於它們各自與責任有不同的關係，道德權利與法律權利存在重大區別。哈伯瑪斯的這一思想是明顯無疑的。不僅如此，哈伯瑪斯強調，法律權利對法律責任的概念優勢在西方哲學中具有長久的傳統。比如，「法律權利對法律責任的概念優勢源於由霍布斯首先解釋的現代制約性法律的結構。」又如，「根據康德，所有的特殊的人權都基於這一『單一、原始』權利，即擁有平等的個人自由的權利：（一個人的）自由（即獨立於被另一個人的選擇的限制），只要它與所有人的根據普遍規律的自由相共容，是每個人唯一的，基於他或她的人性的原始權利。」

與如上所說相適應，哈伯瑪斯指出：

人權在權利學說中安家，也只在這裡安家。與其他主觀的權利一樣，人權具有道德內容。沒有對其道德內容不利或有偏見，人權結構性地屬於一個協定的、制約性的法律秩序。在這一協定的、制約性的法律秩序中，存在個人可以申訴的法律性要求或索取。在這一意義上，人權的部分涵義是擁有基本權利，基本權利是指在某一法律秩序——一國的、國際的或全球的——中可以實施的權利。把人權與道德權的錯誤混淆是從這一事實誤導的：儘管人權與道德權都有普遍有效性，人權只是在民主國家的法律秩序中，獲得毫不含糊的約束性的法律形式。

如前面所講的，我們因此按照如下錯誤邏輯推斷：凡是其有效性超越一個民族國家的法律秩序所規定的範圍的規範必然是，也只能是道德規範；人權規範具有普遍有效性，人權規範必然是，也只能是道德規範，人權等同於道德權。事實上，在當今世界，人權規範只是在民主國家的法律秩序中獲得毫不含糊的約束性法律形式，因此人權規範在司法上不具有普遍有效性，只在特定的法律秩序中具有特殊的有效性。即事實上，在當今世界，司法性人權不具有普遍性，只在特定的法律秩序中具有特殊性地存在，只具有特殊性；因此，普遍的司法性人權規範不存在；普遍的人權規範只能是道德規範。顯然，按這種錯誤邏輯進行的思想是錯誤的。

第二章　引導民主、正義與憲政思潮的大師
五、《對他者的包容》與世界主義理念

＊　皮埃爾‧保羅‧普呂東（Pierre-Paul Prud'hon）：「追擊罪行的正義與天神的報復」（Justice and Divine Vengeance Pursuing Crime）

哈伯瑪斯進一步指出，「如果施密特如上的第一個前提，即人權本質上是道德權，是假的，那麼，施密特兩個論斷中的第一個就被削掉一大半，即他關於在全球實施人權原則遵從道德邏輯，人權政治便在道德幌子隱蓋下的員警行為性的國際干預的論斷就被削掉一大半。同時，他的第二個論斷，即干預主義的人權政治將不可避免地墮落成與惡的鬥爭也受到嚴重挑戰。」即是說，如果人權是司法性的權利，在全球實施人權原則遵從的是法律邏輯，不是道德邏輯，全球人權政治就不是在道德幌子隱蓋下的員警行為性的國際干預，而是以司法性的名義規範實踐。如果人權

179

哈伯瑪斯
當代新思潮的引領者（修訂版）

是司法性的權利，國際干預主義的人權政治將是與反人權、反人類的罪行鬥爭，而不是與道德的惡鬥爭。因此，哈伯瑪斯指出，「全球秩序的建立意味著侵犯人權就不再是被從道德的角度判斷與立即鬥爭，而是根據制度化的法律秩序，像由一個國家的法律秩序所定義的罪行一樣，被起訴。」也就是說，隨著全球法律秩序的建立，侵犯人權就不再僅僅是被當做一種道德性的錯誤或惡，而是被當做可以起訴的罪行。與此相適應，在全球實施人權原則不是一場道德戰爭，而是一場司法性的戰爭。全球人權政治不是道德性的員警行為，而是司法性的員警行為。這裡的關鍵是，我們要看到，我們這裡所談的全球秩序不是一個由具有普遍有效性的倫理道德規範所建立的倫理道德秩序，而是一個由具有普遍約束力的法律規範所建立的司法性的秩序。我們這裡所談的奠基全球秩序的人權規範不是一個道德規範，而是一個法律規範。這裡的關鍵點是全球法律這一概念。

哈伯瑪斯進一步指出，「全球法律是法律的構造性規則的邏輯結果。它第一次在國界內的社會、政治關係的司法與國界外的社會、政治關係的司法之間建立一種對稱性。」即是說，我們可以從法律的構造性規則中演推出全球法律的必然存在。全球法律的存在是全球司法性具有對稱性與完整性的理由。哈伯瑪斯也回應了施密特對人權原教旨主義（human rights foundamentalism）的批評。哈伯瑪斯指出，施密特只看到問題的表面，沒看到問題的本質。問題的本質是新的世界秩序應是司法性的。全球人權政治不應是道德性的，而應是司法性的。人權原教旨主義是不以法律為仲介的、道德性的人權政治墮落的產物。哈伯瑪斯指出，「當它在虛假的法律合法性的幌子下為一個實質上只是派別爭鬥的干預提供道德合法性時，一個世界組織的人權政治就淪為人權原教旨主義。」與此相適應，「人權原教旨主義可以避免，但不是透過放棄人權政治，而是透過全球性地把國與國之間的自然狀態轉變為一個司法秩序。」我們要防止人權原教旨主義。問題是如何防止。要回答這一問題，我們要知道人權原教旨主義是如何產生的。施密特的致命錯誤在於，他認為人權原教旨主義是全球人權政治的必然產物，兩者密不可分。所以，他認為，只有放棄人權政治，才能避免人權原教旨主義。哈伯瑪斯指出，人權原教旨主義是不在

第二章　引導民主、正義與憲政思潮的大師
五、《對他者的包容》與世界主義理念

司法的基礎上道德性地濫用人權政治的結果。只有使人權政治基於合理正當的司法基礎，即合理正當的世界法律基礎，以正當合法的法律為仲介，我們才能避免人權原教旨主義。

《對他者的包容》的第八章，也就是第四部分的第二章，「為在一個民主的憲政國家得到承認而鬥爭」集中討論了民主包容，尤其在一個民主國家中對少數民族的包容問題。它首先討論了哲學家查理斯‧泰勒的「承認的政治」。在泰勒的「承認的政治」中，對少數民族的包容問題、文化多元主義等被提上主要議程。先是艾米‧古特曼把對公民平等的公共承認劃分為對個人的獨特性的尊重與少數民族集體的生活方式與價值的尊重。泰勒接著指出，在包容問題上，對個人的獨特性的尊重與對少數民族或其他少數群體集體的尊重有時會有衝突。當這種衝突發生時，公民們必須對兩者誰優先的問題做出一個決定。即在特定的條件下，個人的基本權利與集體文化的權利會有衝突。他並且提出，「在特定的條件下，為了保證能夠保存面臨絕種危險的生活文化方式，應允許對基本權利進行必要的限制。」也就是說，當個人的基本權利與集體文化的權利發生衝突，而所涉及的集體文化屬於面臨絕種危險的文化時，集體文化生存的權利應優先於個人的基本權利。

哈伯瑪斯討論了對少數民族的包容，文化多元主義的多層次、多方面的複雜問題與挑戰。「女性主義、文化多元主義、民族主義與反對歐洲殖民主義遺產的鬥爭雖然相關，但是不能混為一談。」這些鬥爭的性質、內容、範圍與對象不同。所以，對它們不能一概而論。真正的問題是法律如何作為處理這些鬥爭的仲介。

緊接著，哈伯瑪斯指出，「從法律理論的角度，文化多元主義提出的主要問題是法律與政治的倫理中立性。」但是，在現實生活中，倫理中立性的概念有待商榷。「公

＊　愛德華‧伯恩‧瓊斯：「寬恕」。

哈伯瑪斯
當代新思潮的引領者（修訂版）

民的政治整合確保公民對共同政治文化的忠誠。而對公民的政治整合確保公民對共同政治文化的忠誠是根基於從民族經歷的角度理解憲法的原則。這裡，從民族經歷的角度理解憲法的原則本身就不是倫理中立的⋯⋯這些從民族經歷的角度對憲法原則的理解形成憲法愛國主義的固定參考點。因此，憲法愛國主義把權利的系統置於一個法律共同體的一個民族國家歷史關聯中⋯⋯因此，公民在其共同的政治文化中把他們自己視為是他們所屬的政治實體的成員，而這一公民共用的共同政治文化是被倫理滲透的。」但是，與此同時，「憲法愛國主義的倫理本質不能毀損法律系統在一對一面對共同體中的各群體時的中立性。」即一方面，包容的多元文化以在憲法愛國主義指導下對共同政治文化的忠誠為前提，而憲法愛國主義本身不是倫理中立的。但是，這並不毀損法律系統在包容的多元文化中對共同體中的各群體的關係是中立的。所以，在憲法愛國主義指導下包容的多元文化中，公民的整合分兩個層次。一方面是憲法愛國主義指導下共同遵守同一民主程序，即在程序上的統一整合。另一方面是憲法愛國主義指導下對不同生活方式與價值的敏感與尊重。這是在倫理上的差異政治整合。

最後，哈伯瑪斯討論了移民、公民權利與義務、民族身分特性等問題。哈伯瑪斯指出移民對一個民族國家的倫理、政治的自我理解帶來衝擊。哈伯瑪斯強調，移民應該被期待進入他們的新國家的政治文化，贊同他們新國家的憲法原則。同時，他們有權利保留他們原有的生活方式。寬容性的政治整合不給原教旨主義式移民文化送上鮮花，也不給主流文化的沙文主義開綠燈。

總之，在《對他者的包容》的第四部分中，從話語哲學的角度，哈伯瑪斯討論了民主和憲政制度理念，強調話語主義的民主和憲政制度的理念能夠包容民族主權的理念和普遍人權的理念，捍衛了人權政治、世界主義、全球正義等理念。其中，哈伯瑪斯回答了1992年他在卡多佐法學院演講時所聽到的批評和反對意見，強調了個人的政治自主與人民主權的內在關係。他指出，狹隘的民族性民主缺乏包容性，尤其是對少數民族和少數群族的包容性。所以，真正的、具有包容性的民主只能是後民族的民主，即在憲法愛國主義指導下，以共同的民主政治為紐帶，不以民族同

第二章　引導民主、正義與憲政思潮的大師
五、《對他者的包容》與世界主義理念

一性為前提與基礎的人民民主。

《對他者的包容》的第五部分的題目是：「什麼是思考性的民主？」。它由「民主的三種規範模式」與「法治與民主的內在關係」兩章組成。「民主的三種規範模式」是《對他者的包容》全書的第九章。在這一章中，哈伯瑪斯討論了三種民主模式。他把當代民主分為自由主義民主與共和主義民主兩種，並提出他的程序民主模式作為對自由主義民主模式與共和主義民主模式的揚棄與替代。

哈伯瑪斯指出，自由主義與共和主義對民主過程的理解各有優點又存在致命缺陷。他指出：

在民主的問題上，自由主義與共和主義的關鍵區別在於對民主過程的角色有不同的理解。根據自由主義的觀點，民主過程是為社會的利益編制國家程序。這裡，根據自由主義的理解，國家僅僅是一個公共行政機制。社會則是私人之間以及彼此的勞動的市場結構式互動的總和。政治，即公民政治意志的形成，其功能是使公民抱成一團，為私自的利益與精於僱用政治權力進行管理的國家機構抗衡。

也就是說，根據自由主義的觀點，民主過程只是一個市場。在民主過程中，各方談判與交換利益。民主過程的法則與程序也是各方談判與交換的產物。民主政治，即公民政治意志的形成、談判與交換的藝術，它的功能是為談判與交換創造條件。「根據共和主義的觀點，政治的功能不僅僅是仲介性的，而是構造性的，即它對社會化作為一個整體具有構造性的功能。」政治，即公民政治意志的形成，其功能是工產式或教堂式的構造功能。它把一群陌生人構造成一個具有鮮明身分的集體或群體。民主過程，即公民政治意志形成與發展過程，是一個構造集體或群體鮮明身分、群體本體性、群體理念、群體價值體系，以及法律機制的過程。

哈伯瑪斯指出，自由主義與共和主義對民主過程的兩種不同的理解導致如下一系列後果。

第一，自由主義與共和主義各有不同的公民或公民性的概念。「根據自由主義的觀點，公民的地位主要由其個人的權利所決定，而公民的個人權利是公民在其本人與其他公民以及國家的直接的一對一的關係中的權利……個人權利是一種否定權

哈伯瑪斯
當代新思潮的引領者（修訂版）

利，即個人權利保證個人作為法人一個不受外部強迫、自由選擇的區域。」自由主義把公民的個人權利與其政治權利區別開來。公民的政治權利具有像公民的個人權利一樣的結構：「它給予公民用適當的方式宣稱其利益的機會，即透過選舉、國會的組成、政府的形成等工具，公民的利益彙集成能影響管理的政治意志。」根據自由主義的觀點，公民的地位主要由其個人的權利所決定，即公民地位的核心內容是其個人權利。公民的個人權利是公民作為個人的權力。公民的政治權利是公民作為一個共同體成員的權力。正如在一個黨中，一個黨員的個人權利是其作為個人的權力，而其政治權利是其一個共同體成員（即黨員）的權力。公民的政治權利也是公民地位的一個組成部分，但是公民的個人權利是主要的決定性的組成部分。「根據共和主義的觀點，公民的地位不僅僅由其個人權利在其名義下公民宣稱自己作為私人的存在的否定式權利所決定，否定式權利指在其名義下公民宣稱自己作為私人的存在的權利。相反，公民的政治權利，即政治參與與交往的權利，是肯定式的自由。公民的政治權利沒有保證公民不受外部強迫的自由。但它們保證公民參與共同實踐的可能性，透過共同實踐首次使自己成為想成為的人，即一個由自由、平等的公民組成的共同體的政治上負責的國民。」

　　第二，與如上相適應，自由主義與共和主義各有不同的法律概念。根據自由主義的觀點，法律秩序的功能是確定每個人的個人權利，誰享有什麼權利。根據共和主義的觀點，法律秩序建立與確保存在平等與互相尊重的共同的自主生活。每個人的個人權利源於法律秩序。也就是說，在自由主義的概念中，法律秩序的重點是保護個人。在共和主義的概念中，法律秩序的重點既保護個人，又保護共同體，而只有保護好共同體，才能保護個人。哈伯瑪斯指出，「確切地說，這一自由主義與共和主義之間概念上的對立並沒有觸及到權利的間體性內容，即權利在認識的對稱關係中對權利與責任的相應的尊重。共和主義的概念至少同樣看重個人的完整性與共同體的完整性，在共同體中個人作為個人與成員對權利與責任同樣看重的法律概念。」

　　第三，自由主義與共和主義各有不同的對政治過程的理解。「根據自由主義的

第二章　引導民主、正義與憲政思潮的大師
五、《對他者的包容》與世界主義理念

觀點,政治本質上為得到管理權利的地位而鬥爭。在公共空間與國會的言論與意志形成過程是由各策略性地行動著的團體為保持或獲得權力而競爭所形成。」即在自由主義的概念中,政治過程是各團體為各自的利益彼此競爭管理權利與資源的過程,是人們為各自的利益組成團體以便與其他團體的人競爭管理權利與資源的過程。而「根據共和主義的觀點,在公共空間與國會的言論與意志形成過程不服從市場過程的結構,它服從的是旨在相互理解的公共交往的頑強結構。對於公民自決的實踐的政治來說,其範例不是市場,而是對話。」根據共和主義的觀點,政治過程是透過集體地思考,形成集體意志與思想,集體的自我理解的過程。在這一過程中,政治的內容不是利益的談判與協議,而是旨在相互理解的公共交往,旨在成為一個政治公共體的集體地思考,與旨在形成集體的自我理解的交流。

在比較了自由主義與共和主義的民主模式之後,哈伯瑪斯提出程序民主模式作為新的選擇。程序民主模式有自由主義民主的契約主義的因素與優點,但不會像自由主義民主模式那樣把民主過程當做僅僅是一個利益交換的市場。「自由主義把競爭利益之間的妥協當做民主過程的唯一模式。」程序民主模式拒絕這一觀點。在程序民主模式中,民主過程是一個政治思考過程,同時又是一個政治自主過程。在程序民主模式中,公民們的民主政治參與為共同體的規範提供新的合法性證明的同時,已使公民們透過其公民身分,以法律為仲介的團結達到新的水準。即民主過程使公民們團結為一個「人民」。在程序民主模式中,民主過程實現使臣民的權利轉變為人權與公民權,即公民的基本的自由與政治權利。民主過程透過實現公民們的政治自主來保證公民們的私人自主。在程序民主模式中,民主過程會涉及到競爭利益之間的妥協。但是,民主過程不僅僅是一個利益交換的市場,而是建立與證明合法性的規範,以合法性規範為基礎團結為一個「人民」。

程序民主模式有共和民主模式反思與理性的因素與優點,但不會像共和民主模式那樣把民主多少變成造就一個民族的工廠。程序民主模式不會像共和民主模式那樣把民主意識建立在民族意識的基礎上。哈伯瑪斯的程序民主模式理念最激進的地方是程序模式民主不需要對民主的主體自我意識的認同與反思。哈伯瑪斯認為,

哈伯瑪斯
當代新思潮的引領者（修訂版）

「（民主）政治首先不是倫理性的自我理解問題。共和主義觀點的錯誤在於對政治過程的倫理透視法性的縮短。」如前所述，在《對他者的包容》中，關於國家、法律和民主，哈伯瑪斯指出：

1. 國家民族意識首先由知識分子和學者傳播，然後透過城市資產階級向外擴散；
2. 在內容方面，它（國家民族意識）是一個關於具有共同祖先的故事，具有共同歷史的理論和具有共同標準語言的共識的結晶；
3. 它把人們轉化為具有政治覺悟，認同共和憲法和國家民族的理想和目標的公民；
4. 儘管如此，民族主義並不是民主過程的必要或永久前提條件。

如前所述，哈伯瑪斯否認民族主義作為民主國家的必要條件，重申他的關於傳統的國家民族意識應由憲法愛國主義所取代的主張。總而言之，就是現代愛國主義應與傳統的國家民族意識分道揚鑣，而與當代的民主自由意識與理念結合。因此，在程序民主模式中，民主政治不是關於公民們倫理性的主體自我意識——尤其是以民族意識為基礎的主體自我意識，而是在憲法愛國主義的指導下，實現政治自主。

哈伯瑪斯認為，只有程序主義民主模式才具有真正的包容性。共和主義式的主體自我意識——尤其是以民族意識為基礎的主體自我意識——不可避免地具有排他性。這也是共和民主模式不具真正的包容性的深刻原因。而一盤散沙般的自由主義民主模式也不具真正的包容性，儘管它表面上無所不容。

「法治與民主的內在關係」一章是《對他者的包容》的最後一章。在這一章中，哈伯瑪斯再次指出現代法的正式屬性是其事實性與有效性。

他指出，「法律的制約性……要求合法性。根據這一要求，制約性地實施的法律要平等地保證所有法人的自主。民主立法過程要滿足這一要求……所以，從規範性的角度說，法律理論與民主理論在理念、概念上的內在關係——不僅僅是歷史的、偶然的關係——已經建立。」即，一方面，法律的其事實性與有效性意味著法律的制約性與合法性密不可分。而法律的有效性與合法性的唯一源泉是合理的民主立法

第二章　引導民主、正義與憲政思潮的大師
五、《對他者的包容》與世界主義理念

過程。另一方面，真正的民主以公民們的真正自主為前提。只有制約性地實施法律才能平等地保證所有公民們的真正自主。而只有當制約性地實施法律平等地保證所有公民們的真正自主時，真正的民主才存在。所以，法制與民主在理念、概念上的關係是內在關係，而不是歷史的、偶然的。

與此相適應，哈伯瑪斯再次指出制約性法律與自主性道德之間的互補關係。他指出，「現代法律系統是在權利的基礎上建立的。權利具有以特定的方式使法人從道德義務中解脫出來的特殊功能……在道德中，權利與責任的對稱關係存在。而法律責任是應有權利的結果，即法律責任源於對個人自由的制約性限制。」與此同時，法律的有效性與合法性的唯一源泉是合理的民主立法過程。合理的民主立法過程以立法人，即所有共同體公民們的自主為前提。而公民們的自主以公民們的道德性自主為前提，公民們的私人自主與公民們的政治自主互為前提。所以，制約性法律與自主性道德存在互補關係。道德為公民們以法律為仲介的自主提供必需的自我理解。制約性法律為公民們以道德性的自我理解為基礎的自主提供必需的仲介。

不僅如此，在「法治與民主的內在關係」這一章中，哈伯瑪斯探討了人民主權與人權之間的關係。他指出，真正的國內民主是人民主權的必要條件。真正的民主以承認與保護公民的基本人權為先決條件。國家內在的人民主權以對公民人權的承認與保護為先決條件。民主與人民主權意味著公民能行使其基本權利，共同實現政治上的自主。因此，人民主權與人權的關係在理念、概念上的關係是必然的，而不是歷史的、偶然的。這一內在關係又表明法律與民主的內在關係。一方面，法律的有效性與合法性的唯一源泉是合理的民主立法過程中的人民主權。另一方面，真正的人民主權以公民們的人權為前提。而只有制約性地實施法律才能平等地保證所有公民們的人權。而只有當制約性地實施法律去平等地保證所有公民們的人權時，真正的人民主權才存在。

最後，在「法治與民主的內在關係」這一章中，哈伯瑪斯指出私人自主與公共自主的內在關係。私人自主指個人作為法人的法律自主。「公民們的法律自主理念要求作為法律的受制約者，公民們能夠同時理解，他（她）們又還是制約他（她）

哈伯瑪斯
當代新思潮的引領者（修訂版）

們的法律的作者。」公共自主指公共民主過程，尤其是公共民主立法過程，在交往理性的指導下的法律自主。「當公民們參與占有立法者的角色時，他（她）們不再能夠自由地選擇實現他（她）們的法律自主的仲介。他（她）們是作為法律的受制約者參與立法。自法的民主理念必須以法律為仲介來實現。」

在公共民主立法過程中，存在以法律為仲介的公共自主。所以，私人自主與公共自主的關係是內在的，彼此互為條件。私人自主與公共自主的內在關係又表明法律與民主的內在關係。一方面，法律的有效性與合法性的唯一源泉是合理的民主立法過程中的公共自主與私人自主。合理的民主立法過程中的公共自主以立法者的私人自主為前提。另一方面，合理的民主立法過程中的公共自主與私人自主彼此互為條件又是以法律為仲介，透過這一仲介實現的。

總之，《對他者的包容》是哈伯瑪斯20世紀末最重要的著作之一。它包含哈伯瑪斯對我們時代精神的一些核心理念諸如正義、真理、民主、法制、人權、包容、全球正義、世界主義、民族主義等最深刻的思想。

由於他的哲學思想上的累累成果，1997年，哈伯瑪斯獲得法國巴黎大學的聖鄧尼斯維納斯神學院（Der Sorbonne Paris, St. Denis Vincennes）的榮譽博士稱號。兩年後，即1999年，他獲得英國劍橋大學的榮譽博士稱號。

六、公共知識分子

在1990年代，在不斷地向一座座思想高峰發起衝擊時，哈伯瑪斯繼續保持其關懷時世的公共知識分子本色。雖然他已到了耳順之年，但他關懷時世的熱情與忠誠不減。一方面，他繼續透過電視訪問，在報刊上發表文章，對時事和社會問題發表自己的看法；另一方面他也積極參加各種社會活動，為民主、正義、理性政治在德國的發展而奮鬥。

1998年6月，他出席了德國社會民主黨組織的一次重要的政治論壇，並且是這次論壇的兩位主角之一。這次論壇的題目是「對他者的包容」——當前德國發展所

第二章　引導民主、正義與憲政思潮的大師
六、公共知識分子

面臨的主要挑戰。這次論壇所涉及的課題包括：統一歐洲的結構問題，憲政和前景，歐洲統一趨勢對德國民族的影響，未來統一歐洲中的德國的地位和角色等。從內容上講，這次論壇的課題可以說是哈伯瑪斯《柏林共和國》與《對他者的包容》的課題的總和。

按照討論會的安排，哈伯瑪斯首先就如上問題進行專題發言。然後由當時仍是德國總理候選人的施羅德作回應。然後大家展開討論。哈伯瑪斯發言的題目為「後民族格局與民主未來」。他首先從歷史的角度對民族國家的類型和特徵進行了歸納，指出民族國家的最顯著的特點是文化認同和種族認同，其基本原則是國家領土主權原則。他然後指出，在全球化的背景下，即世界經濟政治逐漸融為一體、密不可分的背景下，民族國家固有的局限性暴露無遺。其法律、安全、管理、領土主權、民主政治都必須有根本的調整，向後民族結構轉型。因此，哈伯瑪斯提出向後民族結構轉型的一些具體的措施，包括：

1. 在現代性的理念下，在全球改革聯合國，使之合理化，更加實質化；
2. 在歐洲，實現歐洲貨幣、政治一體化，改革歐盟，使之擁有立法和執法功能；
3. 發展文化包容與民主文化認同，在全球範圍內建立新的道義理念和公正秩序；
4. 把民族國家的國內政策和國際政策系統地結合起來。

在這一發言中，哈伯瑪斯在國家認同的問題上比11年前的憲法愛國主義立場更加激進。憲法愛國主義提出新的國家認同基礎，後民族國家結構淡化國家認同概念。

施羅德在回應中不同意哈伯瑪斯的基本觀點。他強調，現在既沒有向後民族結構轉型的條件，也沒有這個必要；全球化與民族國家彼此之間可以而且也應該共存。前者雖然為後者帶來挑戰，但是還沒有與後者處於不可調和的矛盾。國家的同一性不僅源於國民和國土的共同性，而且是建立在正當的法律上。與此相關，無論在全球化背景下民族國家如何演變和民主化，國家都會存在，國家民族都會存在。儘管在國家民族的認同上，政治文化認同會扮演一個更加重要的角色，憲法愛國主義將成為一個重要的認同基礎。但是，民族認同、歷史文化認同也是必要的。施羅德還

哈伯瑪斯
當代新思潮的引領者（修訂版）

間接提到了法國模式和經驗。施羅德認為，現代性的要求不是取締國界，取消民族，而是包容國界，包容民族。

在這之後不久，施羅德成為新的德國總理，哈伯瑪斯的好友菲舍爾成為德國的外交部長，並成為科索沃戰爭的積極鼓吹者。在這個背景下，1999年4月29日，在德國《時代週刊》1999年第18期，哈伯瑪斯發表了一篇後來很有爭議的，題目為「獸性與人性——處於法律與道德臨界點上的戰爭」的文章，公開支持科索沃戰爭。這是哈伯瑪斯在1990年代第二次支持戰爭。而且這次是公開支持在歐洲本土的戰爭。這至少表明，哈伯瑪斯此時已放棄1950年代以來他一直堅持的和平主義立場。當然，說哈伯瑪斯堅定地支持科索沃戰爭是不公道的。事實上，他把科索沃戰爭定性為處於法律與道德臨界點上的戰爭。這表明他一方面覺得科索沃戰爭有正義、正當的一面，也有值得商確的一面。說他發表「獸性與人性」是為了給好友菲舍爾抬轎也是不正確的。仔細分析，我們就會發現，哈伯瑪斯對第一次波斯灣戰爭和科索沃戰爭的支持與他堅決反對以美英領導的第二次波斯灣戰爭，即入侵伊拉克、推翻海珊政權的戰爭，顯示出他對納粹暴行記憶猶新。對他來說，任何與納粹暴行相似的罪惡行徑必須被制止。國際社會擁有這一道德義務。這是他「獸性與人性」一文人權政治理念的基點。

「獸性與人性」一文從人權政治的角度為科索沃戰爭辯護。哈伯瑪斯堅稱，科索沃戰爭的目的不是領土侵略，而是保護阿爾巴尼亞族人的人權。因此在道義上，它具有相當程度的合法性。在這一文章中，哈伯瑪斯重新解釋了古典的正義戰爭理論，認為維護人權的戰爭是正義的。不過，哈伯瑪斯也坦承問題的複雜性。例如，他指出，在這一問題上，美國和歐洲多數國家對問題的理解又有不同。「美國在全球範圍內推行人權政治，並把它作為美國國家的使命，旨在執行強權政策（把強國的價值觀強加於弱國），而歐洲大多數國家則把在全球範圍內推行人權政治作為一個藍圖來追求，旨在在全球範圍內建立法律的統治。」

他還指出：「在科索沃戰爭中，北約盟軍的干涉旨在保護阿爾巴尼亞族人的那些被自己的政府所踐踏的人權。但是，在貝爾格勒街頭上的塞爾維亞人，用斯拉沃熱·

第二章　引導民主、正義與憲政思潮的大師
六、公共知識分子

齊澤克（Slavoj Zizek）的話來說，『假冒的美國人』，是在被槍口指著腦袋的情況下被強加於一個保護平等權利的政治秩序的。」

在這一文章中，哈伯瑪斯還提出了「法律和平主義」（Rechts pazifismus）的概念。哈伯瑪斯指出，法律和平主義和「現實和平主義」不同。它從人權以及全球法的角度，主張在一個合法的全球秩序中，把主權國家之間的戰爭消滅在萌芽狀態。這一文章提出了從強權政治向一個世界文明的社會過渡的口號。從一定的意義上，哈伯瑪斯早期所主張的和平主義是他現在所謂的「現實和平主義」。他現在用「法律和平主義」理念取代「現實和平主義」理念。他的法律和平主義是他的憲政民主理念在國際政治上的展現，與他的後民族國家世界的理念是一致的。他的「法律和平主義」表達的是前面討論過的他如下觀點：即只有使人權政治基於合理正當的司法基礎即合理正當的世界法律基礎，以正當合法的法律為仲介，我們才能避免人權原教旨主義。

1999 年，作為 1990 年代德國最有影響的公共知識分子，哈伯瑪斯獲得德國黑森州的黑森文化獎（Hessischer Kulturpreis）。黑森文化獎設立於 1981 年。每年頒發給在人文、藝術、教育等方面做出傑出貢獻的人。

哈伯瑪斯
當代新思潮的引領者（修訂版）

第三章　世界主義、全球正義與包容政治理念的旗手
六、公共知識分子

第三章
世界主義、全球正義與包容政治理念的旗手

　　詩云：「踏遍青山人未老，風景這邊獨好。」又道：「數風流人物，還看今朝。」用這兩句詩來形容21世紀到來之後的哈伯瑪斯是再恰當不過了。到了21世紀，哈伯瑪斯早過了孔子「知天命」與「耳順」的人生階段，進入自然自在、隨心所欲的階段。英雄暮年，人們通常在這個時候選擇功成身退，安享天年。然而，哈伯瑪斯卻選擇踏遍青山，繼續攀登人文科學高峰。他卻選擇像蘇格拉底一樣，繼續追求他的哲學之夢，繼續進行他的哲學之旅。

　　進入21世紀後，「歸隱」兩字不在他的字典中存在。急流勇退的想法與他絕緣。相反，他卻是烈士暮年，壯心不已。著書立說，格天地間之萬物，窮天下之萬理。他不僅繼續不斷地擴大其哲學探討範圍，而且不斷地加深其研究深度。不僅他的哲學版圖更加擴大，其哲學體系更加完整，而且其後本體論或後形上學方法的運用與話語原則的運用更加爐火純青。

　　進入21世紀後，他前進的步伐並沒有放慢，反而加速。他不僅繼續在學術上創

哈伯瑪斯
當代新思潮的引領者（修訂版）

造輝煌，在思想上繼續攀登高峰，而且與時俱進，發展了關於我們時代精神的核心理念，包括世界主義、全球正義、社會寬容、人權等等的系統哲學理論。他對真理的熱情與執著是當代哲學家的楷模。他是當代真正最有全球視野的少數哲學家，也是他們中的佼佼者。

進入 21 世紀後，他繼續周遊列國，開學講課，傳播人文，足跡遍及世界各地，身影留在東西南北、五湖四海。值得指出的是，古今中外，像哈伯瑪斯這樣周遊世界各地，開學講課，與各國學者真正地進行直接實質性交流的不是絕無僅有，也是屈指可數。而在與各國學者真正直接交流的深度與廣度上，哈伯瑪斯卻是獨領風騷，這是毫無疑義的。

進入 21 世紀後，在積極參加各種重大政治問題的討論的同時，學術上，哈伯瑪斯研究的深度與廣度也在不斷擴大。例如，在倫理道德的研究方面，哈伯瑪斯在對理論倫理研究的基礎上開始向應用倫理道德問題的研究領域進軍。面對宗教在當代的不斷復興，當代世界宗教的多元化以及宗教衝突，面對全球化大背景下與全球化並軌的世界文化的多元化與衝突，哈伯瑪斯也從交往理性與現代性理念的角度做出回應，不僅與時俱進地發展了宗教與文化寬容的理念，同時強調以世界主義、全球正義、社會寬容、人權等理念與價值為核心的時代精神對具體的宗教與文化的拷問與挑戰。

一、《人性的未來》與未來的倫理道德

如前面所討論的，在 1990 年代，哈伯瑪斯已成為當代最引人注目的哲學巨星。在德國，他與伽達默爾是當代德國哲學的象徵。在歐洲，他與德理達是歐洲哲學的代表，而他在哲學上所達到的高度是後者望塵莫及的，他的哲學思想的影響也遠非後者能比。進入 21 世紀以後，哈伯瑪斯依然風頭十足。先是 2000 年，他獲得柏林博蘭特市立科學院的漢侯爾特滋獎章（Helmholtz Medaille der Berlin Brandenburgischen Akademie der Wissenschaften），獎勵他對社會科學、人

第三章　世界主義、全球正義與包容政治理念的旗手
一、《人性的未來》與未來的倫理道德

文科學的卓越貢獻。接著在 2001 年，他獲得德國書報業和平獎，獎勵他對公共政治文化、民主政治的卓越貢獻。同年，他獲得美國哈佛大學的法學榮譽博士稱號。這是對他在法律哲學方面所做的巨大貢獻的肯定。

哈伯瑪斯以重建人類理性與現代性理念而聞名。但是，他一直堅持，他的交往理性與現代性理念是後形上學的，後本體論的。他一直堅持，他的話語道德哲學，話語法律哲學，世界主義理念，關於真理與正義、民主與法制等內在關係的理論，「後民族國家與民主」理念，以及民主的三種規範形式的思想都是後形上學的。他反覆提出的問題包括：在一個後形上學式思維的時代，我們應如何理解理性、現代性、法律、真理、民主、人權等等？在一個後形上學式思維的時代，倫理道德規範正當合法性如何證明？在一個後形上學式思維的時代，法律規範正當合法性如何證明？

這裡，我們不要以為哈伯瑪斯強調後形上學式思維只是空洞話或是此地無銀三百兩之類的話。事實上，這是理解哈伯瑪斯思想的關鍵。後形上學式思維或後本體論式專注於過程而不強調本體。更確切地說，後形上學的思維專注過程的規範性而不強調本體的同質性。它專注過程的合理合法性而不強調本體的正統性。它專注過程的真理性基礎而不強調本體的客觀實在性。正是這種後形上學的思維使哈伯瑪斯在民主的問題上，強調民主過程的合理性，而不是民主團體本體的同質性，宣揚憲法愛國主義為國家認同的基礎，而不是民族愛國主義為國家認同的基礎。哈伯瑪斯指出，從後形上學式思維的角度來說，存在著倫理道德規範、法律規範或其他規範的正當合法性問題。根據後形上學式思維，倫理道德規範、法律規範或其他規範的正當合法性的源泉不是某種自然本體（如宇宙本身）或超然存在如上帝，也不是近代哲學所講的自然定律或存在本體。因此，我們在規範的正當合法性問題上不能想當然。

2001 年，哈伯瑪斯的《人性的未來：論通往自由主義的優生學的道路》一書由 Suhrkamp 出版社出版。客觀地說，《人性的未來：論通往自由主義的優生學的道路》並不是嚴格意義上的學術書，它收集了哈伯瑪斯自 2000 年以來關於生物學、遺傳學倫理的一系列文章和訪問談話錄。它最多是一部通俗讀物。另一方面，正如該書的

哈伯瑪斯
當代新思潮的引領者（修訂版）

題目所示，《人性的未來》一書從話語倫理學的角度，探討了當代生物科學技術與遺傳學的一系列突破性的新發展所帶來的倫理道德問題。

《人性的未來》由兩部分組成。第一部分是由哈伯瑪斯 2000 年獲得蘇黎世大學的瑪格里特・艾加諾博士（Dr. Margrit Egnér）獎時，在蘇黎世大學舉行的受獎儀式上所發表的演講稿修改而成。其題目是：「後本體論式思維能否回答『什麼是應該的生活？』這一問題」。第二部分由他 2001 年 6 月 28 日在馬堡大學的克里斯坦・沃爾夫講座（Christian Wolff Lecture）的講稿修改而成。他的克里斯坦・沃爾夫講座的題目是「走向自由主義的優生學？」

在《人性的未來》的第一部分，哈伯瑪斯指出，人類倫理道德生活作為人類生活的一個系統而且特殊的組成部分；與此相適應，人類倫理道德生活有其獨特的規範性；不僅如此，任何合理的道德思維必須對此做出合理的解釋。後形上學思維即後本體論式思維能夠回答，也必須回答，「什麼是正確的生活」這一問題。後本體論式思維的回答區別於其他回答的地方在於，在其回答中，規範什麼是正確的生活的倫理道德規範正當性的源泉不是上帝、自然規律或存在本體的某種正式結構，而是建立這些倫理道德規範的社會交往過程。而明確地以後本體論式思維的名義，而不以話語倫理的名義提出問題，這說明在哈伯瑪斯思想中後本體論式思維的中心地位，也說明話語倫理的思維是後本體論式思維。

在第二部分，哈伯瑪斯指出，目前各種各樣的遺傳學工程嚴重削弱了我們的身體完整性概念，也混淆了擁有一個身體和作為一個身體的區別。與此同時，這些遺傳學工程嚴重削弱了我們的歸屬感和自由概念。還有，我們的自由本身也由於受控於這些遺傳學工程的設計而遭到嚴重削弱。我們因此失去了擁有一個開放的未來的權利。最後，我們自己的道德屬性也被嚴重破壞。客觀地說，《人性的未來》的第一部分與第二部分的思想之間存在一定的矛盾。前者淡化主體，後者強調本體，特別是身體的完整性與本體的完整性的內在關係。

在《人性的未來》的「前言」中，哈伯瑪斯寫道，「在接受 2000 年瑪格里特・艾加諾博士獎這一場合，我於 2000 年 9 月 9 日在蘇黎世大學作了一個演講，其演

第三章　世界主義、全球正義與包容政治理念的旗手
二、中國與他者

講稿修改而成為本書的第一篇論文。在其中,我從區分康德的正義理論與克爾凱哥爾的主觀性倫理著手,捍衛後形上學式思維對關於什麼是好生活的一些實質性問題有制約力的立場。這是因遺傳學工程技術而產生的爭論中一個反向問題的比較背景。這反向問題是:哲學能否容忍對種族倫理一些實質性問題立場的同樣限制?而由 2001 年 6 月 28 日在馬堡大學的克里斯坦‧沃爾夫講座的講稿修改而成的本書的主要論文繼續後形上學式思維的前提,進入關於什麼是好生活的一些實質性問題的討論。」

儘管如此,值得注意的是,在《人性的未來》中,在哈伯瑪斯的倫理道德思想中,人性的概念仍是一個有意義的概念。當然,帶著他後形上學式思維的標誌,哈伯瑪斯沒有討論人性是什麼,也不談論人性的善惡問題。但是,從肯定統一的人性存在這一前提出發是形上學式倫理思維的標誌。而哈伯瑪斯所強調的後形上學式思維的前提主要指的是不設想先驗的人性,但不否定統一的人性。更重要的是,哈伯瑪斯所強調的後形上學式思維不從所謂先驗的人性中尋找道德規範的合法性源泉。

客觀地說,《人性的未來》一書對當今關於生物學、遺傳學倫理的爭論並沒有什麼突破性的貢獻。它的唯一哲學意義是哈伯瑪斯本人參與了這場關於人類生存與製造的倫理道德爭論。這一爭論本世紀初以來在德國進行得如火如荼,以哈伯瑪斯在德國知識界和哲學界的大師地位,他的加入為這一倫理道德爭論注入新的動力,使這一倫理道德爭論達到一個新的沸騰點。另一方面,參與這場關於人類生存與製造的倫理道德爭論,哈伯瑪斯再次檢驗他關於哲學對文化的理性批判,「非壓迫性昇華」功能的思想。同時,參與這場關於人類生存與製造的倫理道德爭論,是哈伯瑪斯在 21 世紀參與一系列思想與現實一些實質性問題討論的一個熱身。好戲還在後頭。

二、中國與他者

對哈伯瑪斯來說,在種種意義上,中國是一個他者,與中國的對話是與他者的

哈伯瑪斯
當代新思潮的引領者（修訂版）

對話。第一，在哈伯瑪斯眼裡，中國不是一個完整意義上的現代性國家，中國缺乏現代性國家的兩個核心元素：法治與民主。因此，中國的社會政治生活缺乏真正的規範性。第二，文化上，中國毫無疑義是西方文化的一個他者。哈伯瑪斯雖然不贊成全球人權討論中強調亞洲價值的獨特性的觀點，但是他也堅決反對西方文化沙文主義。第三，哲學上，中國思維的形上性或本體性是哈伯瑪斯後形上性、後本體性思維的他者。顯然，哈伯瑪斯不是研究中國問題的專家。像黑格爾、韋伯等人一樣，哈伯瑪斯並不了解中國與中國思維。但是，與黑格爾、韋伯等人不一樣，哈伯瑪斯願意走出自己偏見的牢籠，了解中國。

早在 1980 年代初期，哈伯瑪斯就被邀請訪問中國。但是，由於各種原因，他的中國之旅沒能成行。那時的他，對中國的了解幾乎為零，訪問中國的興趣也不很大。1996 年 5 月，哈伯瑪斯應邀訪問了中國香港，5 月 14 日，在香港浸會大學（Hong Kong Baptist University）作了演講。雖然他的香港之行很短暫，而且沒有產生什麼影響，香港的報刊媒體對此也沒有什麼報導。但是，他的香港之行是他與中國的第一次正面接觸。儘管如此，機緣未到，他與中國大陸的約會還總是姍姍來遲。他曾計畫 1999 年 4 月訪問中國大陸，然而科索沃戰爭使這一計畫顯得不合時宜。至少對他來說，這不是時候，雖然此時的他的確希望盡早訪問中國。一方面，哈伯瑪斯公開支持北約捲入科索沃戰爭。另一方面，中國駐南斯拉夫領館被北約誤炸，中國成為北約科索沃戰爭的受害者。進入 21 世紀後，已達到孔子所說的自由自在、隨心所欲之年的哈伯瑪斯與中國的緣分終於到來。

2001 年 4 月 15 日，哈伯瑪斯終於踏上中國大陸的土地。也許是老天爺有意讓他彌補過去的幾次失約，他所乘坐的中國班機提前一個半小時抵達北京機場。這使他與中國大陸的這次約會提前到來。當然也讓接待方單位中國社會科學院有點措手不及。例如，中國社會科學院原本準備在機場為他舉行一場隆重的歡迎儀式，由於他的班機提前到達，只好把歡迎儀式改在北京國際飯店舉行。不過，這一小插曲為他此次訪問中國大陸拉開了一個成功的喜劇序幕。雖然哈伯瑪斯對中國社會科學院不是很了解，他與中國社會科學院的哲學同行也沒有什麼學術合作。但是，正如哈

第三章　世界主義、全球正義與包容政治理念的旗手
二、中國與他者

伯瑪斯後來回憶道,中國社會科學院作為他訪華的主人使他心裡感到很踏實。

在訪問中國期間,哈伯瑪斯分別在中國社會科學院、清華大學、北京大學、中國人民大學、中共中央黨校、復旦大學、華東師範大學舉辦了七場演講。他的首場演講是在中國社會科學院。演講題目為「論人權的文化間體性——假想的問題和現實問題」。它主要討論非西方文化對人權的態度立場——尤其是亞洲價值觀與人權——以及原教旨主義的挑戰。正如其演講題目所示,哈伯瑪斯認為,人權理念具有普遍性,可以也應該得到不同文化的認同,他再次強調了現代性與全球化的挑戰。因此,他不認同那種從所謂的「亞洲價值」出發,認為亞洲國家在實踐人權理念上應有自己的特殊性的立場觀點。他認為這一立場肢解了現代性的總體性,也經不起在交往理性指導下的分析批判。他指出,所謂「亞洲價值」使亞洲國家在人權問題上具有特殊性的立場將導致人權理念在亞洲的現實社會生活中邊緣化。

另一方面,哈伯瑪斯承認,東西方關於人權的爭論是一個很好的契機。東西方關於人權的爭論可以揭示出人權理念所藏著的規範性、普遍性。值得注意的是,哈伯瑪斯的信心在很大程度上源於他對人權的獨特理解:即人權是公民們為在法治的基礎上共同生活而彼此必須相互賦予的權利。因此,在解釋現代性的挑戰及其和人權觀念的關係時,哈伯瑪斯進一步指出:

無論如何,我們現在是毫無選擇地被捲入現代化過程之中。現代性對傳統構成了三種挑戰。第一,經濟現代化,傳統的經濟交往模式轉換成了全球化的交往模式;社會關係的商業化,導致用以保證商業活動的可信性、可預見性和信任的歐洲私法的產生。第二,文化、宗教的多元化。這個問題在歐洲非常突出,不同的教派,不同文化的相互抵觸。宗教的多元化好像在中國不是很嚴重。第三,是社會個體化的挑戰。中國在這一點上正在不斷進步。對所有這些挑戰的應戰手段是,要讓個人關於家庭、生活關係、生活取向……的世界觀變得中性化。作為個體,每個人都應享有基本權利。因為我們已經處於現代化的過程當中,我們別無選擇。

因此,哈伯瑪斯既不認為西方應當或能夠把人權的理念強加於中國或亞洲國家,也不認為在全球化背景下的人權理念的挑戰面前,中國應當也能夠在所謂的「亞洲

哈伯瑪斯
當代新思潮的引領者（修訂版）

價值」或其他幌子下置身這一挑戰之外。他坦率地說：

我們現在面臨著一個更為嚴重的問題，這就是全球化。整個世界已經被拉在一塊——世界一體化，需要我們尋找到一套共同的規則。這是共同建立人權規則的歷史理由，也是基本理由。1946年發布的《聯合國人權宣言》就是一個標誌。問題已經不在於是否承認人權，而在於不同的國家如何理解人權。人權的文化間體性將是我們一直討論的問題。

也就是說，不同的國家之間可以，也必將出現對人權理解的文化差異。當代人權討論的最主要的任務是在交往理性的指導下找出人權理解的文化間體性共識，即不同的國家、文化之間理解人權的共識。但是，試圖逃避人權規範是與現代性背道而馳的。值得注意的是，在哈伯瑪斯的後形上學式即後本體論式思維中，不存在宋明理學所講的「理一分殊」的問題。即在哈伯瑪斯的後形上學式即後本體論式思維中，人權問題不是普遍人權原則應有特殊展現，而是人權原則是否應在世界上被普遍地認同，如何在世界上被普遍地認同。

哈伯瑪斯在清華大學演講的題目是「論實踐理性的話語意義、倫理意義以及道德意義」。在演講中，哈伯瑪斯指出，實踐哲學主要有三大來源，即亞里斯多德的倫理學、功利主義以及康德哲學。黑格爾哲學把這三者綜合起來。當代實踐哲學是在揚棄黑格爾哲學的基礎上發展起來的，並分為兩大派學說。一個是社群主義倫理。它堅持了亞里斯多德的倫理學的公共利益與善的概念，但是放棄理性的普遍性理念。另一個是哈伯瑪斯所主張的話語倫理學。它以黑格爾的社會倫理生活概念為起點，從間體性的角度解釋道德命令，強調理性的普遍性與規範性。因而，在哈伯瑪斯看來，話語倫理學能把倫理、語用實踐和道德的普遍性與規範性理念系統地結合起來，它因而既能避免落入歷史主義的誤區，又能避免缺乏對社會倫理的重視。從這個角度講，哈伯瑪斯宣稱，話語倫理學實質上是一種後黑格爾主義倫理學。換句話說，以交往理性為基石的倫理學一方面承認語言、實踐生活、社會文化倫理在道德中的仲介作用，另一方面又強調社會道德的普遍性與規範性理念，不把社會道德視為只是一種歷史地發展著，沒有共性、只有個性，沒有規範的普遍性、只有規範的歷史

第三章　世界主義、全球正義與包容政治理念的旗手
二、中國與他者

性的現象。哈伯瑪斯指出，話語倫理道德哲學強調倫理道德的認識內容，因此，話語倫理道德哲學充足合理地解釋了道德與道德規範。一般來說，倫理問題屬於自我理解性問題，道德問題是關於道德規範的公共證明問題。與其他倫理道德哲學比較，話語倫理道德哲學能夠把倫理問題與道德屬於公共證明性的問題系統地連接在一起。它也對倫理道德中的正義原則與團結原則有著平衡的強調。道德正義原則要求共同體成員有義務對每個共同體成員個人的人格尊嚴的平等尊重，有義務尊重每個共同體成員個人的不可侵犯性與權利。道德團結原則要求共同體成員有義務保護人們作為共同體成員相互間互認的間體關係的網路，有義務對鄰居福祉有著同情與關懷。話語倫理道德哲學捍衛既講平等尊重，又講團結的責任的道德。

　　在北京大學和中國人民大學，哈伯瑪斯演講的題目是「民主的三種規範」。內容上，他所演講的是前章所討論的《對他者的包容》一書的第九章，「民主的三種規範性模式」的另一版本。在這兩次演講中，哈伯瑪斯根據民主概念的形成過程，尤其是其中公民概念、道德概念和政治意志的形成過程，對自由主義政治觀和共和主義的政治觀進行了比較分析和批判，提出程序主義政治的理念。作為一種民主方式，程序主義民主是後本體性的民主，其基點強調在交往理性指導下的民主政治過程的規範性，而不是民主政治本體的同質性。哈伯瑪斯認為，自由主義和共和主義的共同點是以整體與其部分的關係作為國家和社會的基礎，其哲學基礎仍然是主體性概念。因此，自由主義和共和主義的民主概念也沒有解決好民主社會中，多樣性與統一性、包容與整合的辯證關係問題。與此相比較，話語民主理論和程序主義政治理念提出一種間體性的民主理念。這種民主是和政治公共領域一起建立起來的，成為討論、認識和處理社會問題的過程。哈伯瑪斯指出，在程序主義民主政治中，主體性哲學失去其意義，取而代之的是間體性哲學。同樣重要的是，在自由主義和共和主義的民主概念中，不僅道德真理的概念退居次要地位，不再是公共討論的基礎；而且，社會倫理規範的正當合法性源泉也被誤解。

　　在以「民主的三種規範性模式」為題的兩次演講中，哈伯瑪斯再次指出，程序主義、自由主義與共和主義對民主過程的三種不同的理解導致如下的一系列後果。

哈伯瑪斯
當代新思潮的引領者（修訂版）

首先，程序主義、自由主義與共和主義各有不同的公民或公民性的概念。自由主義簡單地把公民理解為享有權利與私人自主權的個人。而共和主義能夠把公民既理解為享有權利與私人自主權的個人，又是一個由自由、平等的公民組成的共同體的政治上負責的國民。共和主義公民概念的缺陷是它強調作為一個由自由、平等的公民組成的共同體中國民的公民的同質性，即強調公民性與同質性之間有一種內在關係。它又進一步把公民的同質性等同於公民的同一民族性，強調公民意識與民族意識之間有一種內在關係。程序主義也把公民既理解為享有權利與私人自主權的個人，又是一個由自由、平等的公民組成的共同體中政治上負責的國民。但是，程序主義不強調組成共同體公民的同質性，而強調組成共同體公民的自由、平等，認識與包容公民的異質性。它又進一步把公民的同質性與公民的民族國家屬性區別開來，把公民意識與民族意識區別開來，強調前者不依賴於後者。它更進一步強調，使異質的公民統一成為一個主權人民與國家的基礎是憲法愛國主義精神與意識，公民意識的核心是憲法愛國主義。

其次，與如上相適應，程序主義、自由主義與共和主義各有不同的法律概念。根據自由主義的觀點，法律秩序的功能是確定每個人的個人權利，誰享有什麼權利。根據共和主義的觀點，法律建立與確保在平等與互相尊重基礎上的共同的自主生活。每個人的個人權利源於法律秩序。也就是說，在自由主義的概念中，法律的重點是保護個人。在共和主義的概念中，法律的重點是既保護個人，又保護共同體，而只有保護好共同體，才能保護個人。共和主義法律概念的缺陷是把保護好共同體等同於造就公民的同質性，進而認為法律有造就公民的同質性的任務與功能。程序主義認同共和主義關於法律建立與確保在平等與互相尊重基礎上的共同的自主生活，每個人的個人權利源於法律秩序這一觀點。它也認同共和主義關於法律的重點是既保護個人，又保護共同體的觀點。但是，它拒絕共和主義把保護好共同體等同於造就公民同質性的觀點。它拒絕共和主義關於法律有造就公民同質性的任務與功能的觀點。相反，程序主義強調，保護好共同體需要寬容，包容公民的異質性與異質自主性。法律必須是社會寬容，包容與保護公民的異質性與異質性自主的仲介。

第三章　世界主義、全球正義與包容政治理念的旗手
二、中國與他者

＊　民主之都美國華盛頓特區一景

　　最後，程序主義、自由主義與共和主義各有不同的政治過程概念。在自由主義的概念中，政治過程是各團體為各自的利益彼此競爭管理權利與資源的過程，是人們為各自的利益組成團體以便與其他團體的人競爭管理權利與資源的過程。根據共和主義的觀點，政治過程是透過集體地思考，形成集體意志與思想、集體的自我理解的過程。程序主義認同自由主義關於政治過程是一個締結契約的過程。但是，它拒絕自由主義把政治過程當做市場，其中唯一的行為是利益談判，交換與妥協。程

哈伯瑪斯
當代新思潮的引領者（修訂版）

序主義認為，政治過程是公民在規範性方面的政治自主的過程。程序主義認同共和主義關於政治過程是透過集體地思考，形成集體意志與思想的觀點。但是，它拒絕共和主義關於政治過程是透過集體地思考，形成集體的自我理解的觀點。程序主義認為，政治過程是公民透過集體地思考，形成集體意志與思想，認同共同的規範，政治自主規範化的過程。因此，哈伯瑪斯再次強調，只有程序民主模式才具有真正的包容性。共和主義式的主體自我意識，尤其是以民族意識為基礎的主體自我意識，不可避免地具有排他性。這也是共和民主模式不具充分包容性的深刻原因。而一盤散沙般的自由主義民主模式也不具真正的包容性，儘管它表面上無所不容。

在中央黨校和上海復旦大學的兩次演講中，哈伯瑪斯演講的題目是「全球化壓力下的歐洲民族國家」。正如前面所討論的，在哈伯瑪斯的政治理念中，在全球化背景下，民族國家向後民族國家的轉型，歐洲在後民族性的基礎上的統一是歷史與現實的要求。因此，在他題為「全球化壓力下的歐洲民族國家」的兩次演講中，哈伯瑪斯討論的不僅僅是從歐洲民族國家向歐洲後民族國家的轉型，而且是歐洲從民族國家歐洲向後民族國家歐洲的轉型，以及這一轉型所帶來的理論問題與現實問題。以現實問題為例，它們包括：在全球化的挑戰下，不僅僅歐洲各個國家自身出現控制能力下降、決策合法性簡陋、協調組織能力低下等嚴重問題，而且無論是歐洲整體，還是歐洲國家各國對全球的政治影響繼續被邊緣化。為此，歐洲各派政治力量提出了四種對策：

（1）新自由主義的全盤肯定政策；
（2）懷疑主義的全盤否定政策；
（3）以德國社會民主黨和英國工黨所代表的「第三條道路」；
（4）左派知識分子所主張的「世界主義」（cosmopolitanism）。

哈伯瑪斯進而提到他的歐洲憲政一體化理念。他指出，歐盟在經濟一體化方面已邁出決定性的一步，但是在政治融合方面尚缺乏一體化協調機制和民族團結的基礎；歐洲的當務之急是要建立一部歐洲憲法，以創立一種全體公民都能夠積極參與的民主政治文化，形成統一的歐洲政治公共體或共同體。

第三章　世界主義、全球正義與包容政治理念的旗手

二、中國與他者

在討論民族國家時，哈伯瑪斯還特別提到中國。他認為，嚴格地說，當今的中國還不是一個成熟意義上的現代民族國家，因為它還沒有完成從傳統的民族認同向現代的民族認同的轉變，也沒有解決公民資格的民主認定問題，更面臨著多民族文化認同的建構問題。換句話說，當今的中國既不是一個現代共和主義意義上的現代民族國家，也不是自由主義意義上的民族國家。無論在哪一種意義上，當今的中國都沒有一個成熟意義上的民族國家的顯著標誌：民主與法治；公民的私人自主與公共自主。如上所說，現代共和主義強調民族國家中公民的同質性的同時，強調民族國家中公民是自由、平等的。嚴格地說，中國沒強調這樣一個公民概念。不僅如此，現代共和主義強調，法律的重點是既保護共同體，又保護個人，兩者缺一不可。嚴格地說，中國沒有強調這樣一個法律概念。政治過程是現代共和主義的一個中心概念。現代共和主義強調，政治過程是透過集體地思考，形成集體意志與思想，集體的自我理解的過程。嚴格地說，中國沒有強調這樣一個政治過程概念。

在上海華東師範大學，哈伯瑪斯演講的題目是「再論理論與實踐的關係」。哈伯瑪斯認為，在古典哲學中，理論與實踐的關係的觀點主要有兩種。一種是柏拉圖的觀點，根據這一觀點，理論本身最具有實踐性，因為理論的教化過程集認知和救贖於一體。另一個是亞里斯多德的觀點。根據這一觀點，理論要獲得實踐意義，就必須以實踐哲學的形態出現。在當代哲學中，自然法理論和歷史哲學對於理論與實踐的關係的理解又有不同。它們用道德政治問題取代了存在的問題，用主觀能力取代了客觀精神，進而在自然法和社會革命之間建立了內在的聯繫。在討論理論與實踐的關係時，哈伯瑪斯再次提出了「哲學何為」的問題，即什麼是哲學的社會功能問題。一方面，哈伯瑪斯堅持哲學扎根於實踐。另一方面，他又堅決反對把哲學變成意識形態或政治行動理論。

哈伯瑪斯在上海華東師範大學的演講，是對其 1963 年出版的《理論與實踐》一書的概括。

第一，回到他在《理論與實踐》中的思想。哈伯瑪斯在華師大的演講從哲學理論的高度上揭示理論與實踐的辯證關係，揭示科學主義對理論與實踐的關係的片面

哈伯瑪斯
當代新思潮的引領者（修訂版）

的、不充分的、因而是錯誤的理解。哈伯瑪斯再次堅稱，當一個理論對實踐的關係僅僅是延伸與使我們對自然與社會的控制變得合理時，它（理論）也就成了一種意識形態（變成錯誤的東西）。理論的潛在的社會功能也被社會控制需要所代替，真正意義上的理論對行動的指導潛能也因此而消失。

第二，在上海華東師範大學的演講中，哈伯瑪斯再次鮮明地、系統地提出了理性在批判實踐中的重要作用。一方面，哈伯瑪斯鮮明地指出，正如17、18世紀歐洲資產階級啟蒙運動所揭示的一樣，理性是人類從愚昧的實踐中解放出來的重要指導力量。另一方面，17、18世紀資產階級啟蒙運動的理性概念有它固有的局限性，在今天蛻變為工具理性，結果是，理性批判變成了工具理性的功利分析。在上海華東師範大學的演講中，哈伯瑪斯充分發揮他的批判理性是以交往理性為核心和基礎的理性的概念，強調了哲學對文化能起的非壓迫性昇華的社會功能。

第三，與此相適應，在上海華東師範大學的演講中，哈伯瑪斯再次指出有目的社會實踐和社會交往實踐的區別。而他的關於有目的社會實踐和社會交往實踐的區別是他的整個哲學體系的中心概念之一。有目的社會實踐指的是有目的的合理行為。用他的話來說：有目的社會實踐指的是為達到某一目的而進行的行動或做出的合理選擇或兩者兼有。為達到某一目的而進行的行動涉及的是根據經驗知識而應用技術規範的問題，合理選擇涉及的是根據分辨知識制定策略的問題。有目的的合理行為或社會實踐在特定的條件下實現既定目的。與此相區別，社會交往實踐涉及的是滿足那些有效的行為規範的要求，有效的行為規範規定相互之間行為的期待，必須得到至少兩個人的理解和承認。違背社會行為規範將受到社會制裁。建立有效的行為規範理由在公共會話中被客觀實在化。我們所學到的有目的的合理行為使我們用紀律約束我們的能力。把社會行為規範在我們的意識中內在化的合理行為使我們用紀律約束我們的個性。技巧使我們能夠解決問題。動機使我們能夠遵循（社會行為）規範。透過這一區別，哈伯瑪斯不僅指出勞動行為領域只是人們的一個行為領域，政治、道德的行為領域，甚至文化與意識形態的行為領域，不能歸結於勞動領域。與此相適應，政治、道德理性不能歸結於技術理性、科學理性。

第三章　世界主義、全球正義與包容政治理念的旗手

二、中國與他者

　　第四，在上海華東師範大學的演講中，哈伯瑪斯積極地應用了馬克思主義理論的一些觀點。但是，他也看出了馬克思主義分析方法的固有的局現性。這就是，馬克思主義分析方法受限於它的歸源主義（reductionism）。根據馬克思主義理論，不僅人的意識完全是人的社會存在的產物，而且人的本質是人的社會關係的總和，不僅如此，由於人的社會存在和人的社會關係都是人所屬的生產關係的產物，這樣，人的意識和人的本質實際上是人所屬的生產關係的一個縮影。但哈伯瑪斯認為，即使是在資本主義社會，人的意識和人的本質有獨立於人所屬的生產關係的重要方面，不能歸結為人所屬的生產關係的產物。有目的社會實踐和社會交往實踐的區別以及人的意識和人的本質不能歸結為人所屬的生產關係的產物。哈伯瑪斯指出人類歷史地、哲學地發展的兩條軌道：人類不僅學習對提高其生產能力具有決定性作用的技術方面有用的知識，而且學習對相互交往的結構有重大作用的道德，政治的傾向。引進康德的一些真知灼見，哈伯瑪斯發展出一個新的規範化的概念。這就是社會政治。道德生活的規範性不是基於技術合理性，而是基於一種非工具性的理性。他指出，道德理性即使在當代資本主義社會也存在。

　　與其導師阿多諾對哲學的現在與未來的地位的悲觀主義不同，哈伯瑪斯對哲學的現在與未來的社會功能的看法是積極的、樂觀的。他認為，哲學在海德格、布魯門貝格和阿培爾的批判和後現代主義者的解構下，挑戰與機會並存。哲學的活動領域依然應當是現實生活世界。哲學不僅僅要解答現實生活世界的生活實踐中所提出的理論問題，而且應當與現實生活世界建立起總體性的聯繫。在這次演講中，哈伯瑪斯還討論了「公共知識分子」的地位問題。現代社會功能的分化，使得知識分子本身分化成兩部分：從事專門知識研究的科學家和專事改革的道理傳播者。哈伯瑪斯認為，當前，無論是從事專門知識研究的科學家，還是專事改革的道理傳播者，都沒有很好地承擔起哲學的社會職責。科學家只關注技術問題，缺少政治和道德關懷，而道理傳播者卻忽視了在世界觀多元化的背景下建立普遍規範的重要性。因此他們失去作為「公共知識分子」的資格。哈伯瑪斯認為，只有那些積極參與現實生活世界的改造，投身於現代社會意義上的公共領域的知識分子才是真正的公共知

哈伯瑪斯
當代新思潮的引領者（修訂版）

識分子。

　　除了以上的七次公開演講，哈伯瑪斯還應邀在北京和上海參加了兩次座談會。2001年4月17日，應北京的《讀書》雜誌社的邀請，哈伯瑪斯參加了由該雜誌社主編黃平主持的座談會。哈伯瑪斯原本希望借助座談會，他可以增加對當代中國在哲學、社會科學以及法律研究方面的了解。他尤其希望增加對當代中國的法哲學的了解。因此，他向座談會的參與者提出了他早已準備好的關於中國的幾個問題：
1. 當代中國的法律制度與西方的法律制度之間的關係，當代中國的法律制度與傳統中國的法律範疇之間的關係；
2. 中國的宗教問題；
3. 如何從學術的角度去看法輪功；
4. 中國知識界所謂的自由派和新左派的爭論。

　　很顯然，第二個問題在中國沒有什麼現實意義，第三、第四個問題政治上過於敏感，理論上沒有多少價值，第一個問題又遠超於參加會談的中國學者的能力。因此，除了在座談會的最後，信春鷹和黃平分別就第一和第四個問題作簡單的介紹外，座談會集中地討論了參加會談的學者向哈伯瑪斯提出的他思想發展過程中的幾個問題。例如，他與傅柯的哲學分歧，前面討論過的他與羅爾斯的爭論，前章提到的「歷史學之爭」。

　　關於「歷史學之爭」和他與羅爾斯的爭論，第一、第二章已討論，在此就不重複。但是，哈伯瑪斯關於他與傅柯的哲學分歧和關係這裡值得一提，也算是對前面關於他和傅柯之間關係的討論的補充。在座談會上，劉百成問：「哲學史一般都認為有一個所謂的『哈伯瑪斯與傅柯之爭』。哈伯瑪斯教授，你能否談一談你與傅柯之間有怎樣的分歧？」哈伯瑪斯回答道：

　　我和傅柯之間其實沒有什麼嚴格意義上的分歧。相反，我們是很好的朋友。1982年，傅柯曾邀請我和我的夫人到法國訪問。傅柯個人給我的印象很好。我們本來準備來年再次會面，著重討論一下康德的啟蒙概念問題。可惜，未等到那一天，傅柯就去世了。我覺得非常遺憾。

第三章　世界主義、全球正義與包容政治理念的旗手
二、中國與他者

你們可能都知道，傅柯曾寫過一篇著名的文章，叫「何為啟蒙」，專門討論康德的啟蒙概念。傅柯在文章中區別了兩種不同的批判模式，即「譜系列式的批判」和「歷史式的批判」。法蘭克福學派歷來主張應當把這兩種批判模式結合起來。其實，傅柯基本也是這樣認為的。如果說我和傅柯之間有分歧的話，那麼分歧就在這一點上：即傅柯本人是否可以隨隨便便地就把自己視為是帶引號的「實證主義者」而從話語的角度去分析權力？也就是說，傅柯究竟從哪個角度提出權力問題的。傅柯當時也意識到了這個問題，他告訴我他打算在《性史》第三卷中專門討論我所提出的問題。傅柯去世後，《性史》第三卷出版了。我認真地讀了這本書，發現傅柯的確認真討論了這個問題。看得出來，傅柯是根據希臘的文化，闡述了倫理的生活方式、道德的生活方式以及審美的生活方式。我是在康德和黑格爾的傳統中成長起來的，主張規範性的論證。因此對傅柯提出的模式並不是完全贊同。

在這一回答中，哈伯瑪斯認為，他與傅柯的哲學分歧被誇大了，而他與傅柯的友好關係被忽視了。其實，如前面所說，哈伯瑪斯與傅柯的哲學分歧是實質性的，也很大。美國哲學家羅蒂有這樣一個比較：哈伯瑪斯是一個自由主義者，但是也是一個普遍主義者；而傅柯不是一個自由主義者，但是個歷史主義，相對主義者。羅蒂的這一比較給我們一些啟發。哲學上，可以說，哈伯瑪斯堅持從普遍理性的角度看問題，而傅柯卻是從歷史的角度、譜系學的角度看問題。

2001年4月25日，應上海世紀出版集團陳昕社長的邀請，哈伯瑪斯到該社與該社的學者和上海地區的一些青年學生進行了座談。座談題目為「話語政治和民族認同」。座談會首先由哈伯瑪斯作了關於話語政治的主題發言。他指出，所謂的「話語政治」，就是在自由主義和共和主義政治之間開出第三條道路，即程序主義民主模式。他認為，自由主義過於現實，即自由主義把存在的都當成合理的、有效的，否定理性批判、理性規劃的建設性作用。而共和主義則過於理想，即共和主義從理念出發，堅持理念在現實生活的完美和絕對的展現。兩者對時代的判斷都出現了錯誤。話語政治強調，在交往理性的指導下，積極合理地反應、理解現實，從現代性的角度提出改革現實的行動綱領。他強調指出，話語政治是實現真正的現代民族認

哈伯瑪斯
當代新思潮的引領者（修訂版）

同的最重要的途徑，即現代民族認同的基礎是共同的理念和價值觀。而現代民族的共同的理念和價值觀不是來自共同的民族歷史、文化、血緣等，而是透過話語政治在民主生活中建立。

在座談會中，一半是由於時間關係，一半是第一次座談會的經驗教訓，哈伯瑪斯向中國學者提出的唯一的問題是如何解釋後現代主義在中國的流行現象。與會的復旦大學張汝倫和張慶熊兩教授分別從經驗和規範的角度回答了這一問題。不過，哈伯瑪斯覺得張汝倫和張慶熊兩教授的回答過於抽象與缺乏實質性。由於不能與中國學者進行深層度的交流，哈伯瑪斯希望透過座談會來進一步了解中國對現代性與全球化研究的計畫也陷於流產。

在哈伯瑪斯到達北京之前，北京一些媒體就大造輿論，把他此次訪華與 20 世紀羅素、杜威、薩特的中國之行相提並論，並認為他的中國之行將大大地推動中國的學術活動，這顯然有些誇大其詞。首先，從時間上，哈伯瑪斯的中國之行與 20 世紀羅素、杜威的中國之行就不能相提並論。從 2001 年 4 月 15 日到達到 2001 年 4 月 29 日離開，哈伯瑪斯此次僅在中國逗留了兩個星期。其次，羅素、杜威的中國之行發生在 20 世紀早期中國新文化運動的大背景下，他們所宣揚的民主和科學的思想是當時的新文化運動的主題。因此，羅素、杜威的中國之行不僅僅是學術之行，而且是在一個特別時期的特別事件。而哈伯瑪斯的中國之行確實僅僅是一次學術活動。再次，羅素、杜威的中國之行發生在他們與中國的哲學同行已有某些學術合作的基礎上。因此，他們的中國之行是深化他們與中國哲學同行學術合作的一個系統組成部分，而哈伯瑪斯的訪華更大程度上是一次友好訪問。

但是，在思想內容上，無論從深度、廣度與普遍哲學意義上，哈伯瑪斯的中國之行所涉及的哲學課題遠超羅素、杜威的中國之行。哈伯瑪斯的中國之行因此也在北京和上海激起新的學術熱潮。它不僅進一步地促進京滬兩地學者對他的哲學思想的研究，也推動了中國學者對全球化、現代性、人權與亞洲價值的討論。哈伯瑪斯在北京和上海的幾次演講都獲得巨大的**轟動效應和學術成果**。據說：

在中國社會科學院，由於聽眾太多，許多人甚至在狹長的空地上席地而坐，據

第三章　世界主義、全球正義與包容政治理念的旗手
二、中國與他者

說是社科院有史以來最熱鬧的一次學術活動。在清華大學，莘莘學子不顧勞累，東奔西走，為的只是能在易地後的報告廳裡爭取到一席之地，哪怕是站席也行。在北京大學，在中國人民大學，場面都可以用人山人海來形容。在復旦大學，相輝堂幾乎爆棚。面對滾滾人流，校方無奈之下，只有求助武警維持秩序，把報告廳變成進不得出不得的「圍城」。

應該指出，哈伯瑪斯的許多哲學思想對當代中國有重大的理論和實踐意義。而且，許多中國學者也對哈伯瑪斯的許多哲學思想有一定的了解，這些都為哈伯瑪斯此次訪華的成功打下了牢固的基礎。哈伯瑪斯也從其中國之行中增加了對中國的真正了解。

在來中國之前，哈伯瑪斯也做了些精心的準備。除了認真地設計了他即將在華的哲學演講，他還專門閱讀一些有關中國的報刊文章。正如他後來所說：

在來中國以前，我有意識地閱讀了一些關於中國的資料。當然我閱讀的主要是英文材料。比如刊登在《新左派評論》上的一篇對《讀書》雜誌主編汪暉的訪談。從這些英文資料中，我略微知道了中國目前知識界的一些情況，如所謂的「自由派和新左派之爭」。知道了《讀書》雜誌是一本在中國知識界有著很大影響的雜誌。另外，我也聽說，中國對西方思潮的反應和接受非常迅速，比如所謂的後結構主義和後現代主義在中國很有市場。

很顯然，從上面可以看出，來中國之前，哈伯瑪斯對中國基本上沒有什麼真正的了解，最多是一些膚淺的、零七八碎的概念，就像早年我們出國留學之前對美國、對西方的了解一樣，甚至算不上一知半解。確實，他對中國和東方思想的缺乏知識與他對歐洲的淵博知識形成一個鮮明的對比。但是，從中我們可以看到，哈伯瑪斯對其中國之行的認真和重視。而其中國之行不僅僅給了哈伯瑪斯對中國直接的感性認識，而且使他系統會與中國學者就一些關於中國的問題進行直接的學術對話。雖然這些直接的學術對話依然膚淺，缺乏實質內容。但是，這是他對東方、對漢語世界的第一次深刻的感性認識。應該說，中國之行對他進一步克服歐洲中心主義有很大的幫助。訪華後，哈伯瑪斯在談到感受時提到，比起中國同行對歐洲和德國的了

哈伯瑪斯
當代新思潮的引領者（修訂版）

解，他與他的德國同行對中國和亞洲的了解可以說是孤陋寡聞。一位哲學大師如此坦誠地承認自己知識面的局限性，實屬難得。這也從另一側面使我們可以理解哈伯瑪斯思想的歐洲中心主義因素。畢竟，他一直生活在歐洲文化裡。歐洲文化是他唯一真正理解的文化。

2002年3月13日，德國哲學巨匠漢斯‧格奧爾格‧伽達默爾在德國海德堡去世。伽達默爾是當代西方哲學一位偉大的哲學家。早年師從海德格，是海德格的最重要、最親近，也是最忠誠的弟子。當他去世時，《法蘭克福彙報》發表的悼念文章稱他是「德國教授家族古典風範的最後展現」。這一評語恰如其分。其哲學思想的深奧、專業知識的淵博、學術風格的嚴謹、職業操守的規範使這位著名的哲學家成為學者的典範。從1960年代到2002年他去世，他是當代德國哲學的象徵之一。說他與哈伯瑪斯是海德格和阿多諾後德國哲學的象徵並不為過。伽達默爾比哈伯瑪斯年長約30歲。當哈伯瑪斯還是血氣方剛、默默無聞的研究生時，他（伽達默爾）已是新一代解釋學的旗手，德國哲學界的重要雜誌之一《哲學評論》的創辦人，著名的學者與大學教授。1957年，伽達默爾就邀請哈伯瑪斯為《哲學評論》寫一篇介紹評論馬克思主義的文章。哈伯瑪斯於是寫了那篇後來使霍克海默極為光火的「關於馬克思與馬克思主義的哲學的討論」一文。伽達默爾邀請當時不過是阿多諾助手，尚未出名，甚至尚未定性的哈伯瑪斯為《哲學評論》寫一篇評論馬克思主義的文章這一舉動，顯示了他識別真才實學的慧眼，也展現出他那能容納百川的襟懷。正是這一襟懷，使伽達默爾在1959年，在哈伯瑪斯最需要的時候，對後者鼎力相助，順利地拿到聯邦德國研究基金會的獎學金。1959年，哈伯瑪斯不僅需要這一獎學金繼續在馬堡的學業，而且需要這一獎學金來養家糊口，歡迎女兒麗蓓嘉來到這一世界。1962年，又是在伽達默爾等人的努力爭取下，哈伯瑪斯在還沒有獲得他的博士後資格，從而獲得大學教授資格之前，就破例地被任命為海德堡大學的特別哲學教授，其事業也得到意外地起飛。所以，無論從哪一角度上說，伽達默爾都是哈伯瑪斯早年的伯樂，兩人一生也保持私人之間的良好關係。但是，對伽達默爾的去世，哈伯瑪斯卻保持著驚人的低調，沒什麼重大表示。這確實令人費解，也間接地反應伽、哈關

第三章　世界主義、全球正義與包容政治理念的旗手
二、中國與他者

係的複雜性，留下一個有趣的研究課題。

2002年4月22-24日，哈伯瑪斯來到土耳其首都安卡拉（Ankara），分別以「包容與歧視」（Tolerance and Discrimination）和「自由主義民主的三條不同道路」（Three Different Approaches toward Liberal Democracy）舉辦了兩個哲學講座。顯然，在這裡，「自由主義民主」廣義地指西方民主，而不是指前面討論過的狹義的自由主義概念中的民主。兩個講座都吸引了許多觀眾，甚至包括土耳其的外交部長。在內容上，「自由主義民主的三條不同道路」這一哲學講座是他關於三個民主模式的思想，沒有很多新意。而「包容與歧視」這一哲學講座發揮了他在《對他者的包容》第八章「為在一個民主的憲政國家得到承認而鬥爭」中關於民主寬容，尤其在一個民主國家中對少數民族的寬容問題的觀點。

在這一講座中，哈伯瑪斯再次強調，包容的多元文化以在憲法愛國主義指導下對共同政治文化的忠誠為前提，而憲法愛國主義本身不必是倫理中立的，但法律系統在包容的多元文化中對共同體中的各群體關係是中立性的。所以，在憲法愛國主義指導下包容的多元文化中，國家的民主整合分兩個層次：

1. 一方面是憲法愛國主義指導下共同遵守同一民主程序，即在程序上的統一整合；
2. 另一方面是憲法愛國主義指導下對不同生活方式與價值的敏感與尊重。這是在倫理上的差異政治整合。

哈伯瑪斯選擇這兩個題目是有他的想法的。一方面，土耳其是伊斯蘭教國家中很世俗化的國家。宗教寬容是土耳其民主政治的必然要求。特別是土耳其面臨嚴重的問題，包括少數民族的問題與挑戰。另一方面，土耳其當時正希望成為統一歐洲的一員。但是，顯而易見，土耳其對歐洲的認同主要是經濟的、政治的、安全的和地理的，而不是理念的、價值觀的和道德的。哈伯瑪斯的哲學講座是在討論現代性，歐洲化對土耳其的挑戰。

2003年2月，受伊朗前總統穆罕默德‧哈塔米（Mohammad Khatami）一手創辦的文明間對話中心的邀請，哈伯瑪斯來到伊朗首都德黑蘭，在文明間對話中心

哈伯瑪斯
當代新思潮的引領者（修訂版）

和德黑蘭大學進行了為期一週的訪問。早在 1996 年，哈伯瑪斯就收到訪問伊朗的邀請。直到 2002 年秋天，在伊朗的一些著名文化人士以及伊朗前文化部長，哈塔米總統的盟友阿也托拉·穆罕澤拉尼的極力邀請下，哈伯瑪斯終於決定 2003 年訪問伊朗。在訪問伊朗期間，哈伯瑪斯在德黑蘭大學進行了題為「國家、社會和宗教」的演講。哈伯瑪斯在德大的演講吸引了一大批聽眾，演講大廳、走廊都擠滿了人。聽眾對他的演講反應是如此激烈，以致演講剛結束，一些人就當場爭論起來。哈伯瑪斯在德大與師生和學者的交流很順利。但是他在文明間對話中心的座談會上卻遇到一個小麻煩。在座談會中，原本一切都平淡無奇。但是哈伯瑪斯在座談中問了一個政治上很禁忌的問題。哈伯瑪斯的問題是：為什麼伊斯蘭教不只依賴自己教義的力量，而要靠國家的壓迫力量的支持？為什麼伊斯蘭教不放棄政治的壓迫手段？毫無疑問，哈伯瑪斯的問題捅了馬蜂窩，以致坐在他對面的一個原本彬彬有禮的伊朗知識界名士粗魯地打斷他（哈伯瑪斯）的話。但是，哈伯瑪斯解釋道，他的問題的著眼點是伊斯蘭教應依靠理性、真理，而不應依賴國家暴力。他的解釋自然是火上加油。於是，座談會被迫提前終止。

哈伯瑪斯對伊朗的訪問很低調。但是，對哈伯瑪斯來說，這次學術訪問的思想解放意義不亞於訪問韓國與中國。這是由於兩方面的原因所造成：

1. 哈伯瑪斯是以色列國的堅定支持者，伊朗是以色列國的主要敵對國之一；
2. 伊朗是一個伊斯蘭教國家，並試圖建立一個以伊斯蘭教為指導思想的政治民主制度。這是一種與哈伯瑪斯所支持的西方民主截然不同的，不以人權理念為核心的政治民主制度。

所以，對哈伯瑪斯來說，無論從哪個方面來說，對伊朗德黑蘭大學的訪問都是一個與「他者」對話的機會。

在與伊朗同行的討論中，哈伯瑪斯重申了現代性的全球挑戰以及民主、人權的普遍規範性的觀點。哈伯瑪斯對伊朗的訪問也有兩個發現：

1. 傳統德國哲學在伊朗有不少讀者，如許多對海德格、波普很有興趣；
2. 他的伊朗同行對德國、對西方的了解遠超他與他的德國同行對伊朗、對中

第三章　世界主義、全球正義與包容政治理念的旗手

三、我們歐洲人和《分裂的西方》

東的理解；

3. 儘管如此，哈伯瑪斯現在依然是伊朗社會政治生活方式的強烈批評者。

三、我們歐洲人和《分裂的西方》

在周遊世界列國，討論全球化的挑戰，宣揚現代性的理念的同時，在歐洲，哈伯瑪斯不屈不撓地宣揚他的後民族國家的統一歐洲理念。其歐洲理念的基本點是：

1. 一部統一的歐洲憲法，統一的歐洲秩序；
2. 共同歐洲價值與理念；
3. 展現共同歐洲價值與理念，獨立於美國外交政策的統一歐洲外交政策。

2001 年美國的「911 事件」後，歐洲各國就關於歐洲的國際外交政策，尤其是伊拉克政策和歐美關係等進行熱烈的爭論。這為哈伯瑪斯鼓吹他的統一歐洲理念提供了一個良好機會。「911 事件」後，哈伯瑪斯與德希達拋開彼此之間的哲學分歧與多年的爭論，建立起一個統一戰線。哈伯瑪斯還把歐美一些哲學和知識界人士帶到共同規劃歐洲的未來這一統一戰線上來。這些歐美哲學和知識界人士包括義大利哲學家和小說家安伯托·艾可（Umberto Eco），瑞士作家和德國藝術學院院長阿道夫·馬士革（Adolf Muschg），西班牙哲學家費爾南多·薩瓦特爾（Fernando Savater），義大利哲學家吉安尼·瓦蒂莫（Gianni Vattimo），美國哲學家理察·羅蒂（Richard Rorty）等。

2003 年 3 月 1 日，《法蘭克福人公報》（Frankfurter Allegemeine Zaitung）發表了一篇由哈伯瑪斯著述、德希達合簽的文章。文章的題目是，「是什麼把歐洲人聯成一體？呼籲共同的外交政策——首先在歐洲的核心國家中」。這一文章以「2月15日，或：是什麼把歐洲人聯成一體？」收集在哈伯瑪斯 2004 年出版的《分裂的西方》一書中。

哈伯瑪斯
當代新思潮的引領者（修訂版）

＊　里昂・澤特萊尼（Leo Zeytline）：「巴黎一景」。

在這一文章中，歐洲兩位最有影響力的哲學家提醒歐洲人關於他（她）們共同的歐洲身分與共性，呼籲一個獨立、共同歐洲大陸的外交政策，反對歐洲大陸的外交政策附庸於美英的外交政策。哈伯瑪斯和德希達表示，他們的文章是對以英國和西班牙為首的歐洲 8 國在 2003 年 1 月底共同發表的一封公開信，支持美國領導的伊拉克戰爭的反應，英國和西班牙政府的所作所為是把歐洲大陸變成美國的附庸。

對他們不尋常的共同行動，德希達在這一文章開始前的簡言中寫道：

「共簽這一分析，也是訴求，是哈伯瑪斯與我公開的願望。拋開我們之間在過去的分歧，我們都認為，德國和法國哲學家發出他們共同的聲音，這不僅是必要的，而且是急迫的。這一訴求是哈伯瑪斯寫的。我合簽它因為我認同它的前提與規範視角。其前提與規範視角包括：拋棄歐洲中心主義的思想，從新的視角定義新的歐洲政治責任，呼籲對國際法與其機制——特別是聯合國——的重新肯定與有效改革，一種與康德傳統的精神，甚至文字相符合的，關於分配國家權力的新概念與實踐

第三章　世界主義、全球正義與包容政治理念的旗手

三、我們歐洲人和《分裂的西方》

等等。」

　　值得注意的是，德希達說，哈伯瑪斯與他都認為，他們的共同行動代表的是德國和法國哲學家發出他們共同的聲音，而且德國和法國哲學家這樣做不僅是必要的，而且是急迫的。同樣值得注意的是，德希達說，他合簽哈伯瑪斯寫的這一文章的理由是他認同它的前提與規範視角，其中之一是從新的視角定義新的歐洲政治責任。也就是說，對歐洲政治責任與命運的關心使他與哈伯瑪斯走到一起來，或者說哈伯瑪斯文章中對歐洲政治責任與命運的關心使他與哈伯瑪斯走到一起來。

　　在「是什麼把歐洲人聯成一體？」這一文章中，哈伯瑪斯寫道：「我們不應忘掉這兩個日子。一個是這一天，一些報刊告訴它們驚愕的讀者，西班牙總理，在其歐洲同僚的背後，邀請歐洲那些支持美國領導的伊拉克戰爭的國家宣誓對布希的忠誠。我們同樣不應忘記這一天，2003年2月15日。這一天，在倫敦、羅馬、馬德里、巴賽隆納、柏林、巴黎等地爆發的反對這一『政變』的群眾大遊行。」前面的一個日子，一方面表明歐洲政治領導人與政治精英在一些重大國際問題上的分裂與在重大國際外交方針政策方面對美國的依附，缺乏歐洲團結與獨立。另一方面表明歐洲政治領導人與政治精英缺乏對歷史教訓的反思。哈伯瑪斯認為，後面一個日子表明，歐洲各國這一天的反戰遊行，標誌著一個歐洲公共大眾的誕生，並以此載入史冊。

　　在文章中，哈伯瑪斯指出，現實提出「歐洲共性」或「歐洲身分性」的問題。歐洲是否應聯成一體？在什麼基礎上，或「是什麼把歐洲人聯成一體？」哈伯瑪斯認同歐洲一體的理念。同時，他也一如既往地反對民族主義或民族主義式的歐洲主義，宣揚他的憲法歐洲主義。哈伯瑪斯指出，現代歐洲人具有五個共性：

1. 信奉政教分離的權威中立性的理念；
2. 對政治，而不是對資本主義市場的信任；
3. 為社會正義而團結奮鬥的氣質；
4. 對國際法與人權的高度尊重；
5. 對民族差異性的認識，彼此尊重對方的其他性。

這是哈伯瑪斯第一次公開地討論統一的歐洲人，明確、公開地提出歐洲意識，

哈伯瑪斯
當代新思潮的引領者（修訂版）

* 喬治・海特（George Hayter）：「維多利亞時代的婚禮」。哈伯瑪斯不認為歐洲人應在認同共同的起源、歷史、文化、語言或血源等的基礎上統一，而是在認同同一的憲法與法律的基礎上統一起來。

歐洲共性或歐洲的共同理念和價值觀。這也是他第一次明確、公開地提出歐洲認同的後民族性基礎。他如上的五大歐洲人特性中，沒有一項是關於種族性、語言、歷史、血緣等。他的如上所講的歐洲共性又是在區別與美國意識、亞洲意識的情況下講的。所以，他的文章發表後，雖然贊同者不多，但是，討論者不少，批評者更多。

在理念方面，哈伯瑪斯在這裡繼續他在《對他者的包容》中，在「歐洲是否需要一部憲法？」這一問題上的思想。如前所討論，在《對他者的包容》中，哈伯瑪斯不同意格雷姆的觀點。格雷姆認為，因為沒有「歐洲人民」（European people），建立一部歐洲憲法的想法不可行。格雷姆也承認，由公民組成的民族國家的同一性不需要根基於種族起源。哈伯瑪斯指出，格雷姆還是誤解了憲法與人民的關係。人民建立憲法，但是憲法也以法律與國家為仲介創造人民，或人民在建立

第三章　世界主義、全球正義與包容政治理念的旗手

三、我們歐洲人和《分裂的西方》

＊　約翰・鐘凱德（Johan Jongkind）：「巴黎聖母院遠景」。

憲法的民主過程中建立自己，即公民們在建立憲法的民主過程中自由自願地組成人民。更重要的是，國家憲法或歐洲共同體憲法的存在不以公民一定程度的同質性為先決條件。相反，國家憲法或歐洲共同體憲法是使不同種族、文化背景、語言、生活方式的公民在民主過程中自由自願地組成人民，組成政治共同體的基礎。

在「是什麼把歐洲人聯成一體？」中，哈伯瑪斯指出，歐洲人民可以由歐洲共同體憲法所創造。但是，新的歐洲人民不是一個同質的民族群體，而是一個由共同理念、價值與在歐洲共同體憲法指導下的共同政治生活的共同體。同時，在理念方面，哈伯瑪斯在這裡發揮他在《柏林共和國》中的思想：從歷史中，我們要學到歷史事件挑戰我們的方式；這些方式向我們顯示，各種傳統失敗了；我們以及從此指導我們的信念，必須以我們需要解決的問題為中心。對哈伯瑪斯來說，以英國和西班牙為首的歐洲8國在公開支持美國領導的伊拉克戰爭，把歐洲大陸變成美國的附庸，這是學習歷史的失敗，這是忘記歷史教訓。

2003年3月，作為英國科學院院士，哈伯瑪斯在皇家哲學研究所進行了該所的

哈伯瑪斯
當代新思潮的引領者（修訂版）

一年一度的哲學演講。其演講題目為「包容、民主和文化權力」。在演講中，以宗教包容為例子，哈伯瑪斯指出在民主社會裡社會包容的困難、挑戰和道德要求。他指出，社會包容的理念具有很大的挑戰性。因為社會包容的對象同時是我們所拒絕的對象，包容拒絕的對象才是真正的包容。他強調，社會包容是我們的時代要求。民主自由意味著人們有信仰自由。不過，哈伯瑪斯不認為主張社會包容意味著放棄普遍理性的理念。相反，他認為在交往理性的指導下，人們可以透過社會包容達到共識與認同。

2003 年，哈伯瑪斯的《對代的診斷》一書由 Suhrkamp 出版社出版。《對代的診斷》一書的理論價值在於它一方面提出了知識分子在當代世界中的地位和作用的問題，另一方面反應了哈伯瑪斯作為公共知識分子對時代的分析與觀點。在他 1971 年出版的《哲學·政治檔案》一書中，哈伯瑪斯劃分了四種不同的知識分子：

1. 大學和高校教授；
2. 理論、經驗社會學家；
3. 哲學家；
4. 公共知識分子。

毫無疑問，哈伯瑪斯集四種不同知識分子身分於一身。而且，無論是這四種不同知識分子的哪一種，哈伯瑪斯都是其中的佼佼者。在《對代的診斷》一書中，哈伯瑪斯也分別以四種不同知識分子身分和聲音來談論時代。其中，他主要討論四個問題：

1. 現代性作為未完成的項目；
2. 新時代的不明朗性；
3. 民主革命作為補償的革命；
4. 後民族性民主的挑戰。

哈伯瑪斯在《對代的診斷》一書中不僅向我們展示了一個知識分子的現實關懷，而且向我們展示了四種不同知識分子如何成為現時代良知的建設者。

2003 年，哈伯瑪斯獲得馮·阿斯圖里恩王子社會科學獎（Prinz von Asturien

第三章　世界主義、全球正義與包容政治理念的旗手
三、我們歐洲人和《分裂的西方》

Preis für Sozialwissenschaften）。馮‧阿斯圖里恩王子社會科學獎是西語世界的諾貝爾獎，是獎給對科學、技術、文化、社會和人文科學做出傑出貢獻的人物。馮‧阿斯圖里恩王子社會科學獎這一年的評選委員會認為，作為法蘭克福學派的第二代掌門人，哈伯瑪斯是當代歐洲哲學的主要代表；他學術上的誠實與認真，他對解決現代人類問題的探討，他對歷史與社會現實的解釋，使他成為國際上最有影響的思想家之一。10月25日，西班牙王子菲力浦親自向哈伯瑪斯頒發了這一獎項，以表彰他數十年來對社會科學研究的巨大貢獻。有點巧合的是，包括哈伯瑪斯在內，這一年的獲獎者大多都是美國領導的伊拉克戰爭的公開的批評者。

在頒獎儀式上，哈伯瑪斯在受獎發言中首先談到55年前，當他年輕時，西班牙作家米蓋爾‧德‧烏納穆諾（Miguel de Unamuno）對他思想的影響，指出烏納穆諾身上展現出一種理論與現實，文學與生活之間如深淵般的深奧關係。然後，他話題一轉，指出：一個哲學家心中的藍圖與思想不是只能透過虛構的小說才能表達，藍圖與思想可以轉化為現實，展現在現實。他指出，統一的歐洲是一個宏偉藍圖，這一宏圖可以成為事實。他引用德國學者卡爾‧克里斯蒂安‧弗里德里希‧克勞澤（Karl Christian Friedrich Krause）於1817年7月24日說的話：「你們應該把歐洲視為你們擴大的國家。」他強調指出：關於統一的歐洲憲法的討論正在進行，統一歐洲的藍圖不應被民族自我主義、民族沙文主義所斷送。

2004年，哈伯瑪斯又一關懷時世之著《分裂的西方》由Suhrkamp出版社出版。該書收集了哈伯瑪斯在美國2001年「911事件」之後的一些訪問錄、報刊文章，包括他和德希達2003年3月1日的信。全書共分四個部分。第一部分為「911之後」，討論了「911事件」對西方和世界的影響，尤其是對美國與歐洲的關係和國際法的影響。哈伯瑪斯哲學地指出「911事件」也許「以一種戲劇性的非人道方式再次證明了我們複雜的人類文明的易碎性」。然後，他批評在新的國際形勢下，美國政府的單邊主義及對國際法的忽視，歐洲各國之間政治上的分裂及其外交上盲從美國。他繼而討論恐怖主義的威脅。總之，他認為，「911事件」對新的世界政治格局應有的影響是使我們更加認識到在處理國際事務中規範性與理性的重要性。

哈伯瑪斯
當代新思潮的引領者（修訂版）

《分裂的西方》的第二部分題目為「各國喧鬧聲中歐洲的聲音」。它由如上所討論的哈伯瑪斯與德希達合簽的「2月15日，或：是什麼把歐洲人聯成一體？」一文，「發展歐洲共同身分是否必要和可行」一文以及「核心歐洲作為反制約勢力」和「德波關係的現狀」兩篇訪問錄組成。其總體思想是統一的憲法化歐洲理念。其中，它討論了歐洲作為一個政治共同體的特性與共質。一方面，它強調歐洲作為一個整體應在未來的國際事務中擁有相對獨立於美國的聲音和立場以及規範性在國際事務中的重大作用。它再次強調了統一的歐洲意識。另一方面，它強調在國際事務中民族性、國家主權政治等應讓位於人權政治。再次強調了全球化意識。

在「發展歐洲共同身分是否必要和可行」一文中，哈伯瑪斯指出，三個原因使發展歐洲共同身分成為必要和可行：

1. 由於原東歐國家加入歐洲共同體，歐洲共同展現在所面臨的問題是真正政治性的，不是市場機制的；
2. 目前歐洲共同體的經濟的整合使歐洲共同體的功能也存在真正政治性，不是市場機制的問題；
3. 在新的全球秩序中，「歐洲被迫要重新定義它在這一新的全球秩序中的角色，尤其是它與美國的關係。」

要解決如上問題，歐洲人不能迴避歐洲共同身分問題。因此，「建立一部歐洲憲法的工程可以視為是對目前歐洲共同體所面臨挑戰的回應嘗試」。就是說，歐洲共同體成員的當務之急是建立一部歐洲憲法。歐洲共同體成員可以把建立一部歐洲憲法作為建立歐洲共同身分的仲介。建立一部歐洲憲法的工程要回答兩個關鍵性的問題：

1. 我們要什麼樣的歐洲？這一問題是關於歐洲共同體的「政治結構問題」。
2. 歐聯體的具體疆界線在哪？這一問題是關於「地域共同身分問題」。

哈伯瑪斯指出，儘管建立一部歐洲憲法的工程任重而道遠，但是，我們應看到問題的實質：歐洲的現狀與新的全球秩序使發展歐洲共同身分成為必要。歐洲的現狀與新的全球秩序對歐洲共同體的挑戰，不僅僅是對歐洲共同體作為一個經濟共同

第三章　世界主義、全球正義與包容政治理念的旗手
三、我們歐洲人和《分裂的西方》

* 杜布菲（E. L. Dubufe）：「羅莎與牛」。

哈伯瑪斯
當代新思潮的引領者（修訂版）

體的挑戰，而且是對歐洲共同體作為一個政治共同體的挑戰。

哈伯瑪斯進而指出，在這問題上，關於「一部歐洲憲法是不可能的，因為建立它的主體及歐洲人民並不存在」的觀點是錯誤的。哈伯瑪斯指出，第一，這一觀點以民族主義的民族國家概念與人民概念為前提。它認為民族國家模型是歐洲共同體的必然模型，同族人民是歐洲人民的必然要素，歐洲憲法的主體只能是同族人民式的歐洲人民。但是，民族國家只是歷史的產物，只是政治共同體的一種歷史模型，不是政治共同體的本體模型。同族人民只是歷史的產物，只是人民的一種歷史模型，不是人民的本體模型。我們這裡所要建立的是後民族的歐洲共同體，後民族的歐洲人民。第二，這一觀點看不到，歐洲共同身分能夠透過歐洲民主來建立，而不是某種自然給予的歐洲人的民族同質性。這一觀點與如上提到的格雷姆的觀點一樣，沒有對憲法與人民的關係有一個辯證理解。人民建立憲法，但是憲法也以法律與國家為仲介創造人民，或人民在建立憲法的民主過程中建立自己，即公民們在建立憲法的民主過程中自由自願地組成人民。

哈伯瑪斯進而指出，「誠然，當公民們彼此認同對方為一個特定的共同體成員，並作為共同體成員行動時，他（她）們醒悟到『他（她）們的』共同體與其他的共同體不同的地方，即他（她）們集體認同與接受的生活方式。但是，這一政治覺悟現在已不再是一種自然的給予。它是伴隨民主過程的政治上的自我理解的產物，產生於透明的過程，對所有共同體成員來說是構造的產物。」哈伯瑪斯同時指出，事實上，即便是民族意識也是歷史地構造的產物。無論如何，「現在的問題已不是歐洲共同身分是否存在的問題，而是一個新的歐洲共同身分能否被構造，如何被構造的問題。」哈伯瑪斯強調，「今天，一個新的歐洲共同身分能透過歐洲的民主來構造。」

《分裂的西方》的第三部分題目為「關於一個動亂的世界的一些看法」，由一篇對哈伯瑪斯關於戰爭與和平問題的訪問錄所組成。其中，哈伯瑪斯重申了他關於「911事件」對西方和世界的影響，美國與歐洲的關係，國際法的一些看法以及對美國的一些政策的批評。

第三章　世界主義、全球正義與包容政治理念的旗手
三、我們歐洲人和《分裂的西方》

＊　古斯塔夫・吉恩・雅科特（Gustave Jean Jacquet）：「陽台上的歐洲婦女」。

哈伯瑪斯
當代新思潮的引領者（修訂版）

　　哈伯瑪斯的歐洲理念與他的世界主義緊緊相連，即他統一的憲法化歐洲概念與他的憲法化世界秩序概念緊緊相連。因此，在前面強調了統一的憲法化歐洲理念之後，《分裂的西方》的第四部分接著再次討論他的世界理念。這一部分的題目為「康德工程與分裂的西方」，它由「國際法律憲法化是否仍系統會」一章組成。「國際法律憲法化是否仍系統會」一章也是全書最長的一章。其中心思想是：
1. 康德世界主義理念的內容、現實意義、缺陷與彌補的辦法；
2. 一個沒有世界國家的、法律憲法化的世界秩序；
3. 國際法律憲法化理念；
4. 世界憲法概念；
5. 在法律憲法化的世界秩序中的民族國家與公民個人；
6. 法律憲法化的世界秩序的合法性問題。

　　如前所述，《對他者的包容》全書的第七章的題目是「康德的永恆和平理念：200 年的歷史搬動」。在這一章中，哈伯瑪斯討論了康德的全球人權概念、國際法律理念等及其現實意義。在這一章中，哈伯瑪斯指出，康德在「永恆和平」一文中的理念給一個世界秩序的思想帶來吸引力與直覺的力量，提供第三種法律即全球法律這一重大理念。

　　在「國際法律憲法化是否仍系統會」一章中，哈伯瑪斯首先再次討論了康德的世界主義理念。他指出，世界主義理念面臨新的機會與挑戰。「兩次世界大戰之後，國際法律憲法化正朝著康德設想的全球法律演化，並透過國際憲法，組織與程序而制度化。」的確，「一個由民族國家主宰的世界正朝一個後民族性組合的世界社會轉化。」與此同時，康德的世界主義理念與工程同時遇到現實主義與後保守主義的批評與挑戰。現實主義，如卡爾．施密特（Karl Schmitt）派的現實主義認為，康德所設想的世界或國際法律，由於其後沒有相應的「國家」與相應的制裁，將失去法律特有的制約力。康德的理想主義即世界主義理念與施密特派等的現實主義關於國際關係司法化問題之爭被後保守主義的批評與挑戰的鋒芒所超越。後保守主義的批評與挑戰不糾纏於關於國際關係司法化的問題。

第三章　世界主義、全球正義與包容政治理念的旗手

三、我們歐洲人和《分裂的西方》

後保守主義的批評與挑戰是它主張應以一超級大國的國家意識去道德化國際政治。哈伯瑪斯指出：「理想主義與現實主義之爭是正義是否存在於民族國家之間的關係中。與此相比，（後保守主義的）新的爭論是法律是否是取得和平與國際安全，在世界促進民主與人權的適宜仲介。」如前面所討論的，在《對他者的包容》中，哈伯瑪斯強調，全球人權政治不應是道德性的，而應是司法性的；人權原教旨主義 (Human rights fundamentalism) 的特點是不以法律為仲介的，道德性人權政治墮落的產物。在「國際法律憲法化是否仍系統會」一章中，哈伯瑪斯同樣拒絕後保守主義關於道德化國際政治的主張。而哈伯瑪斯在《對他者的包容》中關於沒有世界國家的世界司法化秩序的設想發展了康德的世界主義理念，直接拒絕了施密特等派的現實主義主張。

* 克洛德・莫內（Claude Monet）：「阿姆斯特丹運河」。對哈伯瑪斯來說，世界主義之夢，如阿姆斯特丹運河，是剪不斷，理更亂。

像在《對他者的包容》中一樣，在「國際法律憲法化是否仍系統會」中，哈伯瑪斯也討論分析了康德的世界主義理念的優缺點。他首先討論了政治地構造的世界社會與世界共和國的區別。康德正確地提出世界法律的概念，尤其是世界憲法的概念，堅持法律與和平在概念上的緊密聯繫。「世界法律概念的核心創新之處是使作為國家的法律的國際法向作為公民個人的法律的世界法律的轉變。而且，公民個人不僅僅是他（她）們所屬民族國家的公民，而且是在一個世界共同體內的公民。」康德也正確地看到建立一個世界共和國的危險，他因此引進國家聯盟的設想，以取

哈伯瑪斯
當代新思潮的引領者（修訂版）

代世界共和國。

哈伯瑪斯指出，提出國家聯盟的設想，康德似乎試圖解決一個概念性，而不是經驗性問題，即康德認為一個國家中的國家的概念是自相矛盾的。如前面所述，在康德思想中，民族國家的主權神聖不可侵犯。也就是說，在康德所設想的世界秩序中，民族國家作為完整的主權共同體神聖不可侵犯。因此，如果未來的世界共同體是一個國家，那就造成國中有國這一局面。這裡，哈伯瑪斯對康德的國家聯盟設想的理解有值得商確的地方。康德試圖解決的不僅僅是一個概念性，而是經驗性問題。康德認為建立一個世界共和國的危險之一是建立諸如毫無品味的世襲制度，這是個經驗性的問題。哈伯瑪斯指出，康德的世界主義理念還源於康德認為現存的國際關係類似人類初期的原始狀態。

哈伯瑪斯指出，儘管康德的世界主義理念存在種種缺陷，其真知灼見對我們具有重大意義，康德的世界主義也是可以改造的。因此，哈伯瑪斯提出他的憲法化的世界秩序理念。他指出：

首先，我們要實現一個概念上的突破，即把憲法與國家區分，重新理解它們之間的關係不再是彼此不可分。即是說，我們要建立一部世界憲法，但不建立一個世界國家。哈伯瑪斯說：「我們必須區分『憲法』與『國家』。一個『國家』是行使政治權力與實施政治綱領的能力的等級地組構的複合體。與此相比，一部『憲法』則規定公民水平面式地組成一體，規定自由、平等的公民彼此相互賦予的基本權利。在這意義上，透過法律而共和式地轉變國家權力的本質的目標是朝著憲法走去。」

其次，我們必須區分「一個聯邦世界共和國的法律化秩序，與一個政治地組成的，在超國家與跨國家兩層次都保留民族國家在全球事務管理制度與程序中的角色的全球社會。在一個政治地組成的全球社會中，作為成員國的民族國家的確有義務與全球社會保持一致，但它們並沒放棄其主權國的地位，並沒有簡單地成為一個全面的、等級的超國家的一個部分」。也就是說，一個憲法化的世界秩序與一個憲法化的民族國家秩序不同，它是多層次憲法化的。

再次，「在不建立一個全球國家的前提下，有效率的國際法律憲法化要獲得全

第三章　世界主義、全球正義與包容政治理念的旗手

三、我們歐洲人和《分裂的西方》

球秩序的正當合法性,它必須滿足一些前提條件。」例如,超國家與跨國家兩層次都必須得到民族國家這一層次的民主支援。一個憲法化的世界秩序是由正當合法的世界法律所規定。它的建立需要國際法律憲法化、全球化。

在對國際法律憲法化進行了深入的討論分析後,在「國際法律憲法化是否仍系統會」中,哈伯瑪斯對國際法律憲法化理念的歷史發展作了一個歷史的分析。哈伯瑪斯指出,從1848年前後的朱利斯‧佛羅貝爾（Julius Fröbel）設想,經過康德、伍德羅‧威爾遜（Woodrow Wilson）、國家聯盟,到聯合國憲章,國際法律憲法化理念經歷了一個長久的歷史發展過程。尤其是透過1945年的《聯合國憲章》與1948年的《世界人權宣言》,國際法律憲法化理念具有一些理念上的突破。其中最重要的是不僅僅全球人權與世界和平是國際法律憲法化理念的核心,而且推廣全球人權與保衛世界和平是聯合國這一超國家組織的專職。

在「國際法律憲法化是否仍系統會」中,哈伯瑪斯最後也對當前關於國際法律憲法化的各種版本與觀點進行分析與解剖。其中,他對美國「911事件」後忽視國際法的行為與理論進行了批判,也對後自由主義、後馬克思主義的主張進行分析與解剖,對其國際法律憲法化理念的理論對手施密特的觀點主張更是毫不留情地批判與否定。

總之,《分裂的西方》一書使我們看到哈伯瑪斯社會政治哲學的一些新動向。尤其他發展了歐洲共同身分,新的歐洲共同體及其新的歷史角色,世界主義,一個沒有世界國家的世界司法秩序等理念。

2004年,即《分裂的西方》一書出版的同年,哈伯瑪斯獲得第20屆京都獎「哲學藝術獎」（The Kyoto Preis für Philosophie）。京都獎由Inamori基金會所支持,是授予終生在科學技術、哲學和藝術領域對人類做出巨大貢獻的人物。2004年6月11日,哈伯瑪斯被Inamori基金會正式告知獲獎消息。這一年11月,他出席在日本舉行的授獎儀式,獲得第20屆京都獎「哲學藝術獎」的正式證書,45萬美元的獎金,有兩克金的京都獎「哲學藝術獎」獎章。2005年3月,他的哲學思想的專題討論會在美國加州大學聖地牙哥分校舉行。京都獎「哲學藝術獎」是哈伯瑪斯連續兩

哈伯瑪斯
當代新思潮的引領者（修訂版）

年獲得第二個世界公認的重大貢獻獎。

在京都獎的授獎儀式上，哈伯瑪斯在他的受獎發言中首次，也是平生中唯一的一次，在正式場合談論自己的人生歷程中對自己的哲學思想產生重大影響的四大事件：

1. 童年時期的疾病；
2. 由於疾病，童年時期所經歷的與同伴交往過程中的困難；
3. 他與同時代的德國人在 1945 年的覺醒；
4. 在他成年生活的早年，他的戰後德國社會與文化解放的緩慢過程與不斷重複的挫折的不滿。

後來，這一受獎發言以「公共空間與政治公共領域──我思想的兩個主題的個人傳記根源」作為第一章收集在《在自然主義與宗教之間》中。

童年時期的疾病使哈伯瑪斯對世界間事物的偶然性與易碎性有切身體會，進而深刻地認識到人的社會性。他回憶道：「我先從童年的手術說起。這是我一生下來馬上進行的手術。這一手術沒有永遠地撼動我對周圍世界的信心。但是，它喚醒我心中的依賴感與易碎感以及和其他人交往的相關性，即人的社會性的感覺。無論如何，人的社會性後來成為我哲學反應的一個起點。」他繼續回憶道：

我記不清我第一次的缺唇手術。當我五歲時再次重複這一手術時，不用說，強化了一個人對他人深深依賴的覺悟。這一強化的對人的社會性的敏感把我帶到那些強調人的頭腦間體性構造的哲學：如源於威廉・馮・洪堡（Wilhelm von Humboldt）的解釋學傳統，查爾斯・桑德斯・皮爾士（Charles Sanders Peirce）和喬治・賀伯特・米德（George Herbert Mead）的美國實用主義傳統，恩斯特・卡西勒（Ernst Cassirer）的象徵符號形式的理論，路德維希・維根斯坦（Ludwig Wittgenstein）的語言哲學。

這裡，哈伯瑪斯的這一表白對我們理解他的哲學很重要。眾所周知，解釋學、美國實用主義哲學、象徵符號形式的理論與語言哲學對哈伯瑪斯思想的發展具有重大的影響。哈伯瑪斯的如上表白使我們知道他早年是如何被吸引到這些哲學上的。

第三章　世界主義、全球正義與包容政治理念的旗手
三、我們歐洲人和《分裂的西方》

它也使我們知道，他從這些哲學學到的不僅是關於認知的文化性，以語言為仲介特性的思想，而是意識的間體性思想。而所有這些都源於童年時期的手術使他意識到人的社會性特性。至於人的社會性特性和世界間事物的偶然性與易碎性的關係，哈伯瑪斯的如上表白指出它們的內在關係，但並沒有解析這一關係。值得注意的是，如前面所討論，在《道德意識與社會交往行為》中，哈伯瑪斯強調，適應人類在社會化中個體化的脆弱性，道德要求共同體成員之間的團結，以保護共同體成員相互間互認的間體關係網絡，即社會化中個體化的脆弱性使他（她）們中的間體關係網絡變得必要與重要。由此而推論，人的偶然性與易碎性使人的社會性特性成為必要與重要的彌補。

其次，少年時期所經歷的與同伴交往過程中的困難使他體會到合理社會交往在建立社會群體中的中心地位。對此，哈伯瑪斯特別提到童年讀書時期與同伴交往過程中的兩種困難經歷：「第一，其他人不很理解他說的話；第二，他們對他說的話或是感到不耐煩，或是拒絕。」

哈伯瑪斯提到，第一種經歷與他少年讀書時期，由早期的手術所造成的語言障礙有關。這一經歷使他切身體會到社會交往在建立社會群體中的的重要性。第二種經歷使他感到被羞辱，被羞辱的經歷反過來使他認識到相互尊重、平等對待其他社會交往參與者在社會交往中的重要性。哈伯瑪斯的如上表白，也許沒有他所預期的說服力，因為畢竟這是他少年讀書時期的經歷。很難想像一個人少年讀書時期的這種經歷會給一個人一生的思想產生深刻的影響。哈伯瑪斯的如上經歷與早年的手術經歷不同。哈伯瑪斯早年的手術經歷畢竟在的身心留下永恆的傷痕。這一永恆的傷痕對他一生的思想產生深刻的影響不足為奇。

再次，1945 年的覺醒及隨後反思。哈伯瑪斯回憶道，就他個人來說，1945 年不僅是他思想上從納粹的意識形態的枷鎖中解放出來的一年，也是他思想上從傳統德國思想、德國文化解放出來的一年。的確，1945 年，尤其是「紐倫堡審判」這一歷史事件，使哈伯瑪斯對文化、傳統保持理性與批判的態度。哈伯瑪斯回憶道，「是 1945 年這一休克使我這一代人第一次開眼覺醒，沒有 1945 年這一年的開眼覺醒經

哈伯瑪斯
當代新思潮的引領者（修訂版）

歷，我很可能不會選擇從事哲學與社會理論作為職業。」1945年揭露的納粹的暴行，尤其是「紐倫堡審判」這一歷史事件，猶如晴天霹靂，一夜之間使他的整個世界發生了天翻地覆的變化。他回憶道，「經過這一經歷後，面對納粹過去的遺產成為我的整個成人生活的主題。」1945年之後的幾年，尤其是「紐倫堡審判」，所引起的陣痛和與納粹過去一刀兩斷的決心成為迷惘、求索與反思的哈伯瑪斯的兩大主題，他的哲學之旅也正式開始。

＊　1946年的柏林

哈伯瑪斯回憶道：「當時，我的左傾的政治信念與我在哲學課中所學的東西很少沾邊。政治與哲學，這兩大知識宇宙，在很長時間內在我的思想中分開存在著。1953年夏季學期的一個週末，我朋友卡爾‧烏托‧阿裴爾（Karl Otto Apel）給我一本剛剛出版的海德格的《存在與時間》。那時，雖然是遠距離的，海德格可以說是對我最有影響的老師。他從1920年代起獲得的聲譽仍沒受到玷汙。」哈伯瑪斯以前透過讀克爾凱歌爾的著作而多少接觸到海德格的哲學。以前，對他來說，海德格

第三章　世界主義、全球正義與包容政治理念的旗手

三、我們歐洲人和《分裂的西方》

是個亦神亦鬼的爭議人物。1952 年 7 月 12 日，哈伯瑪斯還在《法蘭克福人公報》發表了一篇題為「海德格的真知」的文章，這篇短文是對路德維·斯蘭德格列博（Ludwig Landgrebe）的《當代哲學》一書的評論。這是哈伯瑪斯第一篇，也是最後一篇肯定海德格哲學的文章。但是，讀了海德格的《本體論的介紹》時，他對海德格哲學的認識發生了一個 360 度的重大轉變。

在《本體論的介紹》中，海德格提到納粹運動展現一種人類技術與現代化相遇的「內在真理與偉大」。海德格對自己的這一觀點沒有作進一步的說明。但海德格的這一說法使哈伯瑪斯對海德格哲學產生新的看法。哈伯瑪斯認為，海德格的問題不在於他 1935 年作為一個大學校長髮表了一篇講話，而在於他的哲學本身，即他的哲學的結構導致對納粹運動的美化。哈伯瑪斯認為海德格是在用存在（Being）的歷史為納粹運動試圖消滅在上帝面前人人平等、自由、科學技術管理的合理化等觀念的醜化實踐辯護。當然，最重要的，根據哈伯瑪斯的理解，在《本體論的介紹》中，「『人民的存在』出乎意料地取代了『個人的存在』的地位。表達我的憤怒的唯一辦法是把它寫出來。」

於是，1953 年 7 月 25 日，哈伯瑪斯在《法蘭克福人公報》上發表一篇題為「與海德格一起思考去反對海德格」的文章，批判海德格哲學。如哈伯瑪斯自己所說，在「與海德格一起思考去反對海德格」中，他沒有忘記另一個海德格，即那個給了哈伯瑪斯「內在批判」這一概念與真知灼見的海德格。總之，海德格的《本體論的介紹》使哈伯瑪斯深感震驚。哈伯瑪斯認為它在為納粹法西斯主義辯護，而 1945 年之後，與納粹過去一刀兩斷的決心是哈伯瑪斯思想的兩大主題之一。

最後，哈伯瑪斯指出，在他成年生活的早年，他對戰後德國社會與文化解放的緩慢過程與不斷重複的挫折的不滿對他思想的轉變產生重大影響。他指出，他一生思想、學術和生活中的核心概念，公共空間與政治公共領域，源於對這些生活經歷的反思。哈伯瑪斯回憶道，「海德格《本體論的介紹》事件」標誌著他（哈伯瑪斯）「開始對德國哲學中壓迫性的政治遺產進行批判性的研究」。同時，他要「理論上反思他對德國戰後民主化的緩慢過程的失望」。他的理論反思因為他 1956 年參加法

哈伯瑪斯
當代新思潮的引領者（修訂版）

蘭克福社會研究所，成為阿多諾的研究助手與他對公共領域結構問題的興趣而發生重大轉變。作為阿多諾的研究助手，哈伯瑪斯深入到批判理論中去。他回憶道，「批判理論使我能夠從一個新的角度把美國、英國、法國式民主的出現與在德國建立民主的重複性的失敗一起放在社會現代化的大背景下考察……結果，我把我理論反思的重心放在政治公共領域上。使我對甚至在簡單的交往中存在的公共空間感興趣的是其中的間體性能力，這一能力能夠把分散的因素集合在一起但又不消滅它們之間的不同。社會整合的形式可由公共空間來解讀。公共空間的結構最清楚地顯示社會離合的反常特性或由壓迫性社會關係所引起的陣痛。」

這裡，鑑於他受獎發言的題目是「公共空間與政治公共領域——我思想的兩個主題的個人傳記根源」，我們有必要對他的《公共領域結構的轉型》一書有個深如了解。從 1956 年到 1959 年，哈伯瑪斯在法蘭克福社會研究所一待就是三年。這三年中，他的最重要的成就是形成了《公共領域結構的轉型》一書的基本思想並已寫出該書的大綱與一些部分章節的初稿。1961 年，他離開法蘭克福社會研究所，投到被他稱為「游擊隊員教授」——馬堡（Marbug）大學的政治學教授沃夫崗·阿本德羅史（Wolfgang Abendroth）門下。兩年後，他如期完成了他的哲學開山作《公共領域結構的轉型》。第二年，即 1962 年，該書也由 Luchterhand 出版社出版。

該書的貢獻當然首先是發展出公共領域這一概念。哈伯瑪斯所說的公共領域指的是一種自由自主的政治討論空間，其中人們透過各種民主的論壇（包括報紙、雜誌、集會、結社，甚至咖啡廳）自由自主地討論社會政治生活的重大問題、重大社會政策，交流思想和觀念的區域。作為一種制度，公共領域的目的是透過公共討論，一方面對政治權力加以監督，另一方面加強政治權力的合法性。公共領域是在資產階級社會法治下社會向有組織的資本主義發展的產物。哈伯瑪斯如此描述公共領域：只有這種不斷進步的國家社會化和日益成長的社會國家化的辯證結合，才能逐漸地銷毀資產階級公共領域的基礎，國家與社會的分離。

《公共領域結構的轉型》一書在內容和結構上都獨具一格，標有哈記烙印。在內容上，它是系統地歷史的，跨學科的。在結構上，它是歷史地系統的，跨學科地

第三章　世界主義、全球正義與包容政治理念的旗手

三、我們歐洲人和《分裂的西方》

系統結合的。在內容上,《公共領域結構的轉型》一書追溯了近代歐洲資本主義公民社會中公共領域的歷史地形成過程,揭示了它向由專家(專業人員)和普通大眾所組成的雙向結構領域的轉型的線條,尖銳地批判了當代的大眾民主。在大眾民主中,公共領域在技術官僚與媒體寡頭的統治下變質,民主也變為僅僅是一種形式。在大眾民主中,公共領域的結構的轉型以及公共領域的變型把公民與大眾從關心政治參與引導到只顧消費和個人利益。

在結構上,《公共領域結構的轉型》一書的中心章節是「資產階級的公共領域:觀念和意識形態」一章。這一章之前是「公共領域的社會結構」和「公共領域的政治功能」兩章。之後是「公共領域的社會——結構性的轉型」與「公共領域的轉型的政治功能」兩章。從結構上,《公共領域結構的轉型》一書的主題是:資產階級發展的某一個特殊的階段給現時代提供了這樣一個觀念,即要有關於公益方面的公共討論,但是現存的社會條件使實踐這一觀念變得越來越困難。在書中,資產階級發展的某一個特殊的階段指的是這樣一個階段,其中古希臘式公共討論成為主導意識,資產階級透過其經濟上的重要地位、其先鋒知識、其與貴族階層的來往,向政府提出任何涉及到資產階級現實利益的社會政策,只有經過資產階級公民的公共討論和同意後,才能允許。在探討資產階級發展的這一個特殊的階段中,哈伯瑪斯指出,原本只是服務於資產階級的公共討論事實上可以成為決定涉及大眾現實利益的政策規定的非暴力性的方法,儘管要把這一可能性變為現實性而困難重重。

但是,哈伯瑪斯指出:

在一個階級繼續統治另一個階級的基礎上,統治階級正發展某種政治制度,這一政治制度實質上把導致該階級統治的消亡的思想作為該統治階級的客觀意志展現出來:取消統治,代之以由公共輿論的真知灼見所指導的、寬鬆的管理。

假如意識形態不完全是本質上錯誤的社會必需的覺悟的表達,假如意識形態中的某一方面能超越現實局現,索取真理,即使只是為作論證這一目的服務,那麼,意識形態只是從現在起才存在。

哈伯瑪斯
當代新思潮的引領者（修訂版）

* 保羅·委羅內塞（Paolo Veronese）：「路易士的宴會」。哈伯瑪斯的公共領域旨在用公共政治取代貴族政治。公共領域指的是一種自由自主的政治討論空間，其中人們透過各種民主的論壇（包括報紙、雜誌、集會、結社、甚至咖啡廳）自由自主地討論社會政治生活的重大問題、重大社會政策，交流思想和觀念的區域。在網路時代，網路是公共領域的一個重要區域。

換句話說，18世紀以來，公共領域作為資本主義制度的一部分而產生。現在，公共領域將是階級統治消亡的源泉。馬克思本人也使用「資產階級的公共領域」這一概念，並從中發現那些非資產階級化的可能性的社會條件以及社會變化。這些社會變化就是，許多沒有財產、沒有教育的人開始進入公共領域，參與其政治，對屬於公共領域的制度、報刊、政黨、議會實施影響，甚至利用報刊這一原本是資產階級的武器。

哈伯瑪斯認為，在未來，一個民主的公共領域將出現，這將使社會再生產的方向與管理真正地成為大眾關心與討論的問題。他寫道：

從資產階級公共領域的內在辯證法，馬克思提出了一個與之相反的模型，即社會主義的公共領域模型。其中，公共領域與私人領域之間的階級關係被特別倒轉過來。在這個（與資產階級公共領域）相反的模型中，社會批判與控制延伸到社會必要勞動這一公民社會的私人領域，這一領域原先只屬於有權利控制生產手段的個人。根據新的模型，自主不再是建立在私有財產上。它甚至可以原則上不是基於私人領

第三章　世界主義、全球正義與包容政治理念的旗手
三、我們歐洲人和《分裂的西方》

域，而是基於公共領域……原先的資產階級——擁有財產的私有者——與人的兩個對立統一的範疇將被公民與人兩個對立統一的範疇所代替。人的自由成了人作為公民的一個功能。一個人的公民角色作為擁有財產的人的自由的一個功能。而是，自主的公眾，透過有計畫的組成變成社會的國家，來保障自己（作為由個人組成的存在）有一個個人自由、空閒和自由運動的領域。在這一領域中，人們相互之間的非正式的、個人的交往將被從社會勞動的限制中解放出來，成為真正個人之間的交往。

在這裡，哈伯瑪斯有些曲解馬克思所講的資產階級公共領域的「內在辯證法」的涵義。儘管如此，他想發展的公共領域的概念的意圖是明顯的。而且，哈伯瑪斯的公共領域的概念事實上是以今天西方民主社會中的公共領域為模型的，理想化的公共領域。

就哈伯瑪斯思想的發展來說，《公共領域結構的轉型》一書的重要性可以從以下幾方面去理解。

第一，在《公共領域結構的轉型》一書中，哈伯瑪斯發展了自己獨特的跨學科性內在批判這一方法論模式。

第二，如上所提，他受獎發言的題目是「公共空間與政治公共領域——我思想的兩個主題的個人傳記根源」。即，公共空間與政治公共領域是他思想的兩個主題。而這兩個主題是在《公共領域結構的轉型》一書中確定的。在書中，哈伯瑪斯不僅找到了批判現代社會的一個突破點，而且找到了合理化與合理性具體地展現在具體的歷史文化中的承載者：公共領域。在《公共領域結構的轉型》一書中，哈伯瑪斯不僅明確地提出公共領域這一概念。而且認為，改造公共領域是社會合理化與合理性的關鍵。

第三，哈伯瑪斯的公共領域結構的合理轉型的思想是他後來更加成熟的關於人類交往理性的概念與思想的前奏。從一定的意義上說，哈伯瑪斯的公共領域結構的合理轉型的思想的建立和他的關於社會交往的理論與交往理性為人類理性的承載者的思想的建立是他的重建人類理性概念的一部完整的二重曲。公共領域結構的合理轉型的思想建立揭示了理解人類普遍理性的具體地展現在具體的歷史文化中的任

務。社會交往的理論與交往理性為人類理性的承載者的思想解答了人類理性是什麼以及它的具體的承載者。尤其重要的是，在《公共領域結構的轉型》一書中，哈伯瑪斯提出了透過公共討論使政治權力和權威理性化的思想，這是對柏拉圖政治思想的發展。

總之，在京都獎的授獎儀式上，哈伯瑪斯在他的受獎發言中談論公共空間與公共領域是他思想的兩個核心概念，以及他的人生歷程中的對他的公共空間與公共領域的理念產生重大影響的四大事件。這對我們了解他的思想很有幫助。

四、《在自然主義與宗教之間》，理性與宗教

2005年，哈伯瑪斯的《在自然主義與宗教之間》一書由Suhrkamp出版社出版。這一書的內容完全超出其題目所提示的內容。表面上看，即從書的題目上看，《在自然主義與宗教之間》似乎與上面所討論的內容脫節。其實不然，該書的中心課題是：公共空間與政治公共領域，法律的正當合法性的話語與民主來源，宗教寬容與多元化世界的世界憲法概念。

全書共分四個部分。第一部分的題目是「規範性思想的間體性結構」。它由上一節所討論的「公共空間與政治公共領域——我思想的兩個主題的個人傳記根源」一文作為第一章，「交往行為和非超越性地『運用理性』」和「關於話語區別的結構學：對一個主要分歧的回應」為第二、第三章。如上所述，在第一章中，哈伯瑪斯回憶了對他的公共空間與公共領域理念的形成有重大影響的四大事件。而在「交往行為和非超越性地『運用理性』」這一章中，哈伯瑪斯一方面重申了人類理性的規範性與批判性兩種功能，另一方面提出了理性的超越性與非超越性，規範性與批判性在交往行為中的統一。值得注意的是，在這一章的開頭，哈伯瑪斯開門見山地提到其弟子與好友湯瑪斯·麥卡錫在這一問題上的真知灼見。

而在「關於話語區別的結構學：對一個主要分歧的回應」這一章中，哈伯瑪斯卻主要討論了他與一生摯友阿裴爾之間關於《事實與規範》中的一些觀點的分歧。

第三章　世界主義、全球正義與包容政治理念的旗手
四、《在自然主義與宗教之間》，理性與宗教

分歧的主要焦點之一是關於法律與道德的關係。哈伯瑪斯與阿裴爾都同意現代制約法的正當合法性有一個後本體論的起源，不應在上帝，自然與主體的本體中尋找。他們也都同意，現代制約法正當合法性的後本體性起源是民主的立法過程。他們分歧的主要焦點是道德在現代制約法正當合法性的民主起源過程中扮演什麼角色。哈伯瑪斯指出，「他關於現存法律的正當合法性由意見與意志形成的民主過程單獨解釋的觀點強調獨立於道德的民主原則的獨立性。」而民主立法過程中民主原則的獨立性展現在民主立法過程中所遵從的話語原則上。「話語準則規定：只有當它得到在實踐對話與討論的所有有關參與者的同意與接受時，一個規範準則才是正當有效的。」話語準則的本質是不認同，更不用說強調，某一世界觀或道德觀的先驗優先性與重要性，在這一意義上它所規範的民主立法過程中具有世界觀、道德觀的中立性。它所規範的民主立法過程中既不以某種世界觀或道德觀為指導，又平等地對待所有的參與民主立法過程的世界觀或道德觀。阿裴爾不認同關於話語原則民主立法過程中民主原則的獨立性與道德中立性的觀點。相反，他認為民主立法過程中的話語原則已包含道德原則的全部內容。他指出：「如果按哈伯瑪斯後來所說，人們應從話語的普遍原則的特定中得出道德原則，其中平等地考慮所有人的利益是最主要的，我不認為我們能夠否認實踐判斷的公正性具有道德特性。」

哈伯瑪斯指出，「沒人能否認，道德理由，與經驗、實用、倫理和法律理由，在證明顯示現代法律的正規特性的規範時所扮演的重要，甚至常常是決定性的角色。無論如何，總體來說，制約性法律要構造成基於『對法的尊重』。」即是說，他與阿裴爾的分歧不在道德理由是否在證明顯示現代法律的正規特性的規範時扮演一定的角色，他與阿裴爾的分歧也不在法律是否不能違反道德這一問題上。阿裴爾的如下辯論不無道理：「如果法律不能違反道德，那麼，指導制定具有正當合法性的制約法的民主原則也許不是道德地『中立的』。民主原則的道德內容似乎同樣存在於道德原則的話語原則中。」問題是，「阿裴爾能否以此為基礎，得出道德原則對法律來說最權威的民主原則有優先性的結論。」哈伯瑪斯指出，阿裴爾顯然不能得出如此的結論。如果在民主立法過程中道德原則對民主原則有優先性，那麼道德原則

哈伯瑪斯
當代新思潮的引領者（修訂版）

可以否決民主原則。但是，在民主立法過程中，民主原則是最權威的。更重要的是，從話語法律理論的角度上說，在民主立法過程中，在法律規範性內容的源泉上，民主原則對道德原則具有優先性，而不是相反。哈伯瑪斯指出，「話語真理，道德與法律的理論可以被理解為是對一困境的反應。這一困境由這一事實所造：後本體思維放棄從存在的結構或主體的結構去尋找規範性的強版本體論概念。」話語法律理論認為民主立法過程是法律正當合法性的源泉，因此，民主原則對道德原則具有優先性。總之，「雖然在民主立法過程中選擇法律規範時會考慮正義問題，法律規範也必須不與道德相矛盾，但是，給予公民權力去建立正當合法性法律的民主原則不像阿裴爾所設想的那樣，附屬道德原則。」

當然，強調他與好友阿裴爾之間在法律中，民主原則與道德原則的關係問題上的分歧，哈伯瑪斯旨在強調在民主立法過程中法律規範性思想的間體性結構。這是哈伯瑪斯旨在強調在民主立法過程中，民主原則對道德原則具有優先性。

《在自然主義與宗教之間》的第二部分的題目是，「宗教多元主義與公民社會的團結」。在這一部分中，哈伯瑪斯指出當代憲政國家的政治基礎，公共空間在當代社會政治生活中的中心地位。這一部分由「憲政國家的前政治性基礎」與「在公共空間的宗教：宗教的與世俗的公民公共地使用理性的認識前提」兩章組成。在「憲政國家的前政治基礎」這一章中，「前政治性」這一概念指的是如宗教、民族血緣等未經過民主政治討論就已給予一個社會或共同體的形態。所以，在這一章中，哈伯瑪斯主要討論了宗教在當代憲政國家中的地位。他指出，一方面，顯然，宗教不是當代真正的民主憲政國家中的憲法與法律的正當合法性的源泉。民主的立法過程才是當代民主憲政國家憲法與法律的正當合法性的源泉。在這個意義上，宗教不是民主憲政國家的前政治性基礎。另一方面，宗教通常是當代民主憲政國家有宗教信仰的公民的道德、動機，甚至知識的源泉。而有宗教信仰的公民的政治自主性允許他（她）們在參與公共政治生活時，在道德、動機，甚至知識方面從他（她）們所信仰的宗教吸取乳汁。而他（她）們的自主性允許他（她）們在追求個人生活與幸福時在道德、動機，甚至知識方面從他（她）們所信仰的宗教吸取乳汁。而民主憲

第三章　世界主義、全球正義與包容政治理念的旗手
四、《在自然主義與宗教之間》，理性與宗教

政國家是平等、自由的公民的國家。有宗教信仰的公民是民主憲政國家公民的一部分。宗教對民主憲政國家的角色作用展現在它對有宗教信仰的公民的角色作用。

　　總之，宗教在當代民主憲政國家中仍扮演著重要的角色作用。這也是宗教在最近20-30年在世界各國的社會政治生活中以令人驚訝的速度復興的原因。與此同時，在當代民主憲政國家中，宗教不可避免地面臨嚴重挑戰。除非它們不斷地更新自己，與時俱進，否則它們將被時代邊緣化。例如，哈伯瑪斯指出，在當代民主憲政國家中，「宗教意識被迫經歷適應。每一門宗教原本上是一個世界觀或綜合學說，有總體地構造一種生活的權威。在當代民主憲政國家中，宗教必須放棄這種解釋什麼是好的生活與總體地構造一種生活的壟斷權威，而與世俗的科學知識、中立的國家權力與普遍的宗教自由一起分享解釋什麼是好的生活與總體地構造一種生活的權威。」即是說，在當代民主憲政國家中，民主憲政國家公民的宗教意識，各門宗教的自我意識都要更新，以適應時代的要求。一門宗教不僅要與科學知識和國家權力分享解釋什麼是好的生活與總體地構造一種生活的權威，還要與其他宗教分享解釋什麼是好的生活與總體地構造一種生活的權威。某種宗教具有對真理、正義、善與美解釋的壟斷權威的時代已一去不復返。

　　在「在公共空間的宗教：宗教的與世俗的公民公共地使用理性的認識前提」一章中，哈伯瑪斯討論了在當代民主憲政國家中的社會政治生活公共空間，對有宗教信仰的公民與沒宗教信仰的、世俗的公民公共地運用理性去規範社會政治生活的要求與他（她）們在公共地運用理性去規範社會政治生活方面所面臨的挑戰。他批判了宗教原教旨主義等極端宗教主義形態，也批判在當代民主國家社會政治生活公共空間中一些宗教寬容的缺乏。

　　哈伯瑪斯首先指出，在當代民主憲政國家中的社會政治生活公共空間，對有宗教信仰的公民與沒宗教信仰的、世俗的公民公共地運用理性去規範社會政治生活的挑戰包括以下方面：
1. 宗教多元化、文化多元化等社會多元化的挑戰；
2. 後本體思維要求的挑戰。

哈伯瑪斯
當代新思潮的引領者（修訂版）

　　他指出，對於第一種挑戰，宗教自由與文化寬容是最合適現代性要求的，也是最合適的回應。即，「憲法地規定的宗教與良心自由是對宗教多元主義挑戰的最符合政治性與現代性要求，是最合適的回應。」宗教與良心自由指公民有信仰或不信仰宗教的自由，也有選擇信仰特定宗教的自由。同樣重要的，公民在當代民主憲政國家中的社會政治生活公共空間中，在公共地運用理性去規範社會政治生活方面，有引用自己的宗教信仰的政治自主性。對於第二種挑戰，即後本體思維要求的挑戰，公民們自覺地適應現代性要求是最合適的回應。哈伯瑪斯指出，在當代民主憲政國家的社會政治生活中，民主憲政國家的憲法已經取代宗教，成為社會政治生活中的正當合法性的基礎與源泉。而民主憲政國家的憲法本身的正當合法性的基礎與源泉是民主的立法過程。而民主立法過程的正當合法化權力源於其包容性或群眾包容性和認識合理性。即，「民主立法過程的正當合法化權力源於兩方面：第一，所有公民的平等參與，因此保證所有公民既是法律的受制約對象，又同時是法律的作者（即立法者）；第二，政治思考的認識方面，因此使政治思考的決定基於合理的可接受性。」民主立法過程的正當合法化權力的這兩個因素解釋了「自由國家對公民法律非強制性的政治美德的必然的期待」。

　　與此相適應，在當代民主憲政國家中的社會政治生活公共空間中，政教分離的原則以及國家政權與宗教政權在制度上的制度性分離的原則，是民主憲政國家中不可動搖的最基本原則或基石原則。這給世俗的公民公共地運用理性去規範社會政治生活帶來新的挑戰。當然，在這裡，關鍵點之一是我們在概念上要清楚我們在這裡所講的是國家政權與宗教政權在制度上的制度性分離，不是在心理上，在當代民主憲政國家中的社會政治生活公共空間中把宗教排斥門外。無論如何，「有宗教信仰的公民必須明白，政治權威的運用必須是對所有世界觀來說是中立的。」一方面，政教分離的原則不應給有宗教信仰的公民額外的心理負擔。另一方面，這一原則規範有宗教信仰的公民去認同，尊重與政治權威的中立性。不僅如此，在當代民主憲政國家中的社會政治生活公共空間中，每個公民必須懂得與認同社會政治生活中制度化的公共空間的世俗公共理性原則，即在社會政治生活中制度化的公共空間，如

第三章　世界主義、全球正義與包容政治理念的旗手
四、《在自然主義與宗教之間》，理性與宗教

國會、法院、政府部門與管理機構，只有世俗公共理性理由才屬正當合法的理性理由，宗教理性理由必須被拒門外。

在當代民主憲政國家中的社會政治生活公共空間中，「民主政體的公民對其他公民有一種義務，這就是使自己的政治觀點基於好的理由。」即，在民主憲政國家中的社會政治生活公共空間中，無論是對有宗教信仰的公民，還是對沒宗教信仰的公民而言，彼此對對方有義務使自己的政治觀點理性化，而這裡的理性化指公共理性化。彼此對對方有義務在社會政治生活公共空間中公共地使用理性。而公共地使用理性即是在社會政治生活公共空間中以交往理性為指導。因此，無論是對有宗教信仰的公民還是對沒宗教信仰的公民，都應尊重社會政治生活的認識基礎。為此，沒宗教信仰的公民應對宗教信仰中的認識持開放性的態度。而有宗教信仰的公民應在認識態度上有三方面的轉變：

1. 「在目前為止為自己的宗教所占領的區域面對其他宗教和世界觀時，有宗教信仰的公民應對這些其他宗教和世界觀有新的認識立場」；
2. 「有宗教信仰的公民應對世俗知識的內在邏輯與現代科學專家知識壟斷的制度化有新的認識立場」；
3. 「有宗教信仰的公民應對在政治領域世俗理性具有優先性有新的認識立場。」

總之，在當代民主憲政國家中的社會政治生活公共空間中，有宗教信仰的公民應有適應時代的新的認識立場。

哈伯瑪斯指出，「憲政民主依賴於思考性的政治，是對認識有高要求的，『對真理敏感的』政府。《紐約時報》加冕的，宣稱在上次美國總統大選中登基的，所謂『後真理的民主』將不再是一種民主。」

《在自然主義與宗教之間》第三部分的題目是，「自然主義與宗教」。它由「自由與決定主義」，「『我自己是自然的一部分』——阿多諾關於自然中立性的糾結：對自由和無法利用性關係的反應」與「信仰和知識之間的界限：康德宗教哲學的當代意義與當前對它的接受」三章組成。在這一部分中，哈伯瑪斯指出了當代思想界

哈伯瑪斯
當代新思潮的引領者（修訂版）

自然主義與宗教主義兩種傾向的片面性。自然主義把自然科學對世界的解釋當做唯一的解釋，把人與人類精神機械、教條地看成自然界的一個機械的組成部分，忽視了人類精神的自由與批判的功能。宗教主義則強調文化作為人類社會的基礎的同時，忽視了現代性的挑戰與人類行為普遍規範化的重要性和必然性。

《在自然主義與宗教之間》第四部分的題目是，「寬容」。它由「宗教寬容作為文化權利的標兵」，「平等對待各種文化與後現代自由主義的局限」與「一個多元世界社會的政治憲法」三章組成。「宗教寬容作為文化權利的標兵」一章由哈伯瑪斯2004年曾在英國皇家哲學學院的《哲學》雜誌上發表的同名文章略加修改而成。在這一章中，哈伯瑪斯指出，「多元主義和為宗教寬容而鬥爭不僅僅是民主國家出現背後的推動力，而且是民主國家繼續發展到今天的重要動力。」多元化是當今世界的現實狀況，不容爭辯的事實。多元化是民主國家發展的力量源泉，但也是民主國家發展的挑戰。宗教寬容使不同的人能共存。因此，哈伯瑪斯指出，「宗教寬容保證一個多元的社會作為一個政治共同體，不會因為世界觀的衝突而分崩離析。」

那麼，什麼是宗教寬容？哈伯瑪斯指出，首先，「宗教寬容不是冷淡。對其他實踐與信仰的冷淡或對他者與其他性的尊敬將使宗教寬容失去目標。」宗教寬容既不是對他者與其他性的冷淡或簡單的拒絕，也不是對他者與其他性的尊重或接受。宗教寬容是對所拒絕的他者與其他性的忍受。宗教寬容的先決條件是：宗教寬容的目標是宗教寬容者所拒絕的，即宗教寬容目標的被拒絕性是宗教寬容的先決條件。所以，「只有那些在主觀上有好的理由拒絕有其他信仰的人的信念的人能夠實踐宗教寬容。」沒有目標的被拒絕性，就沒有寬容的必要。另一方面，宗教寬容的必要條件是：宗教寬容的目標是宗教寬容者所必須忍受的，必須與之共存的。寬容不是放棄原則去接受他者與其他性，也不放棄對寬容目標主觀上的拒絕，如寬容並不放棄對寬容目標心理上的拒絕。其次，哈伯瑪斯進一步指出，「宗教寬容也不等同於文明性這一政治美德。」這裡，文明性指羅爾斯所說的願意與他人合作，願意與他人妥協。哈伯瑪斯指出，「對那些與我們思想不同的人的寬容不應該與願意合作或願意妥協相混淆。只有當各方都具有好的理由既不對有爭議的信念尋求贊同，也不

第三章　世界主義、全球正義與包容政治理念的旗手
四、《在自然主義與宗教之間》，理性與宗教

認為贊同是可能的時候，宗教寬容才是必須的。宗教寬容超越耐心地追求真理、公開性、相互信任與正義感。」再次，宗教寬容的第三個特性是，它是對民主國家的必然要求。「宗教自由檢驗國家的中立性。」宗教寬容是民主國家中立性的必然要求。民主國家對各宗教與世界觀保持中立，不對任何宗教有歧視，因此，民主國家對各宗教與世界觀實行宗教寬容。反過來說，「克服宗教歧視成為爭取一種新的文化權利的標兵。」也就是說，宗教寬容是爭取一種新的文化權利的標兵。宗教寬容保證平等地對待各種文化，尤其是少數群體文化。宗教寬容強調對各種文化，尤其是少數群體文化的包括。

在「平等對待各種文化與後現代自由主義的局限」這一章中，哈伯瑪斯繼續強調文化寬容，平等地對待各種文化，尤其是少數群體文化。而「一個多元世界社會的政治憲法」這一章發展了他關於世界秩序憲法化的主張，下面將專門介紹。

總而言之，《在自然主義與宗教之間》是哈伯瑪斯關於宗教的重要著作。它對宗教在當代的社會角色，尤其是宗教在民主憲政國家中的角色、宗教與科學的關係、宗教寬容等一系列問題進行了深入的探討。它也是了解哈伯瑪斯憲政民主理念、規範性思想的間體性思維等重要著作。

2005年，哈伯瑪斯獲得侯堡國際紀念獎（The Holberg International Memorial Prize）。侯堡國際紀念獎由路德維希·侯堡紀念基金會設立。每年頒發給在藝術、人文科學、社會科學、法律、神學等領域取得傑出成就的人，有相當於70萬美元的獎金。評獎委員會的推薦信指出：尤爾根·哈伯瑪斯創立了交往行為和話語的奠基石理論，為法律與民主帶來新的視角；他的研究課題涉域遼闊，產生跨學科的巨大影響。哈伯瑪斯為我們對理性、倫理、合法性、批判性的公共討論、現代性、後民族社會和歐洲的整合的理解做出了重大貢獻。最近，哈伯瑪斯的著作包括研究倫理和哲學的基本問題，在國際上，對許多學科產生了非凡的影響。路德維希–侯堡紀念基金會董事會董事長讓弗里德約夫·波恩特指出：40多年來，哈伯瑪斯一直是理論社會科學界的一位泰斗；他的研究課題涉域遼闊，他的影響是跨學科的，非凡的；他也積極參加了公共社會問題的討論，並對後者產生重大的影響。

哈伯瑪斯
當代新思潮的引領者（修訂版）

2005 年 11 月 30 日，路德維希・侯堡紀念基金會在挪威卑爾根（Bergen）市的海昆（Håkon）廳舉行授獎儀式。

2006 年 3 月，哈伯瑪斯獲得布魯諾・凱斯基獎（the Bruno Kreisky Prize），以表彰他在促進人權事業上的重大貢獻。同年 11 月，哈伯瑪斯獲得北萊茵・威斯特法倫政府獎，以表彰他在哲學社會科學領域所取得的成就。北萊茵・威斯特法倫地區政府部長會議主席約根・魯特哲（Jürgen Rüttgers）在其官方聲明中指出：哈伯瑪斯是歐洲文化的偉大思想家。

五、多元的世界社會憲法化的理念

如前所述，世界主義理念是哈伯瑪斯社會政治哲學的核心理念之一。哈伯瑪斯的世界主義理念有如下特點：
1. 師承康德，但同時超越康德；
2. 在其世界主義理念中的世界秩序是一個司法秩序，不僅僅是一個世界性的倫理道德秩序；
3. 人權準則是世界司法秩序的核心準則；
4. 以人權準則為核心的世界司法、法律系統；
5. 沒有世界國家與沒有世界國家政府的憲法化世界秩序；
6. 世界司法秩序是一個多層次的司法秩序。

2007 年 9 月，作為由陳勳武組織的，以《中國哲學雜誌》為陣地的關於全球正義課題討論的一部分，哈伯瑪斯在《中國哲學雜誌》上發表了他「一個多元世界社會的政治憲法」一文，再次闡述世界秩序憲法化，發揮世界主義的理念。哈伯瑪斯在《中國哲學雜誌》上發表「一個多元世界社會的政治憲法」一文與《在自然主義與宗教之間》具有相同題目的第十一章相比，雖略有不同，但大體一致。

「一個多元世界社會的政治憲法」一文的中心思想是：
1. 兩種涵義的憲法的區別；世界憲法理念；

第三章　世界主義、全球正義與包容政治理念的旗手

五、多元的世界社會憲法化的理念

2. 對康德世界主義理念的重建與超越；康德憲法理念的得與失；
3. 憲法化世界秩序的分權，三層次的、統一憲法化世界秩序理念；
4. 世界秩序與民主；
5. 建立三層次的、統一憲法化世界秩序需要的概念革新。

在「一個多元世界社會的政治憲法」一文中，哈伯瑪斯開門見山地提出建立世界司法秩序的問題，並指出：現在，一個世界秩序的成功前景與1949年或者1989-1990年時的機會相比只好不壞；在這樣一種歷史機遇之前，我們應重新審閱關於世界秩序的設想。哈伯瑪斯指出：「追溯歷史，康德關於『世界秩序』的設想問世兩百年後才成為國際聯盟的政治議程的一部分。聯合國是世界秩序理念的第一個制度承載實體。從1990年代早期以來，聯合國確立了其政治地位，成為在世界政治爭端中不可忽視的因素。」聯合國的建立為世界秩序提供制度資源，如它為全球行為的合法性提供制度資源。現在，世界各國，包括美國這一超級大國，都意識到在國際事務中單方面採取的干預行動會缺乏合法性。世界強國，包括美國這一超級大國，都意識到當國際組織拒絕承認其單方面採取的干預行動以合法性時，它們只能與國際組織進行溝通、對話。作為世界秩序理念的第一個制度承載實體，「聯合國也很好地瓦解了不斷發生的各種將其邊緣化的企圖。適應時代的需要，它也開始進行一些自身核心機構及附屬組織的極須改革。」無論如何，我們要抓住當前的歷史機遇，實現世界秩序的設想。為此，「我們要繼續康德的設想。如果我們從足夠超越的角度去理解康德關於世界秩序的思想，那麼，即使是在今天，我們仍然能夠從這一設想獲得裨益。」這裡，哈伯瑪斯不僅僅提出建立世界司法秩序的問題，而且提出我們要師從康德。

我們應如何師從康德？我們首先要看到康德的真知灼見與困惑。為此，哈伯瑪斯指出：「康德把『憲法』概念從民族國家的範圍延伸到全球範圍，從而提出世界秩序的思想。」康德發展他的世界憲法時，他所討論的那種類型的民族國家憲法也僅僅是新事物，才剛剛從美國革命和法國革命中出現，分別是美國憲法與法國憲法。儘管如此，以美國憲法與法國憲法類型的民族國家憲法為範本，康德設想了國際關

哈伯瑪斯
當代新思潮的引領者（修訂版）

係的規範化，即國際關係的憲法化。不僅如此，康德設想了整個國際秩序的憲法化。國際秩序的憲法化「包含從關於民族國家的國際法律到關於個人的世界法律的轉變。每個人的法律地位不僅僅是一個民族國家的公民，而且是法制規範化了的國際社會的成員」。那麼，康德設想的世界秩序是什麼樣的秩序？為什麼這樣一個世界秩序是我們今天應努力實現的？哈伯瑪斯指出：

康德的世界秩序本來指一個世界共和秩序。康德一生都忠於這一世界秩序理念。但是，他表示國家聯盟將是世界共和國替身，即看來非有不可的世界共和國國家將由一個有能力實現和平但仍保持自身獨立的國家組成某種聯盟所代替。由於一些觀念的局限，康德一生都在一個完全意義上的世界共和國與一個鬆散的國家聯盟二者之間搖擺不定而走進死胡同。

哈伯瑪斯指出，與此同時，康德繼續發揮他的世界法律理念。如前面所討論，在《對他者的包容》中提到，康德在「永恆和平」一文中給他的法律理論增添第三個法律範疇：全球法律（cosmopolitan law）。即在康德的新的法律設想中，全球法律、一國的法律與國際法肩並肩地存在。又如前面討論《對他者的包容》時所提到的，在康德的設想中，全球法律透過給予他們在自由平等的世界公民所組成的共同體中的成員身分，直接給予每一個人法律地位。全球法律理念的核心是世界共同體不是由國家組成的聯邦，而是由自由、平等的世界公民組成的全球共同體。

哈伯瑪斯指出，康德關於世界法律規範化的世界司法秩序的理念是對世界法律理念的發揮應用。不僅如此，在世界司法秩序中的法人不再僅僅是民族國家，而是自由平等的世界公民個人。康德的困惑是：一個沒有世界國家的共和世界秩序如何可能？康德一方面執著於共和的世界秩序，另一方面又不要一個完整意義上的世界共和國，這是由於以下三個原因。

哈伯瑪斯指出，「第一，中央集權制的法國共和國是康德思想中的人民主權共和國模式。與此同時，在一個多層次系統的聯邦體制結構中，人民的民主意志從一開始便分化為各種各樣，即多樣性。美國的國家模式是『早期分權』思想的證明。聯邦制的形象也許緩和了康德構想共和世界秩序時的一個擔心：即擔心一個『國家

第三章　世界主義、全球正義與包容政治理念的旗手
五、多元的世界社會憲法化的理念

聯盟』世界的『沒有靈魂的世襲性』會剝奪一個國家的文化特殊性和身分性。」也就是說，康德認為，國家與世襲常是孿生的。如果未來的世界共和國是一個諸如中央集權制的法國共和國那樣的世界國家，它必然與「沒有靈魂的世襲制度」相伴，這將是一個災難。所以，也許，一個由主權國家組成的鬆散國家聯盟才是選擇。即未來的世界共和國不是一個國家，而應是一個國家聯盟。

第二，康德既執著於一個世界共和秩序，但在世界共和國模式問題上又搖擺不定，這是因為康德思想有一個觀念瓶頸。「這一觀念瓶頸是：一講到憲法，人們不由自主地想到國家，認為所有的憲法都是民族國家的憲法。根據盧梭的社會契約論，國家和憲法都源於人民的意願。」與此相適應，人們一般認為法律與民族國家密不可分，只存在民族國家的法律或國際法，不存在它們之外的法律。由於這一觀念瓶頸，康德才為如何有一個沒有世界國家的世界司法秩序為難。

哈伯瑪斯指出，其實，國家和憲法並不是緊緊相連，相互依存的。例如：

在自由主義傳統中，憲法並不具有從零開始，構造政治權威的功能，憲法從改造其中之一的現存規約權力去構造政治權威。這種憲法確立了「法制」，而這樣的法制，即使沒有起源於民主傳統，依然能夠規範性地構造現行權力關係及引導政治權力按照法律允許的管道行使。透過拋棄以往那種預先假定統治者和被統治者的身分的做法，自由主義傳統避免了將國家與憲法混為一談，並因而保持二者在觀念上的獨立地位，從實際經驗的角度看，二者在民族國家中是密不可分的——憲法是一方，國家和民主的公民是另一邊。自由主義的憲法模式為今天政治化的、沒有世界政府的、完全憲法化的國際社會提供了觀念上的啟示。但我們最終會看到這兩種國家體制的任何聯合，即那種已經融入到競爭性的法律傳統中的聯合，已經產生了跨國界政策網路間的交流如何能被作用於一個完善的民主立法化的國家管道的圈子的問題。

因此，康德的世界主義理念要突破國家和憲法緊緊相連、相互依存這一觀念瓶頸。康德的全球法律與全球司法秩序的理念要突破法律與民族國家密不可分，只存在民族國家的法律或國際法，不存在它們之外的法律這一觀念瓶頸。

哈伯瑪斯
當代新思潮的引領者（修訂版）

第三，「促使康德尋找世界共和國國家替身的第三個原因是革命事件的不可能性機率。19 世紀的兩次憲法革命使人們認為法律主要產生於在某歷史時刻出現的合適表達歷史意願的革命性事件。在某一個地方發生的革命事件的可能性機率本已很低，而不同地方同時發生革命事件的可能性更是難於想像的。同時我們必須對憲法化過程感到習慣，這一過程將是長期性的過程，主要是由民族國家和國家間的區域性聯盟，而不是由熱情的民眾所推動的。在時間模式上，憲法化過程是長期過程，其中，政治干預和體系不斷發展的複雜性處處存在，我們尤其要關注憲法化過程的階段性和程度。」在康德看來，革命性事件是國家的助產婆。而一場世界革命是不可能的。與此相適應，一個誕生於一場世界革命的世界國家是難於想像的。同樣重要，世界秩序司法化是世界秩序憲法化。憲法化是規範化，規範化總是長期而複雜的過程。因此，期望一場全球革命，帶來一個世界國家，因而帶來一個世界司法秩序是不現實的。

因此，哈伯瑪斯指出，我們可以一方面繼承康德關於一個司法化世界秩序的理念，另一方面要回答康德的「一個沒有世界國家的共和世界秩序如何可能」這一問題。哈伯瑪斯指出，有三個概念機制使我們可以解救康德的世界主義理念，把以國家為中心的國際法律轉化為世界法律。這三個概念機制是：

1. 聯邦主義式的分權機制以及多層次系統機制；
2. 一部沒有世界政府的世界憲法；
3. 一個由國家政府而不是由公民倡議和支持的世界憲法化過程的推進模式。

以此為基礎，我們可以放棄一個世界共和國國家理念（以及它現代的各種變化形態），以憲法化的多層次世界秩序系統取而代之。為此，我們必須做出如下調整與改造：

1. 調整與改造我們的民族國家主權觀念，使其與跨越民族國家界限的新型管理形式相適應；
2. 致力推行一個超越民族限度的法律體系，為此要修訂使國家法律和國家力量的壟斷緊緊相連接的觀念，要修改我們的法律觀念；

第三章　世界主義、全球正義與包容政治理念的旗手
五、多元的世界社會憲法化的理念

3. 創建一個解釋國家如何改變自身形象的學習機制。

第一，我們要調整與改造我們的民族國家主權觀念。哈伯瑪斯指出：

根據自由主義的民族主義傳統，國際法的核心是人民主權原則，這一原則規定國家的獨立地位及國家之間互不干涉內政。一個國家軍事上對外部世界保持獨立自主反應了它內部的民主自決。一個國家為了保衛自身民主共同體的完整，必須有權並有能力對侵略國家使用武力。但是，在當今一個國家之間有千絲萬縷關係的全球社會中，這種傳統的觀念已經陳舊。甚至連那些超級大國都不能光靠自己，而還要依靠其他國家的幫助才能保護本國民眾的安全及財產。可見，傳統意義上的主權已經變化。一個國家有能力並願意在國際組織或超國家組織框架內解決全球性或地區性問題的集體努力中分擔平等義務，從而證明自身的對外主權。對內主權現在不再局限於維護法律和秩序，而是擴展到保護公民的基本權利。這樣就假定了放棄戰爭權以及承認國際社會保護犯罪國家或失敗國家中的人民對抗本國政府或政府殘餘力量的義務。

總而言之，我們必須改造我們關於民族國家主權的觀念。例如，我們必須改造我們在任何條件下，民族國家主權都是神聖不可侵犯的觀念；我們要改造我們關於在任何條件下，在任何情況下，我們在國家主權的問題上都不能讓步的觀念。

哈伯瑪斯的如上觀點把我們帶回到《對他者的包容》。如在討論《對他者的包容》時所提到的，在康德設想的一個具有永久和平的世界秩序中，康德世界主義理念的一個瓶頸是，由世界各國組成的鬆散的世界聯邦或一個世界議會中，世界各國的對外主權是不可侵犯、不可逾越的。康德的未來世界共和國只是一個由主權國家組成的鬆散國家聯盟的思想與他的民族國家的主權是不可侵犯、不可逾越的思想是孿生兄弟。但是，如在討論《對他者的包容》時所提到的，民族國家的主權是不可侵犯、不可逾越的思想與以人權準則為核心的全球司法秩序的理念相互矛盾。如在討論《對他者的包容》時所提到的，如果全球法律以人權原則為核心，規定人權的不可侵犯性及承認和尊重人權的責任，那麼，如果一個國家出現嚴重地踐踏其公民人權的暴君或政府，尤其是這一暴君或政府犯下反人類罪時，國際社會保護人權的責任不能

哈伯瑪斯
當代新思潮的引領者（修訂版）

使國際社會對此熟視無睹，不應以國家主權絕不可侵犯為理由讓反人類罪或嚴重地踐踏其公民人權的實踐、暴君或政府橫行無阻。如在討論《對他者的包容》時所提到的，全球司法秩序理念的核心思想是世界共同體不是由國家組成的聯邦，而是由自由、平等的世界公民組成的全球共同體，其中，每個人作為其公民，具有不可侵犯的基本人權。這意味著，每個人的不可侵犯的基本人權不能被其作為公民所在國的國家主權所先取；換句話說，在全球共同體中，在承認與保護人權方面，沒有絕對不可侵犯的國家主權的國界。當然，這裡並不是說，我們應丟棄民族國家的主權是不受侵犯、不應逾越的理念。批評康德，哈伯瑪斯並不是認為國家主權可以隨意侵犯。在「一個多元世界社會的政治憲法」中，哈伯瑪斯強調，我們應該改造我們的民族國家的主權觀念。

第二，哈伯瑪斯強調，與如上相適應，我們應在全球範圍內致力推行一個超越民族國家限度的法律體系，即全球法律系統，並相應地更新我們的法律觀念，改造我們關於法律只能是民族國家的，國家對力量的壟斷，法律與民族國家在概念上緊緊相連接的觀念，使我們的法律觀念認同超越民族限度的法律。哈伯瑪斯指出，目前，在全球人權政治中：

一方面，國際社會將人道性地干涉和制裁某些國家的權力授予某一國際組織，另一方面卻沒有授予該組織在全球範圍內有獨特壟斷的權力去進行人道干涉和制裁這些國家。這與我們現有的法律觀念相衝突。超國界的法律機構與民族國家能運用合法手段實施法律的法律機構之間的隔閡正在不斷形成與擴大。各國運用權力保護自身的壟斷地位。但作為聯合國的成員，各國又將這種動用武力的決定權力轉給聯合國安理會（除了緊急的自衛事件）。歐盟的實踐也有力地證明了更高層次的法律規範與民族國家法律規範一樣同樣具有約束力，儘管這些法律規範實際上是由那些強大的成員國所支持和實施。

這裡，我們在理念上應進行幾方面的改造。樹立超越民族國家局限的法律即全球法律的理念，認識到超越民族國家限度的法律存在的可能性與事實性。與此同時，我們應認識到全球司法秩序方面嚴重的制度組織方面的赤字。最後，我們應認識到，

第三章　世界主義、全球正義與包容政治理念的旗手
五、多元的世界社會憲法化的理念

全球法律是法律的構造性規則的邏輯結果。它第一次在國界內的社會、政治關係的司法，與國界外的社會、政治關係的司法之間建立一種對稱性。

哈伯瑪斯的如上觀點把我們帶回到《事實與規範》。關於全球司法秩序方面嚴重的制度組織方面的赤字問題，如在討論《事實與規範》時，哈伯瑪斯指出，與道德相比，法律不能有制度組織方面的赤字。因為，目前在建立全球司法秩序方面的確存在嚴重的制度組織方面的赤字，結果，相關的全球法律就形同虛設。我們不能一方面設想全球法律如同一個國家的法律一樣具有法律約束力，另一方面允許全球法律沒有一個正當合法的司法權威與司法權威制度組織。但是，要克服全球司法秩序方面嚴重的制度組織方面的赤字，我們必須改造我們關於法律只能是民族國家的、國家對力量的壟斷，法律與民族國家在概念上緊緊相連接的觀念。我們不能一方面設想具有全球約束力的全球法律的存在，另一方面正當合法的司法權威只能是民族國家，正當合法的司法權威制度組織只能是民族國家司法權威制度組織。

第三，創建一個解釋國家如何改變自身形象的學習機制。哈伯瑪斯指出：

其實，這也是民族國家如何學著改變他們的自我理解的情形。以往，政治精英常常以某種民族國家自我實現的說教來提出法律革新的方式進行。今天，是受法律制約的人，在實行超越民族國家的法律的過程中，預見到自我理解的變化，提出法律革新。儘管法律革新常被認為是過於煽動性，法律提案的精神卻是繼續地透過法律革新內在轉化。這一情形同樣地發生在政府和公民身上。民族國家，在有主權地遵從其同意的協作規則的同時發現其作為國際社會成員和作為主權集體的益處。假如沒有預見的規範的長遠作用，我們就難以為康德關於建立一個世界司法秩序的工程提供經驗基礎。

建立全球性司法秩序意味民族國家以及公民個人對自己有一個重新理解的問題，因為新建立的全球性司法秩序民族國家以及公民個人的身分發生重大變化。例如，民族國家不僅僅是一個對外有主權的共同體，而且是國際社會負責的、受世界法律約束的成員。公民個人不僅僅是一國公民，同時又是世界共和共同體的公民。

因此，在「一個多元世界社會的政治憲法」中，哈伯瑪斯提出他的未來全球多

哈伯瑪斯
當代新思潮的引領者（修訂版）

層次系統的設想。他認為，未來全球多層次的系統既比現存結構先進得多，又與現存結構仍然保持聯繫。他指出，「這樣一個政治性地構成的世界社會甚至能夠在沒有世界政府的條件下制定全球性政治，這一全球性政治目前在全球經濟和環保政策方面尤其缺乏。建立在民族國家基礎上的國際法只確認一種演員（即民族國家）以及兩種遊戲場所（即國內事務和對外事務及對外關係）。新全球系統秩序有『三個領域』和『三種集體演員』。這種三分模式避免了在全球管理的名義下把各種截然不同的問題混為一談。」三個領域是：

1. 超國家組織諸如聯合國所屬領域；
2. 民族國家所屬領域；
3. 地區國際組織諸如歐盟所屬領域。

三種相應的集體演員是：

1. 超國家組織，即聯合國；
2. 民族國家；
3. 地區國際組織。

在哈伯瑪斯看來，多層次的未來全球系統既建立一個司法化的世界共和秩序，又沒有建立康德不想要的一個完整意義上的世界共和國國家。多層次的未來全球系統建立起一個世界司法秩序，但沒有建立起一個世界國家。它使世界秩序憲法化，但不國家化。具體如下：

第一，在這一多層次的未來全球系統中，首先是超國家領域這一層次。超國家領域只有一個演員，即聯合國這一世界組織。這一世界組織有能力在明確規定的領域中採取國家式的行動，但不具有國家的特性。這一國際組織發展為實體性的存在，而不只是一種政治論壇，但它不具有國家的各種屬性。聯合國被授權（同時也被限制）有效地、非選擇性地發揮兩種功能，即在世界範圍內保護世界和平和保護人權。即是說，在一個多層次的未來全球系統中，首先存在著一個超國家領域層次。在這一層次中，只有聯合國這一世界演員。聯合國這一世界演員的主要任務是在全球範圍內保護世界和平和保護人權。聯合國不是一個世界國家，但是一個司法化的世界

第三章　世界主義、全球正義與包容政治理念的旗手
五、多元的世界社會憲法化的理念

秩序必須有一個世界性的權力組織。如前面所強調，全球司法秩序不能有制度組織方面的赤字。

哈伯瑪斯也指出：「在聯合國中形成的意見與決議必須密切地回饋給民族國家的國家議會……聯合國得依賴民族國家去形成自己的權力中心。國家還依然是國際法的對象。儘管如此，在超國家層次，聯合國是造就了一個人權王國，保護公民，並在必要時保護公民對抗他們的政府。」即是說，聯合國造就一個人權王國的角色作用不能被其他集體演員所代替。聯合國必須依賴民族國家去形成自己的的權力中心。但是，民族國家不能扮演聯合國的角色。值得注意的是，在這裡，聯合國不是一個世界國家政府有兩個理由：

1. 聯合國不是有一個國家主權的世界組織；
2. 聯合國的職能被緊緊地局限於保護世界和平和保護人權這兩項。

因此，聯合國既不具有一個國家的主權，也不具備國家的全部正常功能，雖然它是一個超國家組織。

第二，在未來的多層次全球系統中，另一個層次是民族國家所屬領域。哈伯瑪斯指出，在未來全球系統中：

民族國家有必要保持優先地位。這是由於聯合國最近以「千年發展目標」的名義宣布了一個涉及面遠大的計畫。這一遠大的計畫要求的世界範圍內的政治性行動，已遠超國際社會目前能夠與願意完成的任務。目前，我們可以看到，為適應日益複雜的全球社會的協調需要，跨國界領域網路及組織已出現。但是，政府之間的協調以及政府與非政府的集體演員之間的協調是一種特殊範疇的跨界。資訊交換和磋商、援助與訓練等程序控制並執行合約足以解決「技術」問題（如度量標準化、電信規範化或者防止災難發生、流行病控制，或者反組織性犯罪的鬥爭）。

「因此，在當今與未來多層次的未來全球系統中，民族國家具有自己的所屬領域，扮演著不可替代的角色。」

哈伯瑪斯指出，「從歷史的角度講，國家是一個相對年輕的政治構成，但在國際領域裡，它們仍然是最有力的參與者。然而，全球經濟的日益獨立及全球社會中

哈伯瑪斯
當代新思潮的引領者（修訂版）

風險的跨國界蔓延壓縮了國家參與的範圍，並對國家的合法性提出了極高的要求。長期以來，居於所有全球化維度中的網路已經過渡到一個荒謬的點上，即關於責任能力理論的假說，因此必須在那些有責任做出政治決策的人和那些被上述人們所影響的人之間達成一致。」

第三，在這一多層次的未來全球系統中，另一個層次是地區性的國際組織所屬領域。哈伯瑪斯進一步指出：

在世界各洲，各國發覺他們有必要組成地區聯盟或者各種程度的密切合作關係（APEC, ASEAN, NAFTA, AU, ECOWAS, etc.）。這些區域聯盟舉步艱難。各國必須超越政府間合作模式，以便在跨國界級別上承擔全球性內政的參與者角色以及實現他們跨國和約的民主合法性。歐盟至少已經實現了承擔全球性參與者的承諾。但是，如果歐盟參與某種程度的政治聯合，以使自身得以合法推行國內外政策，它充其量只是一個構築高級政治活動能力的模範。

哈伯瑪斯指出，在這一多層次的未來全球系統中，有些事務既不屬於超國家領域，也超越民族國家所屬領域，即，許多協調問題並不是本質意義上的「政治」問題，諸如全球能源、環境、財政和經濟政策等涉及的是平等分配問題。儘管如此，由於世界上國內政治的存在，在處理這些問題上的規範化以及一體化成為必要。在這方面，在處理這些問題的全球框架和參與者都未定的情況下，任務功能上有具體規定的、多邊的以及一定程度上有包容性的網路式國際組織須填補這一空白。在此類國際組織中，各民族國家承擔相應責任並獨立決策，而不需要考慮其他國家是否認同。這就帶來問題。即，目前現存的這種處理這些問題的政策網路並不提供立法的框架以及政治訴求機制的回饋程序。即使這樣一個框架建立了，也仍然缺乏（美國除外）在全球範圍內執行它的集體演員。一個可能性是設立有效的協商代表。這些協商代表被授予必要代表權力進行談判以及必要權力跨區域地實施談判成果。

這樣的「全球參與者」必須足夠強大，以便形成適當性的聯合，創造靈活的監督機制和平衡機制，有能力透過協商談判達成和解方案。透過這種方式，傳統的國際關係將以嶄新的方式出現在跨國界舞台上。在聯合國安理會的有效帶領下，即使

第三章　世界主義、全球正義與包容政治理念的旗手
五、多元的世界社會憲法化的理念

是那些最強大的全球演員也不得不承認戰爭方式不是解決衝突的正當合法手段。除了美國,目前在跨國界活動級別上沒有別的真正的民族國家跨國演員。這個問題讓我們注意到全球秩序系統的第三個層次。這個層次是隨著非殖民地化而發展起來的。早在 20 世紀下半葉之前就曾出現過國家間的地區性國際共同體。在此過程中,聯合國成員的數量從 51 個增加為 192 個。

哈伯瑪斯如上的關於超國家、跨國家與民族國家三層次的未來全球系統的設想與他的現代性的思想是一致的。如前兩章所述,在哈伯瑪斯思想中,現代性有三個顯著標誌:

1. 以交往理性為指導;
2. 法治;
3. 民主。

在哈伯瑪斯如上的未來全球系統的設想中,未來的世界共和秩序是以交往理性為指導的,是司法規範的與民主的。在未來的世界共和秩序中,以人權準則為核心的司法規範性是出發點。因此,與康德一樣,哈伯瑪斯不要一個世界共和國。

哈伯瑪斯解決了康德的難題:一個沒有世界國家的司法化世界秩序如何可能?哈伯瑪斯的答案是:一個更民主的超國家、跨國家與民族國家三層次的憲法化全球系統。

這裡,哈伯瑪斯始終堅持民主是法律與政治權威正當性的來源的原則。而在哈伯瑪斯如上的未來全球系統的設想中,一個更民主的超國家、跨國家與民族國家三層次憲法化全球系統的指導是交往理性,仲介是交往理性的指導下民族國家國內的,民族國家之間國際的,以及全球的合理性社會交往。這裡,關鍵點是在超國家、跨國家與民族國家三層次的全球系統中,透過民主過程建立起的司法規範符合哈伯瑪斯的兩個法律準則:

話語準則:只有當它得到在實踐對話與討論的所有有關參與者的同意與接受時,一個規範準則才是正當有效的。

民主或民主主權準則:公民同時是法律的受制約者與作者;法律的正當合法性、

哈伯瑪斯
當代新思潮的引領者（修訂版）

主權性源於制定它又受其制約的公民意志與選擇。

我們這裡討論的不僅僅是一個司法規範化的世界秩序，而是一個以人權原則為核心，由正當合法的世界法律規範化的世界秩序。不僅如此，在超國家、跨國家與民族國家三層次的全球系統中，世界法律的正當合法性的源泉不是民族國家實體，而是全球民主團體。因此，超國家、跨國家與民族國家三層次的全球系統設想回答了一個沒有世界國家的世界法律正當合法性的源泉是什麼的問題。由此，它也回答了一個沒有世界國家的由正當合法的世界法律司法規範化的世界秩序如何可能的這一問題。

在「一個多元世界社會的政治憲法」中，哈伯瑪斯進一步指出，超國家、跨國家與民族國家三層次的全球系統設想對當前以人權準則為核心的司法規範化的未來的世界共和秩序具有重大的現實意義。無論如何，這樣一個設計有助於準確地定位當下最緊迫的問題。的確，關於超國家、跨國家與民族國家三層次的未來全球系統的設想會面臨「只是一個無力的純粹應該藍圖」的指責。在這裡我們毋須透過與康德設想或其他新世界秩序觀念的比較就能看到超國家、跨國家與民族國家三層次的未來全球系統這一設想內在的規範優越性。道理很簡單。如果缺乏實踐性，與現實不能妥協，即便是那些理論上能規範地證明的設計也仍是毫無意義的。這是黑格爾批判康德時強調的地方。黑格爾不是簡單地把一個不合理的世界帶到觀念面前，而是試圖將現實的歷史軌跡提升到觀念實體的層次上。但是，黑格爾和馬克思試圖以歷史哲學方式為這個觀念找到支援的努力都遭到了尷尬的失敗。

也就是說，實踐是檢驗真理的標準。所以，這裡關於超國家、跨國家與民族國家三層次的全球系統的設想不僅僅是一個理論問題，而且更重要的是實踐問題。

為此，哈伯瑪斯指出：

所以，要尋找符合世界秩序理念的實際潮流，讓我們來看看一個由對目前全球事務管理形式的合法性赤字的意識而形成的互動。國際組織是以主權國家之間的多方合約形式組成的。如果國際組織在某一個領域或其他領域進行某項「在國家之外的管理」，日益成長的合法化要求很快就會超出國際性合約的合法性範圍，而國際

第三章　世界主義、全球正義與包容政治理念的旗手
五、多元的世界社會憲法化的理念

性合約的合法性源於最多以簽名為標誌的國家之間的民主。聯合國被認為擔負著監督國際安全以及世界範圍內保護人權的責任。但它同樣面臨其行動日益成長的合法化要求與其從源於以簽名為標誌的國家之間的民主而制定的國際性合約所規定的合法性範圍。這就能解釋那種將非政府組織納入聯合國大會協商過程的建議，這樣至少能夠增加聯合國在全球公眾眼中的透明性。有鑑於此，在聯合國與成員國國家議會層面上的交流也是有益的。但我們不要誤導自己：這些改革無論有何吸引性，它們在溝通跨國界和國家這兩個層次上仍然是不足能夠建立一種從民族國家轉移到世界組織的造就合法性的連續鏈條。

另一方面，真正的問題在於，為了填補正當合法性方面的赤字，我們是否應假設在未來，改革更新的聯合國安理會會與國際刑事法院（ICC）進行良好互動。但是，深入地看待我們所面臨的問題，我們會發現，與跨國家層次相比，超國家層次的合法化要求是多種多樣的。自從國際法的發展遵循的是人權原則的詮釋以及延伸這一內在邏輯，即國際法的發展遵循的對人權原則的具體應用這一內在邏輯，以及國際人權政治已經越來越服從這一邏輯，世界組織所面臨的問題也越來越是司法性的而不是政治的。在一個高度憲法化的世界社會中，正當合法性這一問題會向更深層次發展。

出於立論的需要，我們這裡可以假定，聯合國安理會，在ICC的控制下，根據平等程序以公平和中立的方式處理保衛和平和保護人權中的司法性問題。如果像我們所假定的那樣，聯合國安理會的這些活動遵守所說的原則和程序，那麼聯合國安理會的這些活動會獲得應得的承認，會因此有正當合法性。對現存司法程序規範性力量的信任源於一個合法性方面的紅利，即歷史上民主的諸多典型例子已經深深印記於人類集體的記憶中。

即是說，要理解關於超國家、跨國家與民族國家三層次全球系統設想的現實意義，我們可以看看一個由對目前全球事務管理形式的合法性赤字以及由對此的意識而形成的互動。這裡，核心問題是如何建立一種從民族國家轉移到世界組織，造就合法性的連續鏈條以及更深層次的問題。從司法的話語原則與民主原則的角度講，

哈伯瑪斯
當代新思潮的引領者（修訂版）

超國家、跨國家與民族國家三層次的全球系統的設想是最好的答案。如上所說，話語準則要求：只有當它得到在實踐對話與討論的所有有關參與者的同意與接受時，一個規範準則才是正當有效的。與此同時，民主或民主主權準則要求：公民同時是法律的受制約者與作者；法律的正當合法性、主權性源於制定它又受其制約的公民意志與選擇。從實踐的角度講，超國家、跨國家與民族國家三層次的全球系統的設想最有可行性。它顧及民族國家目前的歷史與現實角色，它反應了跨國家區域聯盟的現實功能與作用，它強調聯合國這一超國家組織對世界司法規範化的世界秩序在組織上的不可缺性。從實踐的角度講，超國家、跨國家與民族國家三層次的全球系統的設想全面考慮了司法規範化的世界秩序的歷史性，社會政治性及規範性的條件與要求。

儘管如此，哈伯瑪斯指出：

這種假定的、在背景中全球公共領域的一致性意見仍不能解釋為什麼我們能夠給予公共領域一個批判性功能。在給予公共領域一個批判性功能方面，康德是相當樂觀的，因為「世界上某個地方發生了違反正義的事情，其他地方都能感覺到」。想想皮諾契特、米洛塞維奇和海珊，想想科索沃和伊拉克這些人道干預事件，我們就知道，在超國家這一層次上做出的關於和平與戰爭、正義與非正義的決定肯定會在世界範圍內引起關注和批評性反響。普遍主義道德的正義理念所規定的否定性義務，即防止反人類罪和侵略戰爭的義務，是根植於所有文化中的。防止反人類罪和侵略戰爭的否定性義務很幸福地與世界組織的大棒相符合，被後者用於證明自己。

在超國家這一層次上，全球公共領域的批判性功能是全球民主的一個重要組成部分。全球民主是全球司法化正當合理性的來源。但是，全球民主不能被簡單地視為民族國家之間的民主。全球民主應同時是自由、平等的世界公民之間的民主。如前面所提，全球司法秩序理念的核心思想是世界共同體不是由國家組成的聯邦，而是由自由、平等的世界公民組成的全球共同體。自由、平等的世界公民之間的民主是以全球公共領域為仲介。以全球公共領域為仲介的自由、平等的世界公民之間的民主既監督聯合國這樣的世界組織及其關於世界和平和保護人權所做的決定，又監

第三章　世界主義、全球正義與包容政治理念的旗手
五、多元的世界社會憲法化的理念

督區域組織和民族國家及其關於和平和保護人權所做的決定。

哈伯瑪斯指出，超國家層次上的全球政治不能取代跨國家層次上的區域政治。

在跨國家層次上，單是全球政治這一基礎就顯得過於薄弱。在跨國家層次上，透過協商產生的規則極大地超出了慣常的確保安全、法制和自由的這些事務範圍。在跨國家層次上，全球經濟多邊協定組織（GEMs），首要的是世界貿易組織（WTO）、世界銀行以及國際貨幣基金組織等，負責制定分配和再分配上等諸多問題上的規則。我們從國家領域這一層次了解這些分配和再分配上等諸多問題上的規則。這裡，在民族國家中，分配和再分配上等諸多問題上的規則必須具有共和式合法性，這種共和式合法性又只能從恰當的民主過程中產生。一旦我們對世界共和國的夢想說「再見」，那麼在跨國家這一層次上，產生的共和式合法性的如上所說的民族國家式的民主過程就不存在。如上所說的產生的共和式合法性的民族國家式的民主過程只能等待合法的洲際性制度協商機制的出現。這就是為什麼在跨國家此層次上，日益呈現的合法化問題變成一個越來越緊迫的挑戰，而對於這一挑戰，我們也已透過這樣那樣的方式找出對策。

在跨國家層次上，規範化的範圍與內容遠遠超出確保安全、法制、自由與人權的事務範圍。但是，如果在跨國家層次上，規範也必須有種共和式的正當合法性，那麼在這一層次上，必須存在民族國家式的民族國家之間的民主過程。正如聯合國這一超國家組織對司法規範化的世界秩序在組織上是不可缺性的，跨國家的、由民族國家組成的區域組織對司法規範化的區域秩序在組織上是不可缺性的。與此相適應，在跨國家這一層次上，區域公共領域的批判性功能是區域民主的一個重要組成部分。區域民主是區域司法化正當合理性的來源。但是，區域民主不能被簡單地視為民族國家之間的民主。區域民主應同時是自由、平等的世界公民之間的民主。區域共同體不僅僅是民族國家組成的聯邦，更是由自由、平等的區域公民組成的區域共同體。自由、平等的區域公民之間的民主是以區域公共領域為仲介。以區域公共領域為仲介的自由、平等的區域公民之間的民主既監督區域組織及其各方面的決定，又監督民族國家及其各方面的決定。

哈伯瑪斯
當代新思潮的引領者（修訂版）

　　哈伯瑪斯指出，正如超國家層次上的全球政治不能取代跨國家層次上的區域政治一樣，跨國家層次上的區域政治不能取代民族國家的國內政治。在此，我們要避免一些誤區。哈伯瑪斯指出：

　　斯勞特（A. M. Slaughter）創造了一個國家主權崩潰的動人形象。按照他的觀點，在功能上，交換關係確立了對於領土關係的優勢與優先地位，其結果是跨國家間機制取得了一定程度的獨立，並開始對它們賴於起源的民族國家指手畫腳。跨國家間機制的離心力攝取各個成員國的主權，並瓦解了他們的中央集權的塔式結構。國家主權瓦解為各自自主的下級功能性權威的總和。

　　哈伯瑪斯指出，斯勞特的觀點是錯誤的。斯勞特所建立的國家主權崩潰的動人形象最多只能說明「從上而下進行干預的管理性決策與一般主權日益離心的傾向」。它不表明國家主權崩潰。「顯然，轉移至全球經濟多邊協定組織（GEMs）的能力仍然正式地掌控在相關成員的政府手中。不僅如此，那些在遠端的組織中所達成的協議事實上被最強大的成員國所掌控，並遠離公眾批評、思考和公民們在各自國家內的政治反應。對民族國家層次上合法性的缺乏，在民族國家之外找不到替代。」即，事實上，跨國家層次上的政治經濟中，民族國家依然是不可代替的集體演員。一方面，民族國家仍然是規範正當合理性的重要源泉；另一方面，仍然是跨國家層次上的政治經濟的最重要的組織與權力資源。的確，跨國家層次上的政治經濟甚至常被最強大的成員國所操縱。

　　哈伯瑪斯批評性地指出：

　　斯勞特（A. M. Slaughter）在跨國層次上的合法性赤字問題方面提出一個建議，但是這個建議並沒有解決問題，只是對問題進行了解釋。斯勞特的建議是：「首先，政府網路的各個成員必須像他們在國內事務上所做的那樣，就跨國事務向國內的民眾負責。其次，作為全球管理的成員，他們必須有顧及人民權利和利益的基本運作規則。」但是，如果他們透過談判達成的制約性多邊規則不為國內選民所接受，行政機構部門該向誰負責呢？而且，如果像現實世界社會中成員國的軍事力量和經濟力量一樣，在跨國事務中談判權力在世界社會成員國中的分配是不對稱的，那麼由

第三章　世界主義、全球正義與包容政治理念的旗手
五、多元的世界社會憲法化的理念

誰來決定什麼是符合被涉及到的全體民眾的利益呢？

說到底，跨國家層次上的區域政治不單獨存在，而是與其他層次上的政治相互依存。

與此相聯繫，我們也要看看其他不同的誤區。哈伯瑪斯指出：

新自由主義關於整個取消對於合法性要求的提議或許更加切實可行。其提議是：選派代表進駐國際組織的政府都是民主選舉產生的，因此，其選派代表進駐國際組織的合法性也是毋庸置疑的，即使沒有經過公開討論合法性的問題。如果是這樣理解的話，那麼，全球經濟多邊協定組織（GEMs）內部投票權和影響力的分配不均不是大問題，因為人們很容易將民主代表制視為是一種錯誤的模型。除了更透明的協商過程，對受影響的人們來說，不僅資訊傳遞更良好，以及非政府組織（NGOs）的參與外，而且合理合法的專家的力量擔負起相應的責任。這裡，範例模型是像中央銀行和國家法院這些不是多數人說了算的機構中的職業主義。

表面上看，新自由主義關於整個擱置合法性要求的提議似乎有理。但是，本質上，它混淆了不同問題，邏輯上屬於偷換概念。

哈伯瑪斯指出：

中央銀行的獨立性是（相當有爭議的）以一個假定為前提的。這一假定是：保持貨幣的穩定需要在專業性方面複雜成熟的論證與決策；在專業性方面複雜成熟的論證與決策應該由專家來提供。與此相反，全球經濟多邊協定組織所做的決策在政治上有爭議性，因為他們深深地切入民族國家社會的利益，有時候甚至干涉整個國家經濟的結構。因此，世界貿易組織（WTO）特別制定一個爭議解決制度以及旨在確保第三者的利益也被平等地考慮的專門機構。但是，在一個憲政國家的司法秩序裡，司法裁決的合法性取決於法院能否運用民主立法結構所制定的法律以及法院的裁決能否透過政治程序修正。在世界貿易組織（WTO）裡，不存在一種在國際經濟法領域中制定並改變規則的立法權威。

也就是說，新自由主義關於整個擱置合法性要求的提議至少有幾方面的缺陷。第一，其職業主義的論證邏輯上屬於偷換概念。第二，其自動合法的論證邏輯上屬

哈伯瑪斯
當代新思潮的引領者（修訂版）

於用未經證明的假定來辯論。

哈伯瑪斯繼續指出：

新自由主義的一個觀點是，我們應該取消政府性政策網路對合法化的誇張聲稱。這一觀點只在如下條件下成立：即我們能把全球經濟多邊協定組織的運作視為預定合法的世界自由經濟秩序的一部分。在如上所述的條件下，沒有必要為世界範圍內反對政府的干預，減少對自由市場的控制等等行為作證明。一方面，要透過自由的市場把世界整合成一體；另一方面，把剩餘的保持社會和生態穩定的責任轉嫁到民族國家身上，這兩者的勞動分工將使得任何形式的全球性管理成為多餘。從這個觀點出發，我們發現有關全球內部政治的思想是一個危險的白日夢。

真正的問題是，我們能否簡單地把全球經濟多邊協定組織的運作視為預定合法的世界自由經濟秩序的一部分？世界自由經濟秩序是自動合法的嗎？即，我們能預定世界自由經濟秩序的合法性嗎？直覺上，預定合法性的論證在邏輯上屬於用未經證明的假定來辯論。即新自由主義以世界自由經濟秩序是自動合法的假設為前提去論證世界自由經濟秩序是自動合法的。

哈伯瑪斯指出，如上觀點貌似有理，其實不然。新自由主義的真正的問題在哪？哈伯瑪斯指出其命門如下：

1. 向全球輸出新自由主義的世界秩序在世界上沒有民主共識基礎。
2. 新自由主義的世界秩序的工程本身又是基於一個有錯的、充滿爭議的理論；問題不在於這個理論，像別的理論那樣，最後會被證明是錯的。
3. 新自由主義在對全球經濟進行重構的長期過程中將帶來嚴重後果；從政治性的約束到市場機制的轉變的政治目標反過來支援了現行政治的延續，因為當政治干預的範圍程度被限制後，政策轉變的難度也隨之增加；出於系統性的自我調節需要而在政治上主動地自我限制政治干預的範圍，這將剝奪後代人不可或缺的改變實踐的工具。
4. 新自由主義的世界秩序的工程的非民主性；即使每個國家都自覺地、民主地決定使自己比福利國家更具競爭能力，這一民主決策如果導致無法透過

第三章　世界主義、全球正義與包容政治理念的旗手
五、多元的世界社會憲法化的理念

民主方式澈底推翻這一決策本身的社會組織方式,那麼這一民主決策必然摧毀自身的存在基礎。

5. 新自由主義的世界秩序的工程製造文化矛盾；新自由主義者鼓勵西方國家放棄彌合貧富差距的努力,以便更快速地增加富裕,但並非所有西方國家都願意這樣做,否則它們將為此在國內和國際上付出重大的社會和文化代價。

6. 新自由主義的世界秩序的工程不適合多元化世界社會的眾多文化形態或者多樣的現代性；一個完全市場化的、沒有政治干預的世界社會的設想與多元化世界社會是不相容的；因為這樣會剝奪受其他世界性宗教影響的非西方文化依靠自身力量實現現代化的權利。

總之,新自由主義的如上觀點既缺乏民主共識的基礎,又不適合多元化的世界社會的需要。在這裡,值得注意的是,在《在自然主義與宗教之間》第十一章(也是相同標題,「一個多元世界社會的政治憲法」)中,哈伯瑪斯特別提到世界社會的多元化對世界社會的憲法化的挑戰。而文章的題目本身是「一個多元世界社會的政治憲法」。世界社會的多元化是世界社會的憲法化工程必須面對的挑戰。

無論如何,批判新自由主義的如上觀點,哈伯瑪斯要強調民主政治對建立司法規範化的世界共和秩序的重要性。更確切地說,在哈伯瑪斯看來,沒有民主政治,就沒有正當的司法規範化世界共和秩序。

綜上所述,哈伯瑪斯認為,超國家、跨國家與民族國家三層次的未來全球系統的設想對當前以人權準則為核心的司法規範化未來世界共和秩序有重大的現實意義。這一設想既有民主共識的基礎,又適合多元化的世界社會的需要。這一設想強調超國家、跨國家與民族國家三層次的民主政治是建立以人權準則為核心的司法規範化未來世界共和秩序的必要條件。其優點不僅僅是它理論上站得住腳,而且在於它實踐上行得通,是可行的。

哈伯瑪斯
當代新思潮的引領者（修訂版）

六、歐洲秩序憲法化理念與世界秩序憲法化理念

　　2008 年，哈伯瑪斯獲得歐洲政治文化獎，以表彰他對現代社會科學發展的傑出貢獻。歐洲政治文化獎由漢斯・里基爾基金會於 2006 年設立。同年，哈伯瑪斯的《歐洲：一個平淡化的工程》一書由 Suhrkamp 出版社出版。《歐洲：一個平淡化的工程》由三個不同、內在關係也不是很直接的部分組成。它的第一部分的題目是「畫像」，由「定義美國，它精力旺盛的民主：回憶理察・羅蒂（Richard Rorty）」、「如何回答倫理問題：德希達（Derrida）與宗教」和「雷納德・德沃金（Ronald Dworkin）──法學學者中的另類」三章組成。

　　「定義美國，它精力旺盛的民主：回憶理察・羅蒂」是回憶後實用主義哲學大師羅蒂的文章。兩位哲學大師由相打而相識於 1974 年在美國聖地牙哥召開的研討海德格哲學的哲學會上，由此開始了哈伯瑪斯所描繪的「幸福與有益的友誼」。兩位哲學大師都是民主政治堅定的擁護者，然而兩位哲學大師的哲學卻背道而馳。羅蒂否認普遍理性、普遍真理、普遍正義等「普遍的」理念的價值與意義。而哈伯瑪斯哲學以重建羅蒂所否認的普遍理性、普遍真理、普遍正義等「普遍的」理念為招牌。在「定義美國，它精力旺盛的民主：回憶理察・羅蒂」中，哈伯瑪斯不迴避他與羅蒂的哲學分歧。哈伯瑪斯談到，羅蒂直截了當地否定兩個設想：「關於獨立於我們觀念的客觀世界存在的設想；關於在這個世界裡我們斷定普遍有效性的設想。」羅蒂因而否認普遍理性、普遍真理、普遍正義等的可能性。儘管如此，在「定義美國，它精力旺盛的民主：回憶理察・羅蒂」中，哈伯瑪斯高度讚揚羅蒂作為哲學家、作家與左翼世界性的愛國者的成就。

　　在「如何回答倫理問題：德希達（Derrida）與宗教」一章中，哈伯瑪斯卻詳細地解讀了他與德希達在倫理問題上的哲學分歧。在這一章中，哈伯瑪斯主要討論了他作為現代主義哲學家與德希達作為後現代主義在如何看待倫理道德生活上的哲學分歧。他們的主要分歧在於：作為現代主義哲學家，哈伯瑪斯強調倫理道德生活的規範性，以及正當合法的倫理道德規範民主地產生於倫理道德生活中的社會交往；

第三章　世界主義、全球正義與包容政治理念的旗手
六、歐洲秩序憲法化理念與世界秩序憲法化理念

作為後現代主義，德希達否認倫理道德生活的規範性，更否認普遍的倫理道德生活規範的可能性與價值。哈伯瑪斯指出，他們的主要分歧於如下問題：德希達能否像海德格那樣否認倫理道德生活不確定性中的規範性？在這一章的結束前，哈伯瑪斯透露，美國「911事件」之後，他與德希達在紐約見面。在他和德希達於 2003 年 3 月合簽「2 月 15 日，或：是什麼把歐洲人聯成一體？」的數年之前，他和德希達早已恢復了友好而且是建設性的哲學對話，而且曾相聚於法國巴黎與德國法蘭克福。哈伯瑪斯又進一步強調，儘管他的哲學與德希達的哲學相差甚遠，他們之間也有哲學共同點——這就是兩人都常常回到康德那裡。最後，哈伯瑪斯把他與德希達之間數十年的哲學對話定格為「可理解的、坦率的交流」。

在「羅納德・德沃金（Ronald Dworkin）——法學學者中的另類」這一章中，哈伯瑪斯討論了他對美國法哲學家德沃金哲學的欣賞。在他的哲學中，德沃金既批判了法學實證主義，又批判法學現實主義。法學實證主義認為法律是道德中性的。德沃金拒絕法學實證主義關於法律是道德中性的觀點，一方面堅持法律的內在規範性內容，另一方面堅持法律內在規範性內容的道德性。哈伯瑪斯認同德沃金對法學實證主義的批判，以及他關於法律的內在規範性的觀點。在《事實與規範》中，哈伯瑪斯自己不僅堅持法律的內在規範性內容，而且堅持法律內在規範性內容有道德性的內容。即哈伯瑪斯自己一方面堅持法律規範的正當合法性源於民主立法過程，另一方面堅持法律內在規範性內容有道德性的內容。與此同時，德沃金又拒絕法學現實主義法律規範的正當合法性源於自然或某種存在的正式結構。德沃金的法哲學是與他的倫理自由主義相適應。因此，他認為法律規範的正當合法性源於一種人類學基礎。哈伯瑪斯認同德沃金對法學現實主義的批判，也認同德沃金關於法律規範的正當合法性不源於自然或某種存在的正式結構的觀點，雖然他不認同關於法律規範的正當合法性源於一種人類學基礎或歷史基礎的觀點。

總之，在《歐洲：一個平淡化的工程》第一部分中，哈伯瑪斯對他與三位哲學大師交往的一些回憶幫助我們從側面了解哈伯瑪斯哲學思想的一些特點。哈伯瑪斯對羅蒂哲學的熱情是認同美國後實用主義哲學強調公共空間和領域的間體性特點，

哈伯瑪斯
當代新思潮的引領者（修訂版）

雖然他在普遍理性、普遍真理、普遍正義等「普遍的」理念問題上與羅蒂分道揚鑣。哈伯瑪斯不認同德希達的哲學，這是源於他對社會政治生活、倫理道德生活不確定性中的規範性的執著。哈伯瑪斯不僅僅認為德沃金是法哲學學者中的另類，他也把自己定位為法哲學學者中的另類。他的話語法哲學既避免他稱為法學實證主義的陷阱，又避免他稱為法學現實主義的陷阱。

《歐洲：一個平淡化的工程》第二部分的題目正好是書的題目本身。它由「對相關性的前衛性直覺：知識分子與歐洲事業」，「『後世俗社會』的涵義是什麼？論伊斯蘭教在歐洲」和「歐洲政治的停滯不前：請求一種使歐洲逐漸統一的政策」三章組成。

在「對相關性的前衛性直覺：知識分子與歐洲事業」一章中，哈伯瑪斯討論了公共知識分子的涵義與他（她）們在歐洲統一事業中的前衛性引導角色，並向他的公共知識分子同行再次重申了歐洲應該統一的理由，呼籲他（她）們加入到歐洲統一事業中來。在這一章中，哈伯瑪斯指出，公共知識分子的特性是他（她）們有對事物相關性的前衛性直覺。這種前衛性直覺展現在五個方面：

1. 「對任何損害政體規範性結構的不信任性敏感」；
2. 「對威脅共同政治生活方式思想資源的警惕性預見」；
3. 「對所缺乏的東西以及『本可以不同』的直感」；
4. 「對其他選擇的想像能力」；
5. 「有使公共意見兩極分化，激怒當權者與發傳單的勇氣」。

哈伯瑪斯強調，為了歐洲的未來，歐洲公共知識分子應積極地加入到歐洲統一事業中來。歐洲所面臨的挑戰要求歐洲公共知識分子積極地加入到歐洲事業中來。這些挑戰包括：

（1）全球經濟條件；
（2）回到粗心大意的、霸權主義政治的危險；
（3）西方內部的分裂。

所以，歐洲改革勢在必行，歐洲統一事業時不待我，歐洲公共知識分子的責任

第三章　世界主義、全球正義與包容政治理念的旗手
六、歐洲秩序憲法化理念與世界秩序憲法化理念

不允許他（她）們超然事外。

在「『後世俗社會』的涵義是什麼？論伊斯蘭教在歐洲」一章中，哈伯瑪斯討論了當前由於各種宗教在世界各地的復興引起的世界社會的變化，尤其是伊斯蘭教在歐洲的迅猛發展引起的歐洲社會的變化。哈伯瑪斯不完全認同關於我們所處的時代已是「後世俗社會」的觀點，同時認同宗教在世界各地的復興不僅僅引起世界社會發生重大變化，而且提出新的規範性問題與造成了新的挑戰，尤其是它們對公民們的自我意識提出新的挑戰。以伊斯蘭教在歐洲的迅猛發展為例。它不僅僅引起歐洲社會發生重大變化，而且對歐洲公民們的自我意識提出新的挑戰：「我們如何理解我們自己是後世俗社會的成員？為保證在文化與宗教多元主義迅猛發展的情形下，受重重包圍的民族國家中社會關係的文明性，我們彼此作為公民應對對方期待什麼？」因此，哈伯瑪斯再次重申其社會寬容理念。社會寬容意味著公民彼此應承認與尊重彼此的信仰自由，自由選擇自己的生活方式等的權利。哈伯瑪斯再次重申，寬容的先決條件是寬容目標是寬容者拒絕的，即寬容目標的被拒絕性是宗教寬容的先決條件。因此，寬容目標的被拒絕性不是不寬容的理由。哈伯瑪斯指出，「只有對那些我們認為是錯誤的世界觀，只有對那些我們不欣賞的習俗，我們才需要寬容。」哈伯瑪斯指出，這裡，主要的問題是：「什麼是一個包容的公民社會以及在這一公民社會中平等的公民身分與文化的差異如何以正確的方式互補？」為此，哈伯瑪斯既批判極端文化多元化主義，又批判好戰的世俗主義。極端文化多元化主義不認同公共社會政治生活的普遍規範性，片面強調文化群體的特殊性與文化權利。好戰的世俗主義不認同文化的多元性，不認同文化寬容的準則，尤其是對

＊　無名氏油畫：「尋找撒旦」。

哈伯瑪斯
當代新思潮的引領者（修訂版）

合法的多元化宗教信仰的寬容準則。

在「歐洲政治的停滯不前：請求一種使歐洲逐漸統一的政策」這一章中，哈伯瑪斯討論了目前歐洲統一政治的停滯不前及其危險。尤其是歐洲統一政治的停滯不前與歐洲所面臨的全球挑戰極不相稱。這些全球挑戰包括五個方面：

1. 「國際安全」；
2. 保護全球生態環境平衡；
3. 「對不足的能源的分配」；
4. 「全球實施基本人權準則」；
5. 「對公平的全球經濟體系的要求」。

在這些全球挑戰的壓迫下，「民族國家如果單做，它們將毫無機會對全球政治產生任何影響。」團結一體才是出路。其次，在這些全球挑戰的壓迫下，除非像歐盟這樣的地區聯盟存在並作為仲介，全球政治的規範、秩序化也將毫無機會。因此，哈伯瑪斯呼籲，歐洲要有使歐洲逐漸統一的政策。

《歐洲：一個平淡化的工程》第三部分的題目是「關於公共空間的理性」。它由「國際法律憲法化以及一部世界憲法的正當合法性問題」、「媒體、市場與消費者：有品質的報刊作為公共空間的支柱」和「在媒體界的政治交往：民主是否仍有知性的一面？規範性理論對經驗性研究的影響」三章組成。「國際法律憲法化以及一部世界憲法的正當合法性問題」一文的德文原稿也發表在丁子江為主編、陳勳武為副主編的《東西方思想雜誌》的創刊號上，下面將專門介紹。「媒體、市場與消費者：有品質的報刊作為公共空間的支柱」嚴格地說只是一個簡單的政治評論，只有六頁長。如其題目所標，哈伯瑪斯在理性、講真理方面強調有品質的報刊對公共空間的重大意義。在「在媒體界的政治交往：民主是否仍有知性的一面？規範性理論對經驗性研究的影響」這一章中，哈伯瑪斯強調，真正有前途的民主應有知性的一面。第一，哈伯瑪斯討論了自由主義、共和主義與程序主義三種民主模式對知性要求的區別。第二，哈伯瑪斯討論了知性在政治思考中的潛能，尤其是對真理的追求在政治思考中的潛能。第三，哈伯瑪斯從思考與社會交往的角度討論了知性在有前途的

民主中的潛能。第四，哈伯瑪斯從大眾傳播結構與經過思考的公眾意見的形成的角度討論了知性在民主中的作用。第五，哈伯瑪斯從公共空間的權力結構與大眾傳播的動力形成的角度討論了知性對民主的不可缺性。總之，哈伯瑪斯強調，真正的民主有知性的一面，不能有理性、真理方面的赤字。哈伯瑪斯在《歐洲：一個平淡化的工程》中對民主的知性一面的強調與他在《在自然主義與宗教之間》中的思想完全一致。如前所提到的，在《在自然主義與宗教之間》中，哈伯瑪斯指出：「憲政民主依賴於思考性的政治，是對認識有高要求的、『對真理敏感的』政府……所謂『後真理的民主』將不再是一種民主。」

2009 年 9 月，美國政治科學學會授予哈伯瑪斯「本傑明‧里馮科特獎」（Benjamin E. Lippincott Award），以表彰他在政治科學研究方面所取得的傑出成就。這一成就獎的象徵意義更大於實質意義。而且，這一年，他是與肯尼斯‧約瑟夫‧阿羅（Kenneth J. Arrow）共用該年的「本傑明‧里馮科特獎」。

七、國際法律憲法化

如前所述，世界秩序司法化是哈伯瑪斯世界主義理念的核心思想。他的《分裂的西方》的第八章，也是該書最長的一章，就是「國際法律憲法化是否仍系統會」。《在自然主義與宗教之間》的第十一章的題目與主題是「一個多元世界社會的政治憲法」。哈伯瑪斯 2007 年在《中國哲學雜誌》上發表「一個多元世界社會的政治憲法」略加修改的版本。《歐洲：一個平淡化的工程》的第七章是「國際法律憲法化以及一部世界憲法的正當合法性問題」。2011 年，丁子江為主編、陳勳武為副主編的《東西方思想雜誌》正式發刊。在其創刊號上，哈伯瑪斯發表了「國際法律憲法化以及一部世界憲法的正當合法性問題」的德文原版。

在「國際法律憲法化以及一部世界憲法的正當合法性問題」中，哈伯瑪斯首先重申他對一部多元世界社會的世界政治憲法的設想。

其次，他區別一個公民作為世界公民的義務與作為一國公民的義務。再次，他

哈伯瑪斯
當代新思潮的引領者（修訂版）

討論了一個沒有世界政府的司法化的世界秩序是如何可能的。

哈伯瑪斯的一部多元世界社會的世界政治憲法的設想是我們前面討論的三個層次司法化世界秩序的設想。即在設想的世界政治憲法中，世界秩序的司法化由三個層次的法律來完成：

1. 世界法律；
2. 地區法律如歐洲憲法；
3. 民族國家法律。

在「國際法律憲法化以及一部世界憲法的正當合法性問題」中，哈伯瑪斯指出，他的設想涉及到一些概念上的革新。首先是決定性的三大概念革新。這需革新的三大概念是：

1. 國家性概念，尤其是國家主權概念；
2. 民主憲法概念；
3. 公民團結概念。

即在概念上，國家主權不再被認為是絕對性的，在任何條件下都不可超越的；民族國家、民主憲法與公民團結三者不再被認為是彼此不可分，互為條件的；公民團結的基礎不再是民族同質性，如共同祖先、血緣、歷史等。

哈伯瑪斯指出，「在多層次的全球體系中，民族國家作為安全、法律與自由的保護者的傳統功能被轉移到以保衛和平與在世界範圍內推廣人權為專職的超國家組織身上。」雖然以保衛和平與在世界範圍內推廣人權為專職的超國家組織即聯合國沒有把其功能擴展到民族國家除和平與人權之外的內部事務，也不是民族國家式的政府機構，在憲法基礎上的公民之間的團結顯然可以超國界存在。第二個重大的概念上的革新是區別特別區域網路與中央協調系統。這一區別為多層次系統鋪平道路。

哈伯瑪斯特別回應了雷諾・斯馬滋・布魯恩斯（Rainer Schmalz Bruns）對他的三個層次司法化世界秩序的設想的批評。哈伯瑪斯提到，布魯恩斯認為，層次世界秩序的設想的核心問題是「為目前憲法性汙損的國際政治抽象地提供一個國家性不可缺少的要素」；而「設想的多層次世界秩序的建築有一個漏洞，這一漏洞主要

第三章　世界主義、全球正義與包容政治理念的旗手

七、國際法律憲法化

涉及對公民作為世界公民與一國公民這一雙重角色的合法期待」。布魯恩斯指出：

世界公民以普遍性標準為標準，而普遍性的標準為聯合國關於和平與人權政策以及參與談判這些標準的世界各國必須達到的標準。與此相反，一國公民，在衡量他（她）們的政府及在國際事務中的主要談判代表的行為時，不以全球正義的普遍性標準為標準，而以民族或區域利益為重。

即世界公民與一國公民這兩種角色必然造成倫理道德思維與動機的差異和衝突。而同時擁有世界公民與一國公民這一雙重角色的每一個公民必然在合法期待問題上遇到倫理道德困境。以全球正義的普遍性標準為標準的對一個世界公民的合法期待必然與以民族或區域利益為重的對一個一國公民的合法期待發生衝突。布魯恩斯認為，這兩種合法期待的衝突是設想的多層次世界秩序的建築的必然產物，也是它的致命命門。哈伯瑪斯指出，其實，布魯恩斯對他的多層次世界秩序的設想的批評源於湯瑪斯・內格爾（Thomas Nagel）的一個思想：即「除非一個世界政治制度擁有國家特性或屬性，民族國家或地區政府對其公民的直接一對一的政治責任就不能制度性地以正義的普遍性標準為先」。

對於布魯恩斯以兩種合法期待的衝突為理由對他的多層次世界秩序的設想的批評，哈伯瑪斯回應道：

因為一個政治性地構造的世界社會將由公民與民族國家組成，因此透過意見與意志形成的合法性過程不是直接的從公民向政府的過程，而是雙軌的合法性過程。首先，透過意見與意志形成的合法性過程是世界公民，透過由為它們的公民負責的成員國民族國家組成的國際共同體，向負責和平與人權的世界組織表達意見與意志的過程。其次，透過意見與意志形成的合法性過程是一國公民，透過為它們負責的本國民族國家（與相關的地區共同體，假如它們存在）向超國家談判體系表達意見與意志的過程，而超國家談判體系在國際間負責全球的內政事務。再次，透過意見與意志形成的合法性過程的雙軌會合於世界組織的大會議會，後者負責解釋與發展世界社會的政治憲法，因而也就是負責解釋與發展世界社會中和平與人權政策和全球政治事務內政規範性的指示器。」

哈伯瑪斯
當代新思潮的引領者（修訂版）

　　哈伯瑪斯認為，透過意見與意志形成的合法性過程的雙軌制使兩種合法期待的衝突透過程序性的談判與協調來解決，更重要的是透過間體性意見與意志的形成來協調解決，而不是透過公民自己主體意識的鬥爭來解決。

　　哈伯瑪斯繼續指出，在設想的多層次世界秩序中，另一個關鍵性的理念革新是：公民個人與民族國家都是世界憲法的法主體對象。他認為，內格爾對一部沒有世界國家的世界憲法的反對源於一個誤區：即世界憲法或世界法律，如果存在，將以一個有主權的民族國家式的世界國家為前提。他認為，內格爾的失誤源於沒看到公民個人與民族國家同時都是世界憲法的法主體對象。因此，內格爾沒看到，一部沒有世界國家的世界憲法同時規範公民個人與民族國家在關於世界和平與人權的全球政治互動中的權利與義務。與此相適應，對一部沒有世界國家的世界憲法的基本要求包括如下：

1. 即便存在，（內格爾所分析的）世界公民與一國公民規範標準的矛盾將在一個統一的世界憲法化政治秩序中變得無害；
2. 一個統一的建設不能導致一個由民族國家組成的世界變成一個忽視民族國家內部空間與一國公民對本民族國家的忠誠的世界民族國家或世界共和國；
3. 「反過來，對民族國家特性與相應的生活方式的尊重不能影響實施超國家與跨國家層決議的效率。」

　　為此，「在所設想的三層次世界體系中，超國家層次將由一個世界組織來代表。我們可以從兩方面來看這一世界組織。一方面，它專職於世界和平與人權，在世界和平與全球人權事務方面，它有權干涉與管理；同時，它還展現以全球的公民個人與民族國家所組成的國際共同體的整體，它將代表全球司法制度的統一或統一的全球司法制度。」在超國家層次，每個公民被賦予基本的、人人平等的「政治與公民權利」。與此相適應，民族國家不僅對本國公民的公民權與世界公民權尊重與負有保護責任，也對他國的世界公民權負有義務。

　　最後，哈伯瑪斯承認，國際法律憲法化任重而道遠，超國家世界組織即聯合國的改革，雙軌制國際法律憲法化的民主過程的建立，三層次司法的建立與協調等等

第三章　世界主義、全球正義與包容政治理念的旗手
七、國際法律憲法化

都是跨越萬水千山的長征，是錯綜複雜的建設與學習過程。

2011 年，哈伯瑪斯獲得維也納市（the City of Vienna）政府頒發的維克多·佛拉科爾獎（Viktor Frankl Honorary Award），以表彰他在人文科學領域的重大貢獻。2012 年 5 月，哈伯瑪斯獲得埃文·查加富倫理科學獎（The Erwin Chargaff Prize for Ethics and Science）。2012 年 5 月 23 日，哈伯瑪斯在維也納市一起接受這兩項獎。同年 9 月 5 日，哈伯瑪斯獲得德國社會民主黨（the Social Democratic Party）授予的喬治·奧古斯特·基恩獎（the Georg August Zinn Prize）。同年 9 月 15 日，哈伯瑪斯獲得家鄉城市杜塞道夫市（the city Düsseldorf）頒發的海因里希·海涅獎（the Heinrich Heine Prize）。

現在，雖然已進入了古稀之年，哈伯瑪斯依然保持著學術上高昂的激情，對時代充分的關懷以及對真理、理性與民主不斷的追求。他的哲學生命仍是一團不斷燃燒的烈火，他的哲學思維仍是一曲繼續發展的交響曲，他仍在為民主、正義、憲政、人權不斷鬥爭著。故事仍在繼續。

275

哈伯瑪斯
當代新思潮的引領者(修訂版)

結束語　後形上學式思維粹語
七、國際法律憲法化

結束語
後形上學式思維粹語

　　《哈伯瑪斯：當代新思潮的引領者》是《哈伯瑪斯評傳》的姐妹篇。2008年，我的母校中山大學出版了我的第一本中文哲學專著，《哈伯瑪斯評傳》。《哈伯瑪斯評傳》主要介紹哈伯瑪斯2005年之前的生活與思想，但對哈伯瑪斯2005年以後的生活、思想與成就基本上沒有涉及。《哈伯瑪斯：當代新思潮的引領者》將彌補這一空白。另外，《哈伯瑪斯評傳》重在對哈伯瑪斯的生活歷程與思想歷程的介紹，而不對哈伯瑪斯思想深入研究與探討，更不用說突出哈伯瑪斯對我們時代精神所做的貢獻。《哈伯瑪斯：當代新思潮的引領者》將補充這些不足，不僅對哈伯瑪斯思想深入研究，而且突出哈伯瑪斯對我們時代精神所做的貢獻，尤其是他對我們時代精神中的核心理念，包括理性理念、現代性理念、民主理念、法治理念、全球正義理念、世界主義理念、人權理念、反人類罪理念、寬容理念與文化多元主義理念所做的貢獻。當然，在內容上，《哈伯瑪斯：當代新思潮的引領者》與《哈伯瑪斯評傳》多處交叉。畢竟，哈伯瑪斯主要是在1980-1990年代建立起理性理念、現代性理念、

哈伯瑪斯
當代新思潮的引領者（修訂版）

民主理念、全球正義理念、世界主義理念、人權理念等。不同的是，《哈伯瑪斯評傳》並沒有展開討論這些理念，而《哈伯瑪斯：當代新思潮的引領者》還對這些理念逐一展開討論。

　　在內容上，《哈伯瑪斯：當代新思潮的引領者》另一個不同於《哈伯瑪斯評傳》的地方在於：在展現哈伯瑪斯對我們時代精神的理性理念、現代性理念、民主理念、法治理念、全球正義理念、世界主義理念、人權理念、反人類罪理念、寬容理念與文化多元主義理念的貢獻的過程中，《哈伯瑪斯：當代新思潮的引領者》突出地、重點地展現了哈伯瑪斯的後形上學式思維的特性，即後本體論式思維的特性。後形上學式思維即後本體論式思維是哈伯瑪斯招牌式思維。如前所說，後形上學式思維是與形上學式思維相對而言。形上學式思維或本體論式思維，顧名思義，即以本體為中心的思維。如從自然本體或超然本體或存在本體的正式結構中尋找合理、合法規範的思維就屬形上學式思維或本體論式思維。柏拉圖的以宇宙本體為中心的思維，亞里斯多德的以存在本體為中心的思維，道家的以道本體為中心的思維，阿奎那的以上帝本體為中心的思維，宋明儒學的以天理本體為中心的思維，黑格爾的以絕對精神本體為中心的思維等都是形上學式思維或本體論式思維的範例。與此不同，後形上學式思維也就是後本體論式思維，不強調本體，不以本體為中心。例如，後形上學式思維專注過程的規範性而不強調本體的同質性；它專注過程的合理合法性而不強調本體的正統性；它專注過程的真理性基礎而不強調本體的客觀實在性。但是，後形上學式思維不是反形上學式思維。如後形上學式思維並不否認本體的存在，也不從否認本體存在及特性出發。它只是把本體閒擱起來，更不以本體存在或本體的某些特性為出發點。同時，後形上學式思維即後本體論式思維明確反對關於規範的合法性必須有一個自然或超自然的源泉的觀點。相反，它明確地強調規範合法性的唯一正當源泉是訂立它們的民主過程即民主地建立規範的過程。換句話說，後形上學式思維既拒絕關於規範的合法性有一個超然源泉，如源於上帝，也反對道家式的「人法地，地法天，天法道，道法自然」或宋明儒學式強調「仁義禮智信」規範作為天理的條條的觀點。它不從某種存在本體中尋找規範的合法性的源泉，它也不把

結束語　後形上學式思維粹語
七、國際法律憲法化

本體當做是規範的不可缺的基礎,如哈伯瑪斯的世界憲法就沒有世界國家這一本體。

談到哈伯瑪斯的哲學思維,人們就會注意到哈伯瑪斯自己講的從主體性思維即主體性範例模型,向間體性思維即間體性範例模型的轉變,而不那麼注重哈伯瑪斯自己講的從形上學式思維即本體論式思維,向後形上學式思維即後本體論式思維的轉變。事實上,從形上學式思維向後形上學式思維,從本體論式思維向後本體論式思維的轉變是哈伯瑪斯哲學革命的招牌式特點之一。當然,間體性思維和後形上學式思維即後本體論式思維互為一體,陰陽不可分離。但是,兩者強調的側重點不同。間體性思維強調認識主體的間體性,而後形上學式思維強調認識客體的非本體性。間體性思維強調理性的集體性,而後形上學式思維強調程序與程序規範性和合法性。而且,間體性思維可以是形上學式思維或本體論式思維。例如,黑格爾式思維是間體性思維,也是形上學式思維或本體論式思維。馬克思主義辯證唯物主義與歷史唯物主義的思維方式是間體性思維,也是形上學式思維或本體論式思維,儘管馬克思、恩格斯把形而上學即哲學本體論稱為意識形態。

因此,正如《哈伯瑪斯:當代新思潮的引領者》所展示的,理解後形上學式思維即後本體論式思維是理解哈伯瑪斯思想的關鍵。以理解哈伯瑪斯的全球正義理念、世界主義理念、人權理念、反人類罪理念、民主理念、寬容理念與文化多元主義理念為例。哈伯瑪斯理念的招牌式特點是其強調法律為必不可少的仲介,即全球正義是司法性正義,世界秩序或全球秩序是司法性秩序,人權是司法性權利,全球人權政治必須司法化,否則它將墮落為人權原教旨主義政治;反人類罪是司法性概念,民主、寬容與文化多元化都以法律為基礎與保障。在這些理念裡其強調法律為必不可少的仲介,哈伯瑪斯關心與注重的是過程的規範性而不是本體的同質性,過程的合理合法性而不是本體的正統性。所以,要理解哈伯瑪斯的全球正義理念、世界主義理念、人權理念、反人類罪理念、民主理念、寬容理念與文化多元主義理念,我們要牢記哈伯瑪斯的立足點是三大原則:

1. 話語原則:只有當它得到在實踐對話與討論的所有有關參與者的同意與接受時,一個倫理的基本準則才是正當有效的。

哈伯瑪斯
當代新思潮的引領者（修訂版）

2. 普遍性原則：只有遵從它的正負實踐效果對每個人的特殊利益來說是可以接受的，一個倫理的基本準則才是正當有效的。
3. 民主或民主主權準則：公民同時是法律的受制約者與作者；法律的正當合法性、主權性源於制定它又受其制約的公民意志與選擇。

這三大原則的核心是規範的有效性、合法性與普遍適用性。它們都是關於規範的原則而不是關於本體的原則。

在本書的討論中，有許多顯著的後形上學式思維或後本體論式思維的範例。這裡只提兩例。

在本書的討論中，交往理性理念是後形上學式思維的一個典型範例。如前面所討論的，哈伯瑪斯既不從存在本體的正式結構或某種超然存在本體，也不從自然或自然規律那裡尋找交往理性的規範；而是從合理交往實踐中推論出社會交往中的可理解性、真誠、真理和規範地正確這四個理性規範。他的推論是，在合理的社會交往中，參與者都必須自動自覺地遵守這四個規範。為了合理地交往，談話雙方都自覺地把話講得讓對方能夠理解。否則，如果談話雙方彼此不理解對方的話，真正的交流也就不存在，合理的交往也就無從談起。因此，為了合理地交往，談話雙方都自覺地遵守可理解性這一規範。不僅如此，為了合理地交往，談話雙方都自覺地真誠地表達自己的意思，而不是有意地誤導對方。否則，如果談話雙方彼此有意地誤導對方，真正的交流也就不存在，合理的交往也就無從談起。因此，為了合理地交往，談話雙方都自覺地遵守真誠這一規範。還有，為了合理地交往，談話雙方都自覺地盡自己所知所能使自己所說的話具有真理的成分，如果發覺自己所說的話不具有真理的成分，是錯誤的，就會馬上修改自己的話。否則，如果談話雙方彼此交流的不是真理，真正的交流也就不存在，合理的交往也就無從談起。因此，為了合理地交往，談話雙方都自覺地遵守真理性這一規範。最後，為了合理地交往，談話雙方都自覺地在相互討論和批判性的交流中證明自己所說話的規範性的正確性，認同無論哪一個觀點在相互討論和批判性的辯論中有最好的論據和論證，它應該是相互討論和批判性的交流中的勝者。否則，如果談話雙方彼此在交往中依靠的不是好的論點、

結束語　後形上學式思維粹語
七、國際法律憲法化

論據和論證，而是權力或其他制度方面的力量，真正的交流也就不存在，合理的交往也就無從談起。在這裡，哈伯瑪斯既不像柏拉圖去構想宇宙本體是合理的，有一個合理性正式結構，而試圖從宇宙本體的合理性正式結構中尋找可理解性、真誠、真理和規範地正確這四大交往理性規範；也不像黑格爾那樣去構想一個客觀精神的存在，而試圖從客觀精神的正式邏輯中尋找可理解性、真誠、真理和規範地正確這四大交往理性規範，或像宋明儒學式的把可理解性、真誠、真理和規範地正確這四大交往理性規範當做天理的條條。

　　在本書的討論中，哈伯瑪斯的憲法愛國主義理念是後形上學式思維或後本體論式思維另一個典型的範例。如前面所討論的，憲法愛國主義理念的基本思想是：現代國家的基礎應是共同民主政治文化與價值，而不是種族關係或民族同質性；現代國家認同的基礎與中心不是某種民族本體或民族性國家本體或民族性文化本體，而是一種共同的憲政生活方式。與此相適應，維繫現代國家的情感與理念應是憲法愛國主義，而不是狹隘的、封閉的以種族為基礎的民族忠誠。在憲法愛國主義中，一個人在憲政民主共和國的成員身分或資格和他（她）對一個民族群體的親近感或認同感沒有必然的聯繫，也和他（她）與這一民族群體的血緣或其他文化歷史關係沒有必然的聯繫。社會成員毋須有相同的民族背景才能組成共同的國家。反過來說，有相同的民族背景的社會成員不一定能組成共同的國家。在現代國家中，對社會成員來說最重要的不是學會在某一民族文化中生活，而是在特定政治文化中生活。從現代性的角度來說，在現代國家中，對社會成員來說最重要的不是去尋找種族的根和發展與其他同根的成員的認同感，而是學會批判地使自己的利益與行為規範化，以便進入理性的協商。所以，作為具有現代性的現代國家的統一基礎的民主文化具有形式普遍性，其社會成員的公民性也具有形式普遍性和非具體實質性。

　　後形上學式思維不是後現代思維。後現代思維反對各領域社會生活與認識的規範性，而後形上學式思維強調各領域社會生活與認識的規範性。後現代思維反對各領域社會生活與認識標準的普遍性，而後形上學式思維強調各領域社會生活與認識標準的普遍性。後現代思維反對各領域社會生活與認識存在著一個合法性問題，而

哈伯瑪斯
當代新思潮的引領者（修訂版）

後形上學式思維強調各領域社會生活與認識存在著一個合法性問題。但是，後形上學式思維也不是歐洲啟蒙運動式的現代性思維。後形上學式思維是民主性思維，而歐洲啟蒙運動式的現代性思維是專制性思維。後形上學式思維是開放、容他性的思維，而歐洲啟蒙運動式的現代性思維是封閉、排他性的思維。後形上學式思維強調思維的規範性，而歐洲啟蒙運動式的現代性思維強調思維的同體性、同一性。

後形上學式思維也區別於政治自由主義思維。很明顯，政治自由主義思維只適用於社會、政治哲學，而後形上學式思維適用於認識論、倫理道德哲學，與社會、政治哲學、法哲學、藝術哲學等等，即除本體論之外的所有哲學領域。就社會、政治哲學來說，政治自由主義不強調規範的可接受性、有效性與合法性，只強調規範被接受這一事實與接受規範理由和基礎的多樣性。而後形上學式思維強調規範的可接受性、有效性與合法性。政治自由主義思維不強調規範的普遍性，而後形上學式思維強調規範的普遍性。政治自由主義思維與世界主義、全球正義思維不對路，而後形上學式思維與世界主義、全球正義思維同路。

1988 年哈伯瑪斯出版的《後本體論式思維》，正式宣告後本體論式哲學的誕生。但是，他 1983 年出版的《道德意識與社會交往行為》毫無疑問展現著後本體論式思維。他 1985 年出版的《關於現代性的哲學討論》讓世人皆知從主體性思維即主體性範例模型向間體性思維即間體性範例模型的轉變。其實，《關於現代性的哲學討論》也展現出後本體論式思維。間體性範例模型與後本體論式思維陰陽相連。他 1985 年出版的《新的不確定性》更洋溢著後本體論式思維，尤其是萌芽中的憲法愛國主義理念更是後本體論式思維的產物。在《後本體論式思維》出版後，哈伯瑪斯 1992 年出版的哲學巨著《事實與規範》，1996 年出版的《對他者的包容》與 2005 年出版的《在自然主義與宗教之間》更是把後本體論式思維發揮得淋漓盡致。

正如他在《後本體論式思維》中所強調的，後形上學式思維或後本體論式思維試圖開闢一種新的哲學思維，即沒有本體中心的哲學思維。具體到哲學本身來說，就是不以本體論為基礎的認識論、倫理道德哲學與社會、政治哲學。哈伯瑪斯的程序主義民主模式理念、憲法愛國主義理念與沒有世界國家的世界憲法理念是不以本

結束語　後形上學式思維粹語
七、國際法律憲法化

體論為基礎的社會－政治哲學的範例。哈伯瑪斯的交往理性理論是不以本體論為基礎的認識論的範例。哈伯瑪斯的話語倫理道德哲學是不以本體論為基礎的倫理道德哲學的範例。哈伯瑪斯的話語法律哲學是不以本體論為基礎的法律哲學的範例。給現代批判哲學注入後形上學式思維或後本體論式思維，哈伯瑪斯也使現代批判哲學從霍克海默、阿多諾、馬庫色的法蘭克福派批判哲學轉型為哈氏批判哲學。即現代批判哲學完成了三大轉型：

1. 從主體性思維向間體性思維的轉型；
2. 從形上學式思維或本體論式思維向後形上學式思維或後本體論式思維的轉型；
3. 從對本體的批判到對過程、規範的重建的轉型。

哈伯瑪斯自認他的哲學屬於黑格爾、馬克思傳統。但是，給現代批判哲學注入後形上學式思維或後本體論式思維，哈氏批判哲學與黑格爾、馬克思式批判哲學有重大區別。給現代批判哲學注入後形上學式思維或後本體論式思維，哈伯瑪斯也使現代批判哲學與理性批判具有對文化的「非壓迫昇華」的功能，使現代批判哲學既區別於尼采式的後現代主義批判哲學，也區別於佛洛伊德式反叛性批判哲學。給現代批判哲學注入後形上學式思維或後本體論式思維，哈伯瑪斯試圖使現代批判哲學成為：

1. 真理，理性的普遍性權威的暫時替代者，而不是自封的真理，理性的合法普遍性權威；
2. 不作為自封的真理，理性的絕對權威，而是真理，理性絕對性面具的摘下者；
3. 規範性的，而不是經驗性的思考者；
4. 策略性的，而不是戰術性，目的、手段性思考者；
5. 解放啟蒙者，但不是叛亂煽動者；
6. 建設者，而不是破壞者；
7. 思想引領者。

所以，給現代批判哲學注入後形上學式思維或後本體論式思維，哈伯瑪斯在試

哈伯瑪斯
當代新思潮的引領者（修訂版）

圖改造哲學本身。

與此相適應，後形上學式思維或後本體論式思維也向哲學本身提出一系列問題，包括如下：

1. 什麼是客觀規律？有沒有客觀規律？哲學與客觀規律的關係是什麼？
2. 什麼是客觀真理？有沒有客觀真理？哲學與客觀真理的關係是什麼？
3. 什麼是客觀世界？有沒有客觀世界？哲學與客觀世界的關係是什麼？
4. 什麼是人的客觀存在？有沒有人的客觀存在？哲學與人的客觀存在的關係是什麼？
5. 什麼是人類歷史？有沒有人類歷史的客觀規律？哲學與人類歷史的客觀規律的關係是什麼？
6. 人類價值有沒有客觀基礎？人類價值的客觀基礎是什麼？哲學與人類價值的關係是什麼？
7. 什麼是人道？人道的基礎是什麼？哲學與人道的關係是什麼？
8. 我是誰？你是誰？他（她）是誰？我、你、他（她）的區別是什麼？哲學與我、你、他（她）的區別的關係是什麼？
9. 什麼是幸福？什麼是責任與義務？它們有沒有客觀基礎？它們的客觀基礎是什麼？哲學與它們的關係是什麼？

如上問題既是哲學理論問題，也是現實生活的現實問題。它們是哲學必須回答的問題。後形上學式思維或後本體論式思維也許是革命性的。如果它是真正革命性的，它將要求我們重新檢查我們現存的思維，包括現存的哲學思維。它會帶來不舒服，甚至陣痛。

總之，正如《哈伯瑪斯：當代新思潮的引領者》所展示的，理解後形上學式思維即後本體論式思維是理解哈伯瑪斯思想的關鍵。後形上學式思維即後本體論式思維不僅把哈伯瑪斯與西方的蘇格拉底、柏拉圖、亞里斯多德、阿奎那、笛卡兒、康德、黑格爾、馬克思、恩格斯、海德格、阿多諾等哲學大師區別開來，也把哈伯瑪斯與中國的老子、孔子、莊子、孟子、朱子等東方哲學大師區別開來，更把他與現代西

結束語　後形上學式思維粹語
七、國際法律憲法化

方的許多哲學大師包括伽達默爾、羅爾斯、羅蒂、德希達等區別開來。而後形上學式思維即後本體論式思維的革命性潛能也許還遠遠超過本書所展示的。

陳勳武

哈伯瑪斯
當代新思潮的引領者（修訂版）

結束語　後形上學式思維粹語
七、國際法律憲法化

英中文對照目錄

Acceptability	可接受性
Adorno	阿多諾
Aquinas	阿奎那
Aristotle	亞里斯多德
Basic rights	基本權利
Basic liberty	基本自由
Being	存在
Citizen	公民
Citizenship	公民性
Communicative reason	交往理性
Comprehensibility	可理解性
Constitutional patriotism	憲法愛國主義
Constitutionalized world order	司法性世界秩序
Cosmopolitanism	世界主義
Cosmopolitan law	全球法律
Cosmopolitan rights	全球權利
Crimes against humanity	反人類罪
Democracy	民主
Democratic process	民主過程
Derrida	德希達
Descartes	笛卡兒
Discourse principle	話語原則

哈伯瑪斯
當代新思潮的引領者（修訂版）

Diversity	差異性
Enlightenment	啟蒙
Epistemology	認識論
Ethics	倫理
Ethnicity	種族
Feminism	女性主義
Foucault	傅柯
Frankfurt school	法蘭克福派
Gadamer	伽達默爾
Global justice	全球正義
Habermas	哈伯瑪斯
Hegel	黑格爾
Heidegger	海德格
Horkheimer	霍克海默
Homogeneity	同質性
Human rights	人權
Kant	康德
Ideal speech situation	理想的對話情形
Ideology	意識形態
Inclusion	包容
Integration	整合
Intersubjectivity	間體性
Intersubjective paradigm	間體性範例模型
Legitimacy	合法性
Locke	洛克
Liberalism	自由主義
Lyotard	李歐塔
McCarthy	麥卡錫
Metaphysics	形上學

結束語　後形上學式思維粹語
七、國際法律憲法化

Metaphysics	本體論
Modernity	現代性
Moral Philosophy	道德哲學
Moral rights	道德權利
Multiculturalism	文化多元主義
Nationalism	民族主義
Nationality	民族
Nature	自然
Neo-Confucianism	宋明儒學
Nietzsche	尼采
Norm	規範
Normativity	規範性
Normative rightness	規範地正確
Objectivity	客觀性
Philosophy of law	法哲學
Philosophy of art	藝術哲學
Plato	柏拉圖
Political concept of justice	政治性正義概念
Political Liberalism	政治自由主義
Political Philosophy	政治哲學
Postmetaphysical thinking	後形上學式思維
Postmetaphysical thinking	後本體論式思維
Postmodernity	後現代性
Post-nation democracy	後民族國家民主
Principle of universalization	普遍性原則
Principle of democracy	民主或民主主權準則
Public space	公共空間
Public sphere	公共領域概念
Rawls	羅爾斯

哈伯瑪斯
當代新思潮的引領者（修訂版）

Reason	理性
Republicanism	共和主義
Rorty	羅蒂
Schmitt	施密特
Sincerity	真誠
Stand-in	暫時的替代者
Subject-centered paradigm	主體性範例模型
The rule of law	法治
Toleration	寬容
Totalitarian	專制性
Truth	真理
Universal Pragmatics	普遍的語言符號學（法）
Validity	有效性
Veil of ignorance	無知面紗
Voltaire	伏爾泰
Wolff	沃爾夫
World constitution	世界憲法
World state	世界國家

結束語　後形上學式思維粹語
七、國際法律憲法化

哈伯瑪斯
當代新思潮的引領者（修訂版）

作　　者：	陳勳武 著
發 行 人：	黃振庭
出 版 者：	崧燁文化事業有限公司
發 行 者：	崧燁文化事業有限公司
E‐mail：	sonbookservice@gmail.com
粉 絲 頁：	https://www.facebook.com/sonbookss/
網　　址：	https://sonbook.net/
地　　址：	台北市中正區重慶南路一段六十一號八樓 815 室
	Rm. 815, 8F., No.61, Sec. 1, Chongqing S. Rd., Zhongzheng Dist., Taipei City 100, Taiwan (R.O.C)
電　　話：	(02)2370-3310
傳　　真：	(02) 2388-1990
總 經 銷：	紅螞蟻圖書有限公司
地　　址：	台北市內湖區舊宗路二段 121 巷 19 號
電　　話：	02-2795-3656
傳　　真：	02-2795-4100
印　　刷：	京峯彩色印刷有限公司（京峰數位）

國家圖書館出版品預行編目資料

哈伯瑪斯：當代新思潮的引領者 / 陳勳武著 . -- 修訂一版 . -- 臺北市：崧燁文化，2020.09
　面；　公分
POD 版
ISBN 978-986-516-472-0(平裝)
1. 哈伯瑪斯 (Habermas, Jurgen, 1929-) 2. 傳記
784.38　　109012973

官網

臉書

─ **版權聲明** ─────────────
本書版權為九州出版社所有授權崧博出版事業有限公司獨家發行電子書及繁體書繁體字版。若有其他相關權利及授權需求請與本公司聯繫。

定　　價：380 元
發行日期：2020 年 9 月修訂一版
◎本書以 POD 印製